广告专业“十二五”规划教材

ADVERTISING COPY WRITING

崔银河　崔燕　编著

广告文案写作

中国传媒大学出版社

撰写说明

本书是集体写作的成果，具体分工如下：

第一章由崔燕、崔银河撰写

第二章由崔银河、崔燕撰写

第三章由郭书辉、张琳菊撰写

第四章由张琳菊撰写

第五章由郭书辉撰写

第六章由曹学宇撰写

第七章、第八章、第九章由崔燕撰写

第十章由王大慧撰写

全书最后由崔银河统稿审定，由崔燕校对。

目　　录

第一章　广告文案写作发展历史

本章重点提示：中国古代文人是如何娴熟地运用文学样式进行广告文案写作应作为重点内容去掌握。

本章难点提示：几十年极“左”路线的统治所造成的中国广告业发展的断层其根本原因所在，以及由此造成中国广告文案写作与世界水平的差距被拉大，对这一现象应如何应对是本章的难点。

第一节　广告文案写作历史概述

我们知道，广告是自从有了人类社会以来就有的一种为人类服务的大众传播现象。广告是人类在其生存与发展的历史过程中必须要使用的一个信息需求载体或者说媒体物，广告更是人类自身从原始野蛮到现代文明一步一步发展进化历史中的一个伴随物。没有这样一个伴随物或者说信息载体，人类根本就不可能发展进化到现在这样一个文明程度。因此，我们可以说，广告一直就以人类的存在而存在，以人类的发展而发展，并将伴随着人类生存与发展直到永远。

关于这一点，我们只要看一下那些在远古时期的有意告知信息的刻树皮记事、远古岩画等就可以证明这一点。因为人类还没有办法发掘出再往早的相关历史记载，但是，我们只要看一看距今一万多年前的阴山岩画中的各类有意告知的信息内容，就会明白上述道理。

广告成为人类社会一种更加形象化、信息告知更加准确翔实的大众传播媒体物，则是在文字出现以后的事。因为在文字没有出现之前，人类虽然有了语言，但是无法将某些想要准确翔实告知的信息，通过语言这一载体来告诉那些见不着面的人。只有当文字出现之后，这一信息载体才能承担起这一任务。所以从这一基点来说，文字是广告得以更加广泛地被人类作为信息传播工具的一个基础和保证。

通过这样一番简短论说，我们就会有一个共识，那就是文字在广告信息传播中有着非常重要的地位和作用。而广告文案无疑是运用文字来传递信息的主要方式，这样，探索广告文案的发展历史就是一件有意义的事情。

笔者努力探寻后，发现最早的关于有意识地告知信息的广告文案大约是在商朝。神农“列尘于国，日中为市”，正是凭借着这样的文字记载，我们才得以知道，大约在公元前4500年的原始公社晚期，就已经有了集市贸易。

也正是从商代起，文字正式被人们运用于日常生活之中，成为信息告知的重要载体，当时的甲骨文时期是中国文字——汉字，被作为记事、指意等符号创造出来后第一个较为完整的字体发展阶段。据考古学研究认定，甲骨文产生的年代在距今约三千六百年前的商代武丁以及武丁以前时期(公元前1600～公元前1208年)，而在河南舞阳贾湖遗址发现的更早的龟甲刻画符号年代距今有7500～8500年。从那些已被发掘出来的上万片甲骨文中，我们明显地看到，其中有不少内容既是文化表现，又是广告诉求，比如像甲骨文《合集》33371中记载:“丙戌卜，丁亥王陷擒，允擒三百又四十八。”该甲骨文介绍了商代统治者举行的一次大规模田猎活动，在这次田猎活动中共擒获野兽348头。“甲申卜，宾贞，告秋于河”(《合集》9627)，统治者乞求上天神灵保佑当地的农业能有一个丰收年景。“贞，燎于王亥，告其从望乘”(《合集》7537)，特地向随军出征的商人祖先神主致祭以求得保佑，等等。

商代起，随着社会的发展与文化的进步，汉字被人们发明且不断改进，使其渐进成熟，正如笔者在另一本书中所说:“今天，世界上大多数国家所使用的文字都是拼音文字，而我国的汉字则是表意文字。表意文字的主要特征就是文字本身就有一种意义上的指向。我们知道，文字是人类用来告知信息的一个载体，尤其是对于表意文字来讲，其本身就具有一种某一特定信息的指代。当我们仔细地研究那些古代象形文字时，就会发现最早的象形文字创造出来的初始目的就是要传递某一信息，它本身就是某一信息的固定化符号，这种固定化符号原本意图就是要告知某一信息，这样的告知则可以认定它是广告的萌芽。”

汉字这一中华文化的代表究竟是在哪一年发明创造出来的，至今还没有一个确切的时间认定，但是，汉字这一世界上以表意为其造字特点的文字从其一开始就与广告结下了不解之缘，许慎在《说文解字》中专门解释道:汉字的六书是:“一曰指事。指事者，视而可识，察而见意，上下是也。二曰象形。象形者，画成其物，随体诘诎，日月是也。三曰形声。形声者，以事为名，取譬相成，江河是也。四曰会意。会意者，比类合宜，以见指为，武信是也。五曰转注。转注者，建类一首，同意相受，考老是也。六曰假借。假借者，本无其字，依声托事，令长是也。”《说文序》中还说道：“仓颉之妆作书，盖依类象形，故谓之文，其后形声相益，即谓之字。”通过上面这段古人的话，我们便可明白，察而见意、随体诘诎、以事为名、以见指为等造字方法的初始目的竟然就是告知！原来，中国古代文化的重要代表——文字，其造字之最初目的就是广而告知，汉字竟然是伴随着广告而成形与发展起来的。如果我们能从这一角度来研究中国汉字，就会欣喜地在品味其本身所具有的文化品位时，发现它原来竟与广告有着如此紧密的联系。广告文案写作也就自然地被人们有意识地运用在各种信息的告知活动中。比如前面我们所说的那些甲骨文就是最好的证明。

到了周代，广告文案写作更加规范，同时亦成为当时文人的一个自觉告知意念。在周代，国王、各地封王、文人等非常喜欢书写诏书、铭文、墓志铭等，用这样的文学样式来告知天下事。这些诏书、铭文、墓志铭的内容实质上就是文法相同、内容各异的社会性、公益性广告文案，文案中词句的优美、词汇的华丽以及诉求内容的准确生动等均能够给人留下别致的印象。

《诗经》是我国古代文学史上第一部诗歌总集，共有305篇，全书主要收集了周初至春秋中叶五百多年间的作品，最后成书于公元前6世纪。拥有305篇作品的《诗经》早已经被学者认定为中国文学史上第一部具有重要文学史意义和影响力的文学典范，这305篇作品中的广告内容笔者已在另一本书中作过详细介绍，这里我们以广被人们熟知的《诗经·卫风·〈氓〉》中的“氓之嗤嗤，抱布贸丝，匪来贸丝，来即我谋”四句诗，以及神农“列尘于国，日中为市”的例子，就足以看出广告文案在文字被古人发明之后所起到的独特告知效果。

此外，像《诗经》中“隔句用韵”、“双声叠韵”，尤其是“赋、比、兴”等表现手法，不但对后世文人的文学创作带来了很大的影响，同时也启迪了后人对于写作技法的重视，这种重视自然影响了对广告写作技法的研究。

春秋战国时期是中国古代史上一个较为民主自由的历史阶段，政治环境的宽松使得文人有了更大用武之地，因而在这一被文学史家称为百花齐放、百家争鸣的文学大发展时期，文人们同样没有忘记运用文学样式来做广告宣传，在这里只用几个例子就足以证明。《吕氏春秋·本味》中说：“鼎中之变，精妙微纤，口弗能言，志不能喻。”“和之美者，阳朴之姜，招摇之桂，越骆之菌，鳣鲔之醢，大夏之盐，揭之露。”在这段广告文案中，详细地介绍了当时民间百姓日常生活中所用的各种调味品的具体功效与作用。

《周官·司市》则是早已被认定为一部很具代表性的广告文案，我们随手举出其中的一段“凡市入则胥执鞭度，守门市之群吏平肆，展成奠贾，上旌于思以令市”，便可看出信息告知的详尽撰写与不凡的叙写模式。

《战国策》中记载的“伯乐相马”故事在今天的广告教材中一直被作为一条典型的名人广告案例，其中的文案写作功底同样是一个教学典范。

历时四百年之久的先秦两汉时期，广告文案写作的经典例子更是数不胜数。比如像《商君列传》中的政治广告文案：“令既具，未布，恐民之不信，已乃立三丈之木于国都市南门，募民有能徙置北门者予十金。民怪之，莫敢徙。复曰：‘能徙者予五十金。’有一人徙之，辄予五十金，以明不欺。卒下令。”西汉时伟大的文学家、史学家司马迁撰写的《史记》中更是有着不少的广告文案名篇，比如像《史记·吕不韦传》中的那段：“是时诸侯多辩士，如荀之徒，著书布天下，吕不韦乃使其客人人著所闻，集论以为《八览》、《六论》、《十二记》，二十余万言，以为备天地万物古今之事，号曰《吕氏春秋》。布咸阳市门，悬千金其上，延诸侯游士、宾客，有能增损一字者，予千金。”就是一则诉求非常到位的广告文案。另外像《汉书·食货志》中的：“布帛广二尺二寸为幅，长四为匹，故货宝于金，利于刀，流于泉，布于布，束于帛。”这段文案是要告诉人们，早在周代，当时通用的交换钱帛媒介物就是布，也叫做钱布。

魏晋南北朝时期特殊的政治与经济环境孕育了独具特色的民族文化，这一时期也是中国文化开始与东亚、西亚、南亚文化交融整合时代。中原地区固有的农耕文化与西域诸国游牧文化之间的冲突与整合成为这一时期的一大文化主题。广告文化也就借助这样一个独特的文化环境得到了相应发展，其中文人们对于广告文案的重视使得广告诉求具有更多的文学色彩，这其中的代表应数诗歌广告。比如像曹操的《短歌行》：“对酒当歌，人生几何？譬如朝露，去日苦多。慨当以慷，忧思难忘。何以解忧？唯有杜康。”诗歌虽然短小，但是句式的优美和文案的精彩，加上曹操本人的崇高声望，很快就使得诗中所宣传的杜康酒成为家喻户晓的名酒。此外像晋人成公绥曾在《椒花铭》一诗中专门叙写道：“喜哉芳椒，载繁其食。厥味惟珍，蠲除百病。肇惟岁始，月正元日，永介眉寿，以祈初吉。”作者以别致的文案形式告诉人们，只要在元日饮椒酒，就能够给你带来消病健身的功效。晋代江统的《酒诰》：“有饭不尽，委余空桑；郁积成味，久蓄气芳；本出于此，不由奇方。历代悠远，经口弥长；稽古五帝，上近三皇；虽曰贤圣，亦咸斯尝。”作者用夸张的写作技法宣传了酒可以提神养气、健身益体的不菲作用，给人留下了深刻的印象。

唐代是中国古典文学的顶峰，尤其是诗歌创作，被称为后世百代的典范与标版，成为高等教育教科书中的重点篇章。但是，就在一代一代后人衷情地赞美唐代诗歌之美的时候，却很少有人探究唐诗中的广告表现，别的不说，单看杜牧《清明》一诗中极具创意的广告文案表现和广告写作技法的娴熟运用，就使得这则杏花村汾酒广告立马引起了当时许多文人和广大百姓的兴趣，广告效果不但超凡强烈，而且高超的广告写作技巧也让一个个现代广告大师汗颜。由于唐代诗人的经典广告诗歌太多，本书篇幅有限，这里只以几个例子做一实证。“胡马大宛名，锋棱瘦骨成。竹批双耳峻，风入四蹄轻。所向无空阔，有堪托生死。骁腾有如此，万里可横行。”杜甫为胡马作的这首广告诗《房兵曹胡马》中仅用短短几句文案诉说就勾勒出一幅生动的北胡匈奴的胡马广告图。通过对胡马的骨相、双耳和奔驰之态传神描绘，宣传了胡马的不凡品种之所在，带给人一种独特的广告宣传效果。王建的《夜看扬州市》：“夜市千灯照碧云，高楼红袖客纷纷。如今不似昇平日，犹自笙歌彻晓闻。”则运用一种极具形象化的艺术写作手法，将江南名城扬州夜市一派繁荣的商业往来交易景象传神入化地表现出来。除了诗歌外，唐代传奇中的某些故事则是另一种很有特色写作技法的广告宣传，在传播当时社会奇闻逸事的同时，常常也于无意识中做一番商业广告宣传。比如《任氏传》中的这几句“门旁有胡人鬻饼之舍，方张灯炽炉”，读之就会有一种对这家小饭店由衷的亲近感觉。再比如像唐代的资料记载式广告文案写作《两京城坊考》、《旧唐书·韦坚传》、《唐六典》等，其内容中均可见出娴熟的广告写作技巧，同样值得研究。

宋代则是中国古代史上文化大发展的又一时代。北宋时期相对稳定的政治局势，维护了封建统治阶级的既得利益，客观上促进了社会经济的快速发展，也为宋代文化的发展提供了有利环境，诗、词、传奇均有着较大成就。《东京梦华录》中写道：“诸店皆卖新酒，重新结络门面彩楼，花头画竿，醉仙锦旆，市人争饮。”作者用朴实的笔法叙写了中秋节这一天人们喜悦的心情和节日的喜庆欢乐情景。欧阳修在《归田录》中用翔实的笔法记载温成皇后代言广告的逸事，这应是另一种文案写作技巧。《抱朴子·内篇》卷中的这段：“旧日东京大相国寺东荣六郎家，见寄居临安府中瓦南街东开印输经史书籍铺。今将京师旧本抱朴子内篇校正刊行，的无一字差讹，请四方收书好事君子幸赐藻鉴。绍兴壬申岁六月旦日。”无疑属于一则非常成熟的广告文案。此外像《太平广记》、《皇朝事实类苑》中均可见到经典的广告文案例子。

元代文化在多个领域均产生了新的飞跃，推进了中华民族多元文化一体化的发展进程，开创了中华各民族文化全面交流融合的新局面，对中华文化的繁荣和发展作出了重要贡献，同时也带动了广告传播的发展与进步。元代的广告文案写作应以元曲为代表，李德载的《赠茶肆》就是其中一支典型的带有商业宣传性质的广告文案。另外，元代的题跋、书名中所显示的广告意图同样值得我们去品味，比如像《张先生校正杨宝学易传》、《朱文公订正门人蔡九峰书集传》、《监本纂图重言重意互注点校毛诗》等。1985 年在湖南沅陵双桥发掘出一座 1306 年以前的元代夫妇合葬墓，里面有两张元代印有商品广告文案的产品包装纸，这可以说是元代社会的人们有意撰写广告文案的一个典型例证。其广告文案为："潭州升平坊内，白塔街大尼寺相对住危家，自烧洗无比鲜红、紫艳上等银朱、水花二朱、雌黄、坚实匙筋。买者请将油漆试验，便见颜色与众不同，四方主顾请认清门首红字高牌为记。"广告文案不长，但是已经明白地告知了该店的详细地址、所售商品种类、质量和特性，其中刻意突出商标识别以及以文案的翔实和语句的诱人来设法激发消费欲望，"将油漆试验，便见颜色与众不同"、"认清门首红字高牌为记"等文字足以达成独立完整的广告诉求，完成了广告促销目的。

明朝是我国封建经济较发达的一个时期，但同时也是政治统治极为专制的一个时代，这样一个二律背反现象对于商业广告的发展并没有太大影响。总体来看，明代广告写作的代表应数小说作品中作者对于广告信息诉求的老道与诱人。我们知道，小说创作无疑是中国古典文学的又一高峰，当时的文学大师从容且娴熟地运用着小说这一极佳的文学形式，讲述着一个个精彩故事的同时，于无意间似"随风潜入夜"般地叙写着一个个广告文案，将各种各样的产品信息告诉了读者。《三国演义》、《西游记》等小说创作无不如此，这里尤其要以《水浒传》中的一个个精彩文案为代表，比如像《三碗不过冈》中那段故事，从广告文案写作角度来分析，就是今天的那些广告人也不得不为之叫好称绝。

清代是我国封建社会的最后一个统治王朝，也是中国社会由古代向近代的转型期。在这一社会历史进程中，商业广告的发展同样取得了较大成就。"同仁堂"、"全聚德"、"都一处"等商家为自己品牌所做的宣传从广告文案写作角度去分析，都是一个个写作技法极佳的文案作品。清代文人创作的诗歌在汲取了前人文学创作技巧的基础上，有了较大进步与发展，其中不少诗歌创作中更是明显地看到了广告宣传的意图，比如像清代杨静亭的《水晶糕》一诗："绍兴品味制来高，江米桃仁软若膏。甘淡养脾疗胃弱，进场宜买水晶糕。"诗歌把水晶糕的产地、制作原料、特点和功用写得一清二楚，不能不说是一则成功的广告文案。“王麻子剪刀”用诗歌叙说的技巧把该产品的各种性能一一告诉了受众：“刀店传名本姓王，两边更有万和汪。诸公拭目分明认，头上三横莫看慌。”此诗用“传名”二字点出了该刀店系祖传名店，历史悠久，远近闻名，货真价实，并告诫顾客，要看清店名，认准商标，谨防假冒。这则文案不但给人一种信手拈来的叙述美感，同时亦写得非常有趣，不失为一则广告文案代表作。

从上面的简要叙述中我们对广告文案写作的历史与发展历程有了一个脉络较为清楚的把握与了解，知晓了我们的先人早在文字发明之后便将其有意识地运用在信息传播中，使得所要传播的信息变得更为清楚明了，让受众不但能详尽地知道信息内容，更能够通过广告文案中对于信息的巧妙编排而记牢信息，从而给自己的物质生活和精神生活带来极大的方便。

同时，由于汉字独具的表意特征，使得古代人在运用文案写作技巧的时候，能够更多地发挥出创意能力，将一个个原本单调乏味的信息诉求变得生动活泼，促成了人们对于信息的关注，起到了广告传播所要起到的作用。

再者，从中国古代文化的发展历史进程来看，古代文人在其从事文学创作的同时，常常会有意或无意间为某一自己所喜爱的产品、旅游胜地做一次广告，运用文学艺术样式把广告信息传播出去，这种独特的广告文案不仅成为一篇篇千古传诵的文学佳作，而且从应用写作学的角度去看，更是可让后人学习、借鉴的广告文案。因此，不管是从事广告工作的业内人士，还是广告学专业的学生，抑或是对于这一行当有兴趣的人，都应当认真地从古代文学艺术的佳作中找寻那些经典文案中精彩而高超的写作技法，并拿来为我所用，为广告业的发展增添新的亮点。

本节思考题

1. 请谈谈你从本节所介绍的中国古代广告文案写作历史介绍中得到了什么启示。

2. 简要叙述一下中国古代文案写作的特点。

3. 举出几条古代文人所做的经典广告文案，并进行点评。

第二节 现代广告文案写作发展历程

鸦片战争爆发后，中国进入了近代社会。鸦片战争一声炮响，给我们送来了帝国主义，西方列强对中国进行疯狂的军事侵略和经济侵略，使得数万万中国人民流离失所，穷困交加。另外，帝国主义列强在军事入侵的同时，大量的西方文化、经济模式也随之被带到中国，并强制灌输了这块被奴役的土地上的人民，这亦是侵略者所犯下的又一罪行。但同时也应看到，在外国资本主义经济、文化侵略我国的同时，一些西方先进的文化成果、经济运作模式也被带进中国，给我们的国人很大的启蒙与引导，使得我们在一个自觉与不自觉中学习到了有用的知识与技术，其中对于现代广告运作与经营管理知识、技术的掌握就是一个受益点。

从满清王朝被推翻开始，中国广告业进入了现代时期，在这一时期里，伴随着西方产品的大量涌入，西方的先进广告经营理念自然也被国人所接受，因而他们在从事广告活动的时候，就会自觉地以西方的广告运作模式做指导，广告文案的写作当然也是如此。比如在广告文案写作时，往往会以西方那种夸张、比拟的广告诉求法来创作文案内容，大量地使用图画、色彩配置于文案间，使得广告内容更具视觉吸引力，达到了一种超凡的诉求效果。

说到现代社会广告文案写作，鲁迅则是一个不得不提的广告文案写作高手。在十六卷本的《鲁迅全集》里，笔者粗略统计直接与广告有关的文章有 61 篇之多。鲁迅所写的广告文案中最好的可推《呐喊〈自序〉》。在《呐喊〈自序〉》里，鲁迅从自己的家世写起，讲了幼时的家庭情况，少年时的家庭变故，青年时艰辛的外出求学，在日本留学时为什么要弃医从文，等等。在亲切的、娓娓道来的叙述中让读者好似看到了一个“五四新文化战士”此刻就活生生地站在了读者的面前。从广告写作技法角度来评价，鲁迅在这篇《呐喊〈自序〉》广告文案中所使用的是“直陈表现法”写作技巧。[①]

从广告写作技法来看，鲁迅在这六十多篇文章里分别使用了形象、直陈、告白等创意技法来为自己的著述和其他相关书籍的出版以及个人品牌形象的展现做了较为精美的广告宣传。像在《〈苦闷的象征〉广告》中鲁迅说：“这其实是一部文艺

---

① 鲁迅：《为半农题记〈何典〉后作》，《鲁迅全集》第 3 卷，人民文学出版社 1981 年版，第 305 页。

论，共分四章。现经我以照例的拙涩的文章译出，并无删节，也不至于很有误译的地方。印成一本，插图五幅，实价五角，在初出版两星期中，特价三角五分。但在此期内，暂不批发。北大新潮社代售。鲁迅告白。”[①]在这篇广告文案中，鲁迅用“直陈技法”直陈主题，把自己翻译完将要出版的《苦闷的象征》一书的内容——文艺论，并配有5幅插图，销售价格——五角，头两周优惠价三角五分，销售地址——北大新潮社，一一作了介绍。既简洁明了，又诉求到位，最后再署上极具吸引力的名字——鲁迅。这本书的销量恐怕是不会有太大的问题了。在《〈引玉集〉广告》中，鲁迅把他收集俄国版画的情况“……已历数年……而新俄单幅及插画木刻，则有一百余幅之多”，编选出版情况“……特选出五十九幅，嘱制版名手，用玻璃板精印，神采奕奕，殆可乱真，并加序跋，装成一册……”售书地址“上海北四川路底施高塔路十一号内山书店代售，函购须加邮费一角四分”等，使用“告白技法”一一详细地告诉读者。对于价格这一读者较为关心之事，鲁迅在广告中故用一“悬念技法”，“定价低廉，近乎赔本”，定价到底多少钱则不明说，这一来更加吊起了读者的胃口，到此鲁迅不忘再使一个“夸饰技法”，用了“盖近来中国出版界之创举也”一句大话，最后则进一步煽情“但册数无多，且不再版，购宜从速，庶免空回”。[②] 对于旧中国当时的广告业来讲，这可算是一例技法、文采俱佳的广告文案。

鲁迅之外，我们再来看一下现代文学史上另两位著名作家茅盾、穆时英对广告文案的精妙使用。先看茅盾在其《子夜》中的这段精妙广告文案：“太阳刚刚下了地平线……暮霭挟着薄雾笼罩了外白渡桥的高耸的钢架，电车驶过时，这钢架下横空架挂的电车线时时爆发出几朵碧绿的火花。从桥上向东望，可以看见浦东的洋栈像巨大的怪兽，蹲在暝色中……叫人猛一惊的，是高高地装在一所洋房顶上而且异常庞大的Neon电管广告（霓虹灯广告，笔者注），射出火一样的赤光和青磷似的绿焰：Light，Heat，Power!”

再看新感觉派代表作家穆时英的小说《五月》中的这两段广告文案：

永安公司夏季大廉价

今日贱卖品：法国新到华尔纱，图案新颖，每尺售八角五分鲜荔枝每磅五角。

巴黎露天舞场开幕通告：本场地处沪西，风景幽雅宜人，素为摩登男女每年消夏之胜地。今年据天文台报告，自五月中旬起即将酷热，本场为爱护各界起见，特

---

① 《〈苦闷的象征〉广告》，《鲁迅全集》第8卷，第419页。

② 《〈引玉集〉广告》，《鲁迅全集》第8卷，第452页。

雇工赶修房屋，提早于二十日开幕；聘有中西美丽舞伴数十名，如蒙光临，无任欢迎。

最精彩的应数穆时英在小说《夜总会里的五个人》中写卖《大晚夜报》的孩子那段："张着蓝嘴，嘴里有蓝的牙齿、蓝的舌尖，他对面的那只霓虹灯的高跟鞋尖正冲着他的嘴"，"又有了红嘴，从嘴里伸出红舌尖来，对面的那只大酒瓶里倒出葡萄酒来了，红的街，绿的街，蓝的街，紫的街……强烈的色调化妆着的都市啊！霓虹灯跳跃着——五色的光潮，变化着的光潮，没有色的光潮——泛滥着光潮的天空，天空中有了酒，有了灯，有了高跟儿鞋，也有了钟……"

另外像《宇宙风》杂志的广告文案："文字通俗清新，笔调亲切幽默，内容贴近人生，插图富饶兴趣。"

20 世纪 30 年代初某鱼肝油广告文案："增加体力，防治肺病，亏弱消瘦，佝偻软骨，发育不良，服之最宜，药分两种，滴剂丸剂。"

1934 年 9 月，白玉牙膏的广告文案：

妙龄少女，婀娜多姿，但是凭她生着柳眉杏眼，檀口樱唇，假使配上一副焦黄的牙齿，那还能称得上美人吗？

世上决无焦黄牙齿的美人，摩登的女士们，你如果要成为一个标准美人，必须保护你的牙齿。

白玉牙膏为最新创制之洁齿剂，早晚使用能除去齿牙间污膜，而常保齿牙的皓白美观，为爱美的女士们必不可少的恩物。

通过上面几段文案的选读，均可看出创作者文字功底的扎实与广告诉求的准确到位。我们可感觉到，现代文学史上的作家和古代的诗人一样，在运用着文学体裁叙写社会万象的同时，也不忘有意识地为某一产品或某一社会现象做一则文案诉求。同时也可发现，现代社会的广告文案写作中已经明显地带上了现代化色彩。

我国最早的广告机构设置起始于 20 世纪初专业制作月份牌的工作间。独立的现代专业广告公司的出现则始于外国商人创立的广告公司。1915 年，意大利商人在上海成立了"贝美广告社"，这是中国最早成立的外商广告公司。1918 年，美国商人创办的"克劳广告公司" 在上海成立。1921 年，英国商人在上海成立"美灵登广告公司"。这些广告公司吸收和造就了一批早期中国现代广告设计专家，将西方广告公司的经营理念以及广告艺术、设计方式等介绍到中国，尤其是广告文案写作技巧的娴熟运用，使得这些广告公司很受企业的欢迎，同时也在一定意义上对中国现代广告的发展产生了重要影响。此后，中国人自己开办的广告公司也逐渐发展起来，较有名气的有1926年成立的华商广告公司和1930年成立的联合广告公司。20世纪30年代，上海广告界出现了克劳广告公司、美灵登广告公司、华商广告公司、联合广告公司四家实力相当的"四大广告公司"并存的局面。在这些大广告公司里，雇用相当数量的广告文案写作专职人员，每天为企业在上海和其他城市的报纸、杂志上撰写各类产品广告文案，广告文案写作成了各广告公司的主要技术工种。

新中国成立后，由于我国实行的是社会主义条件下的计划经济运作模式，在这一经济运作模式下，企业生产的产品均由国家统一调拨、统一经销，各生产厂家生产出来的产品全部成了"皇帝的女儿不愁嫁"。因此，只是在公私合营以前的那几年(1949～1956年)，在各大报纸上会看到一些逐年减少的广告宣传，而专业的文案写作人员在这一时期已被迫转行从事其他的服务职业。

到了伟大的、史无前例的无产阶级文化大革命时期，由于广告业被极"左"统治者定性为资产阶级的东西，受到了猛烈的批判和粉碎，因而在这十年间，各种形式的广告宣传早已经难觅踪迹。

直到粉碎"四人帮"以后，中国广告业方才得以新生，1979年年初，随着一条简单的商业广告语刊登在《天津日报》上，揭开了新时期中国广告业发展的大幕。由于党和政府的大力支持与重视，至今为止，虽然只过去了短短的三十年时间，但是中国广告业却取得了巨大成就，成为中国国民经济发展的一个重要推动力。截至2010年，我国已有三百多所高校设有广告学本科专业，同时亦设置了不少广告学硕士、博士点，广告学高等教育的发展正呈现出一个快马加鞭的发展势头。

从1949年新中国成立至20世纪80年代初，由于对于广告业和广告学教育的重视不够，我国并没有一部广告文案写作的书籍出版。直至1987年，才由徐益明撰写了第一部相关著作《广告文案写作》。这是第一本较为系统地论述广告文案写作原理、广告文案写作方法等相关知识的专业书籍，对于广告学高等教育的发展起到了相当重要的作用。此后，各地的学者教师亦分别撰写出不少有关广告文案写作的专业书籍，比如李世丁等人主编的《广告文案写作》、夏晓鸣等人主编的《广告文案写作》、丁柏铨主编的《当代广告文案写作》等，这其中写得有新意、有深度、论述全面且新颖的应数中国传媒大学初广志教授的《广告文案写作》。该书从广告文案写作的基本规律、广告文案写作的基本要求、广告文案写作技巧以及各不同媒体广告文案写作的具体操作法等方面予以翔实论述，同时结合具体实例进行评点讲解，为广告学专业的教学提供了范本教材。

综上所述，随着我国国民经济的更大、更快发展，广告业在这一发展进程中的作用将会变得越来越重要，因而我国广告学高等教育的发展速度也必将会上一个更高层次，面对着这样一个令人欣喜的发展前景，就必将会有适应于这一发展的广告学专业书籍的更多出版，而广告文案写作也将会呈现出一个不断发展之态势。

本节思考题

1. 现代广告文案写作的历史发展有什么特点？
2. 如何评价鲁迅所撰写的那些广告文案？

第二章　汉语修辞与广告文案写作

本章重点提示：汉语修辞技巧在广告文案写作中的具体运作规律是本章的重点。

本章难点提示：如何分辨修辞格与写作技法的不同是本章的难点。

第一节　综　述

广告文案是指一件广告作品中语言文字的综合。广告文案是广告作品的重要构成部分，任何一条广告的主题、创意、效果图说明等都必须使用文字语言来表现或辅助以文字说明。然而，要想使广告文案准确、新颖、独特地诉求广告主题和品牌特性，必须经过一番艰苦努力的语言文字功夫磨炼不可。

一、广告文案写作目的

广告文案写作既不同于文学创作，更不同于哲学著作，它有着其自身独具的、异常明确的目的性。因而从事广告文案写作时，一定要了解、吃透广告文案写作的独具目的性，这样才能有的放矢地写出成功的文案，准确生动地将产品信息传播出去。具体来讲，广告文案写作的目的性主要有如下特征：

（一）对一则广告创意给予文字说明与文字表现

我们知道："创意是广告的灵魂"，一件广告作品是否新颖生动，是否具有极强的震撼力，必须要有一个好的创意，但是有了卓越超群的创意，并不等于就已经有了优秀的广告作品，要想把这一卓越超群的创意变成一件能够诉诸消费者的广告作品，则必须通过语言、文字对其进一步表现，对其加工综合。所以广告文案写作的一个重要目的就是要把广告创意变成语言文字的说明，任何一个广告文案撰稿人在进行广告文案写作时，一定要从这样一个目的出发来动笔写作。

（二）对广告所要诉求的商品品牌信息给予恰当、清晰的文字阐述

我们知道，企业对为其创作广告时商品品牌信息的提供和所希望发布出去的品牌信息是多样繁杂的，他们生怕自己商品的好处、特点说不明白，生怕别人不知道，因而通常都会在事先给你提供一大堆各种各样的相关信息，并且一再嘱咐你一定给他们设法全部传递出去。假如真的依广告主的意思去做，那么一则广告文案写下来后，只能是什么都说了，但什么都没说清楚，消费者听、看之后什么都弄不懂，甚至常常导致在消费者心理上产生阅读和听觉厌恶感，这样不仅达不到广告诉求之目的，反而，会使该品牌还未投入市场就已先在消费者心里建起一个不良印象，导致广告宣传失败。

因此，虽然在经过广告人策划、创意之后，已经删除了相当一部分与主题表现关系不密切的信息，但是当你开始撰写广告文案时，仍然会有一些与主题诉求连接较紧、品牌诉求信息较为集中的内容显得多余，这些内容尽管对品牌宣传有一定诉求作用，但是为了突出广告主题，为了更集中到位地表现出创意要旨则必须删除。这时，你就要根据整个广告策划战略、广告定位和广告创意的表现要求，对这些广告信息内容再作一次分析整理，选用其中最能表达品牌诉求、最具代表性的信息写成文案，以使广告作品最大限度地达到消费者心田，引发他们的兴趣与购买欲望。

（三）选用适合品牌表现的特定写作方式与风格

一则广告，尽管在对其进行文案写作之前，广告策划与创意就已经定下了该品牌的诉求风格，但是选用什么样的方式，是用散文式、诗歌式，还是用故事型抑或是说明型，以及采用何种文学表现风格，是平铺直叙，还是含蓄传情，是一语道出，还是故留悬念，包括文案中的字、词、音韵、语言特色等，都需要在文案写作过程中反复推敲，仔细斟酌，直到写出最合适的文案为止。

二、广告文案的写作原则

（一）真实性

广告文案不同于文学创作，为了对消费者负责和自觉遵守广告法规与广告人应有的职业道德，在广告文案的内容表现上必须真实可信，切忌不真实的夸大之词，必须杜绝任何虚假、违法广告内容。广告主绝不能只为追求短期经济效益而指使广告人为其撰写与制作虚假广告、违法广告，诱骗消费者上当。广告主的铤而走

险虽然可能会给自己的产品带来短期利润，但这样做最终受到惩罚的还是始作俑者。此外，对于市场的占领和消费者信任的赢得并不是依靠虚假、夸大的广告内容，而是要靠企业形象、品牌质量与消费者的认同与喜爱。这些都需要企业在各方面付出艰苦的努力，只有经历了艰辛的"面壁十年图破壁"后，方才会有"天下谁人不识君"的一天。因此，获得消费者的信任是一个艰难的过程，但失去消费者的信任却极为容易，而一旦真的失去了消费者的信赖后，则很难让他们再次认可你的产品，这样的失掉则是永远失掉。

著名广告大师奥格威曾对广告文案的真实性原则讲过许多诚恳的看法，这些看法作为经典语言被不少广告书引用过，在这里为了对广告文案撰写者提个醒，再一次把奥格威的这些至理名言抄录在下面：

广告必须提供事实……切忌夸大和不实之词；

绝对不要写不愿意让自己的太太和儿子看的广告；

诸位大概不会有欺骗自己家人的念头，当然也不能欺骗我的家人，己所不欲、勿施于人。

（二）独创性

在商品经济日益发达、繁荣，信息传播手段日新月异的当代社会，不仅同类产品的同质化倾向越来越大，许多不同类型产品也有了越来越多的相似点，产品之间的明显差异已经很难找到。这样，广告的诉求点如果仍旧从产品特点的介绍、宣传上着手，则很难使该产品抓住消费者的注意力，获得市场占有。同时，在当代社会里，"广告是产品销售的开路先锋"这一理念早已成为所有企业主的共识。因而，不管是国有企业，还是合资企业，抑或个体、独资企业，都会竭尽全力地为自己的产品大做广告，在广告费的支出上一掷千金已不再是让企业家牙痛的事，"宁可打肿脸充胖子"也决不能让人不知道。在目前这样一个商品经济社会现实面前，那些表现平平，创意乏味，文案冗繁的广告则根本不可能引起消费者的兴趣，当然更不会让企业主为你痛快地掏出广告费来，所以独创性也就自然成为广告文案撰稿人在进行广告文案写作时所要遵循的又一重要原则。

广告文案的独创性主要表现在以下方面：

（1）品牌诉求传达的独创性

在撰写文案之前，广告文案撰写人员一定要依据创意表现与品牌特点，以及同类产品的不同个性与共性，寻找出该品牌独具之点，并将该独具之点的信息充分地传达出去，以求最大限度地引起消费者对该品牌的注意。比如笔者在给金川啤酒撰写广告文案时，针对该品牌啤酒与其他啤酒相比有着独具的保健治病之特点，用“天下保健第一啤，矿泉佳酿疗效奇”作广告语和广告标题，文案正文也以该啤酒独具保健、疗病特点为主要内容。这一广告文案引起了消费者的很大注意与兴趣，该啤酒不仅在短短几年内就迅速占领了本市和邻近省、市啤酒市场，并且成功打入了香港市场，受到香港市民的欢迎。

（2）广告文案写作手法的多样性

广告文案要想引起消费者最大限度的有意注意，把品牌独具之特点信息有效传达出去，则有必要讲求写作手法上的多样性。具体来讲，结构、修辞、语言的巧用、妙用是首要练就的内功。比如像宝丽服装的广告语：“人品如衣品、品衣如品人”；依露牛奶的广告语：“依露牛奶，一路领先”；四通打字机所做的广告文案：“输出千言万语，打出一片深情”等，就很能给人一种前所未见的新鲜感，自然很容易引起人们的注意。

此外，还应注意学会运用广告写作技法来巧妙构思与创作广告文案，关于这点将在下面用专节进行讨论。

（3）艺术性

广告文案写作除了真实性和多样性原则外，还应该讲求艺术性原则。一则好的广告文案应该用艺术化语言和艺术手法来传达广告诉求主题与创意，使消费者在接受商品信息的同时更能获得审美享受。同时，用艺术化的语言和艺术化表现手法撰写广告文案，更可增强广告文稿的艺术感染力，提高文案撰写人员的写作水平。另外，经典的广告语总是生动的内容和优美语言的结合体，比如像“中国民族工艺衣着系列展”中的“香云莎”衣服，所作的报纸广告便是很好的例子，该广告文案是由四句颇具艺术性的标语口号组成：

“黑色的贵族，白色的时尚。

弘扬中华文化，掘拓民间瑰宝。”

除了这四句极具艺术化的文案语言外，该广告作品还用浅浅的线条传神地勾勒出了古代民族服装的造型，神采奕奕的“香云莎”三字与竖体排版的广告文案交相辉映、相互衬托，使整个广告作品给人一种中华民族文化庄静、秀丽的文化美学意蕴享受，可谓极具艺术性的一个佳作。

除此之外，在广告文案写作时还要注意其简洁明了、社会效益和经济效益原则等，由于篇幅所限，在此就不再细作分析。

本节思考题

1. 广告文案写作的目的是什么？

2. 广告文案写作的原则有哪些？

3. 如何把握广告文案写作的特点？

4. 举例说明广告文案写作的艺术性原则。

第二节　广告文案构成

一、广告文案写作过程

广告文案的写作过程主要分为构思、完稿两部分，下面一一述之。

当一则广告的策划、创意工作完成后，就要开始广告文案的写作了，在进行广告文案写作时，先要对整个文案稿有一个全盘构思，比如广告语如何写，广告标题如何写，广告文案正文如何安排，什么是所要诉求的中心部分，中心内容是放在正文前面用“开门见山法”，还是放在中间用“一览众山小法”，抑或是安排到最后用“水落石出法”，这些都需要在动笔之前进行详细构思。对广告语来讲，也同样要有一个事先构思过程，是用情感动人式，如“孔府家酒、叫人想家”、“眼睛是心灵的窗子，为了保护你的心灵，请给心灵安上窗子”，还是巧借名人式，如“用仙光、诸葛亮”，或是相互映衬式，如“人品如衣品，品衣如品人”，等等，都得事先予以构思。

此外，对于品牌信息的传达次序、广告文案的篇幅与段落安排，商品信息的传达到位以及先后顺序等，都需要预先有一个设想安排。

在进行广告文案构思时，经常使用的水平思维法、逆反思维法和集思广益思维法这三种方法其理论概念虽然笔者已经在别的专业书中作过详细介绍，之所以在这里再次提到是因为这三种方法，在当代社会广告业运作过程中，既在“广告创意”中被广告人非常普遍地使用，同时也在“广告文案写作”中普遍地使用，因而再作一番简要讲述。

（一）水平思维法

主要指在进行创意思维过程中打破垂直思维的常规模仿法，这一创意思维法自然也适用于广告文案的构思过程。比如春兰空调的广告文案就是用了水平思维法来进行构思的。消费者购买空调除了制冷效果好外，最为担心的质量问题就是噪声了，而质量则是几乎所有空调生产厂家做广告时必打的一个卖点。因此，如果春兰空调的广告文案也跟着人云亦云大打质量牌，则不会产生应有效果。于是广告人便在噪声上动起了脑筋，构思出了“宁静——这一新一代春兰空调的承诺”，同时用水平思维构思法想出：“尽管只是微不足道的一声，也足以影响‘春兰’所创造的宁静。”创造出了诉求新颖的广告文案。

（二）逆反思维法

逆反思维法是一种反常规、反理性、反传统，用新奇、变异来制胜的思维方法。这一思维法适应着人们的逆反心理，逆反思维有意识地背离习惯思维的轨道，朝相反的方向去思维、探索。用逆反思维法常常会收到意料之外、想象不到的效果。比如苏联为《消息报》提价所做的广告文案稿，在构思时就巧妙迎合了人们的逆反心理，把《消息报》要提价的消息直白地告诉给消费者，再用涨价后多花的这笔钱可以买多少其他物品作进一步的逆反对比，这样构思出的文案使得许多具有好奇心的消费者非要作一实践比较，于是《消息报》的订销数量反而在提价后比提价前有了大幅增加。还有像为《欧吉沛谈广告》一书销售所撰写的广告语：“只需 320 元，全球最伟大的广告人的毕生经验和智慧就是您的。”某国所做的避孕广告：“如果怀孕的是你，你是否会更加小心呢？”等等，就巧妙地运用了这一思维法。

（三）集思广益思维法

顾名思义，集思广益思维法就是依靠众人的智慧、集体构思出一个好的广告文案。在具体运作这一方法时一般由文案撰稿人召集 8～12 个人开动脑会，请大家帮着出主意想办法，共同思考如何写好一条广告文案。参会人员必须提出各自想法，在会上允许相互间进行启发，但是不允许互相批评，哪怕是荒诞不经的想法也不可批评（这一方法与广告创意时的集思广益思维法相同）。在使用这一方法构思广告文案时，有时候某人一句不经意间的话语会一下子点燃你的心智，激励起你的灵感火花，从而能够完成预定的广告文案撰写任务。虽然你不一定非得完全按照别人的想法去写作广告文案，但集思广益思维法的最大收获就是与会者各自相异的想法，能为你构思范围的拓展和思路的打开起着钥匙的作用。

二、广告文案的完成

当前面几项工作完成后，就可照着已有构思从容地挥笔把广告文案写成，在撰写过程中，如果有好的想法临时涌出则千万别忘了补加进去。当然在写作中尤需注意语句能短则短，能少就不要长，只要能把商品信息准确、生动地传达出来即可，千万注意不要使广告文案正文过于冗长，因为消费者看广告时和欣赏小说、散文时的心理感觉是完全不同的。就是文辞再美的广告文案，消费者只要多看几眼便会有一种这是诱我掏钱的逆反心理出现，他便不会继续看下去，因此一定要设法用简洁、形象、到位的语句来说清品牌特点和其他必须交代的商品信息。

当广告文案写好后，还必须认真检查二遍至三遍，看看是否准确、全面、形象地传达了该商品信息，审看文案内容是否科学合理，是否真实，有无违反《广告法》及其他相关法规的广告内容。同时，还应对文案中的措辞再进行仔细斟酌推敲，如发现有不妥之处则应立刻给予修改。广告文案写好后，还要经过测试方可定稿。测试时把文案稿送与广告主和广告公司内部其他专业人员手中，请他们对文案所表达的品牌诉求点是否正确，广告语、标题是否醒目引人，正文是不是承上启下，语言修辞是否顺畅、生动、简洁等方面提出意见。同时还应把广告文案送发给广告发布地域的可能受众和潜在消费者，请他们对广告文案提意见。一般情况下，广告文案在撰写时应同时写出 3～5 套文案，让消费者以及广告主和其他业内人士从其中选出一套最感兴趣、最满意的文案，再对其加以进一步修改润色，这时才可以进入广告实际制作发布过程中去。

三、广告文案语言

马克思说过："语言是思想的直接实现。"[①]放到广告这块儿来讲，语言则是广告创意最后完成的载体单位。在一则广告宣传过程中，语言就是把创造性的广告意念、点子，或者说是一则倾注了许许多多广告人心血的广告策划、市场调查等相关事项最终能够生动、形象、准确诉求出去的载体。娴熟、准确、生动地驾驭语言，才能有效传达、表现"人人心中皆有，人人笔下全无"的广告创意。因此，对广告语言运用的要求则是广告人应具备的基本功。具体来讲，一则成功的广告文案在语言使用方面应具有以下特征：

（一）简短、准确

简短、准确是广告创意过程中语言运用的第一基本功。心理学家通过试验得出过一项相关结论：两个字以内的广告语，消费者的记忆率为 34%，而 6～12 个字的记忆率仅为 13%。在创作实践中，简短精练的广告语常常容易取得显著的诉求

---

① 《马克思全集》第 3 卷，人民出版社 1960 年版，第 525 页。

效果。比如,传统的手表戴在手腕上,而瑞士生产的一种新款手表则把手表附在夹子上,使用者可随意夹在身体的各个地方。这一手表的广告语是"手腕的自由",只有短短五个字,但诉求点简练、准确,既说出了新产品的特点,也诉说出这种手表给使用者带来的方便。

国外有家理发店门外的广告语更绝,上书:"先生,我要你的脑袋。"乍猛一看准会被吓一跳,只不过是理个发,居然要我的脑袋?再细一琢磨,话说得太绝太妙了。是的,要去的是一个蓬乱不堪的脑袋,还回的却是一个潇洒漂亮的头型。这样的要法没人会拒绝,这则简短广告语确实写得让人叫绝。

台湾山叶钢琴也有一条非常经典的广告语:"学琴的孩子不会变坏。"在这则广告中山叶钢琴生产厂家并没有为自己的产品从理性诉求的角度来策划广告语,而是走感性诉求之路。因为钢琴这种高档产品除了极少数是由专业演出团体购买外,其绝大部分均是被普通百姓家庭所拥有。普通百姓购买这种高档产品其目的也并不是想要自己能够操练成为一名钢琴家,而是为了孩子学琴用。从孩子学琴这点上看,许多家长也只是能够让自己的孩子从小就有一种良好的文化熏陶,培养一定的文化素质。这条广告语紧紧抓住了家长的这一心理,采用一种攻心战术,我不说我的钢琴有多好,我只从如何能让孩子身心健康成长的角度来提示那些家长,学钢琴的孩子是不会变坏的。既如此,那我这一品牌钢琴自然会在家长心中留下一个深刻印象,使接受这一广告信息的人为之动心,心动的下一步必然是行动。

此外,像上海家用化学品厂为美加净颐发灵做的广告语:"聪明不必绝顶。"像马路边上各种动物造型的垃圾桶上的清洁广告语:"我饿了,喂喂我吧。"像汽车后风挡玻璃上贴的交通安全广告语:"请勿吻我!"等等,都以极为简短的话语说出了准确的信息诉求,并在幽默的回味中留下了深深印象。

(二)象形、谐音

1. 谐音

几乎所有学汉语的外国人,在学习一段时间后都会发出或长或短的感叹:"这方块字太难认了","学会说,能念了,可还是不知是啥意思"。音与形之间没有必然联系的特点,确实是汉字难学难记的一大难之所在。但反过来看,汉字这种以表意为主的象形文字因其读音的变化多端,又恰恰能在广告宣传中发挥出其他语言无法表达的效果。

我国古代,有个秀才被一家豆芽店老板请去为其写副对联广告,秀才思索良久后挥笔而成十四个字。上联七个字是"长长长长长长长",下联七个字还是"长长长长长长长”。围观者哄堂大笑，笑其徒有其名。秀才等众人笑毕才放声念到“zhang chang zhang chang zhang zhang chang，chang zhang chang zhang chang chang zhang”。众人这才恍然大悟，连声称奇，赞叹不已。秀才又书四字横幅，“水中求财”。读着这样的广告对联，那些又鲜又嫩又长的豆芽仿佛鲜灵灵地出现在眼前。这般妙用的广告语言，让任何一种其他语言也只能“望洋兴叹”。

湖北仙光日用化工厂为“仙光”牌鞋油征集的广告语中，荣获大奖的是：“仙光出世，天下‘革’新”；获一等奖的是：“用仙光，诸‘革’亮”。另外如呼和浩特市大光明眼镜店的眼镜广告语“心动不如行动”等，都不仅在字面上苦心构思、独具匠心，同时更有着很强的推销效果与文化品位。

另外，台湾“三味矿泉水”做的广告语：“四大皆空——无色、无味、无菌、无尘。”这条广告语引入了佛语中的“四大皆空”，并赋予一种形象化的新意，既诉求出该矿泉水的纯度和质地，又能使人读后在一种会意的笑声中记住了这一品牌的特点。更迎合了台湾当今社会许多心灵空虚、思想颓废者纷纷皈依佛教的现状。“无菌、无尘、无色、无味”，告诉消费者不必有任何顾虑，这就要比“乐百氏”纯净水所做的“二十七层过滤”，又是滤网，又是紫外线灭菌让人信服得多。

烟台电信局为一品牌手机所做的广告语“一机在手，漫游天下”就未能重视汉语谐音在广告中的诉求效果，使人读得口感生硬。消费者如果在无意识中读某则广告，广告语的语音显得生硬时，一般不易给消费者留下印象。假如此广告语改成“一机在手，漫游神州”，上下两句之间既押上了韵，同时“神”字还能给人一种用该手机有股“神仙欲飘，来去神速”的感觉，广告也就能更强烈地吸引消费者的注意。

但是，我们在广告创意过程中有意借助汉字这一独特之点时，不能为汉字而汉字，为谐音而谐音，一味玩弄文字游戏，对汉字的纯洁和精神文明建设造成副作用。比如古井贡酒厂征集来的广告语：“古井贡酒，醉(最)有风度”，读后给人一种喝醉才会有风度之理解。某家具厂的广告语“触木惊心”，广告本想表现出该家具会给您的家庭生活带来温馨，但胡乱地肢解成语却让人看得毛发倒竖。其他像某服装厂的广告语“衣名惊人”；某饮料厂的广告语“饮以为荣”；某鞋厂的广告语“岂有此履”；某制药厂的广告语“无胃不治”，“默默无炎”；某空调机的广告语“终身无汗”；等等，这些肢解成语的做法不仅起不到促销作用，反让消费者如入雾中、退避三舍。我们要大力弘扬民族文化，如果连文化的载体——语言都失掉了原汁原味的话，所谓的弘扬则只能是“毛将焉附”。同时，上述做法对汉语的规范以及中小学语文教学也带来了有害的冲击，90 年前鲁迅先生就在《狂人日记》里大声疾呼“救救孩子”。今天，我们不能再让鲁迅先生死不瞑目了。

2.象形——广告文案与汉字书法

汉字书法早已是中国文化的一个代表，集中显现出了汉字所独具的表意特征与象形文字的审美属性，因而千百年来一直被人们所重视，并成为历代文人格外看重的、能凸显其文化身价的一个优质品牌，同时亦成为美术艺术的一个重要构成。当然了，汉字书法也因其自身所具有的民族文化特性而成为世界文化的一个重要组成部分。

由于汉字所独具的表意特点，这一独特的表意特征早在古代社会便成为广告设计与创意中一个不可忽视的部分，像古代社会商人，在其店铺门外所竖起的招牌广告，上面刻意书写的造型各异、体式不一的户外广告文字，都因其形象化的视觉吸引力，引发了许多受众的注意，并给他们带去了很强的审美愉悦感。到了现代社会，随着科学技术的飞速发展和传播技术的不断进步，书法更是因其所独具的视觉传播效应，而被广泛地运用到广告活动中，比如杂志广告、报刊广告、霓虹灯广告等，主要就是由文字与插图两部分构成。而汉字在其中的表现如何，常常直接影响广告版面的视觉传达效果。因此，注重汉字书法形体设计，是增强广告文字视觉传达效果、吸引消费者有意注意、增强版面审美价值的一种有效手段。

广告作品中的汉字设计，应当做到醒目、准确、新颖、美观，用汉字的独有特点带给消费者鲜明的品牌诉求与赏心悦目的审美感受。比如常熟华实广告公司制作的“神笔”平面广告，亦是汉字运用的“神来之笔”，作品巧妙地把“神”字和繁体“笔”字的中间那一竖，用这一品牌的两只笔来替代，品牌巧妙借助了汉字的表意特点与象形体式合一的书法艺术来完成，字与笔在人的意识中又有着一种天然联系，巧妙的字体设计确实给人耳目一新的感觉。

“我爱深圳”公益海报广告同样是巧用汉字书法特点的一则佳作。广告中是四个最能代表深圳精神的“敢干敢闯”汉字。其中“干”字中间一竖是一根长长的铁凿子，“闯”字的“门”是一繁体门字，字里的马头又是干和闯的最贴切指意，另外亦喻义出现代经济特区深圳正是这样干和闯出来的，真可谓一字数意，令人赞叹。

再看一则巧借汉字独具特点所做的计划生育平面广告，画面上是两块牌匾，一块书着“百年好合”。其中“好”字故意缺了“女”字旁。另一块写着“传宗接代”，“接”字下边的“女”字也故意不书，旁边有一句醒目的广告语“无女又怎能成事”。广告巧妙借用汉字结构特点，把“女”字拆开，用此来批驳重男轻女的传统错误观念，并使之自相矛盾，可谓喻义警深、一语中的。

此外，如果我们能在广告设计中，自觉地、有意识地把最能表现出中国文化的汉字书法艺术那种端庄典雅、深沉厚重、苍劲古朴的美学特征，在广告设计中巧妙使用，则会在中华文化的传递中，更有效地传递广告信息，表达出准确的广告主题。

由上可见，汉字的确是我们中华民族文化的一个瑰宝，我们的广告人在进行广告文案写作的时候，一定要学会利用这一文化资源，使我们的广告不仅形象生动地传递产品信息，同时更能满足受众的审美需求。

本节思考题

1. 广告文案写作过程具体有哪些环节？
2. 什么是广告文案语言？
3. 象形与谐音在广告文案写作中的作用是什么？
4. 简要论述汉字书法与广告文案写作的关系。

第三节　汉语修辞与语言运用

通过前面的分析探讨，我们清晰地知道了汉语因其自身所独具的表意特征而成为广告传播中的一个主力军，任何有关中国产品或本民族其他类型的广告活动都必须借助汉语这一语言文字才能得以最终完成任务。在本节中我们再换一个视角，从广告文案写作这一视角来看，语言则是广告创意最后完成的载体单位。在广告宣传过程中，语言就是要把极具创造性的广告创意，生动、形象、准确地诉求出去的载体。娴熟、生动地驾驭语言，才能有效传达、表现出“人人心中皆有，人人笔下全无”的广告创意。因此，对广告语言运用的要求是广告人应具备的基本功。

人们只要说话或者写文章，就离不开修辞。我们知道，语言是人们进行交际、交流思想的工具。同一个思想，同一种意思，可以用不同的语言形式来表达。但在具体的语言环境中，只有一种语言形式是最恰当的，表达效果是最好的。所以当人们为了准确、鲜明、生动地表情达意时，就要对语言进行调整和修饰，选择、锤炼最恰当的字、词，调配选用最合适的句式，采用最生动有力的表述方式，以求达到理想的表达效果，这就是修辞。作为以表意为其特征的汉语来讲，修辞更是人们表情达意成败的关键。

广告文案在其写作过程中与修辞有着非常密切的关系。因为广告文案的撰写必须凭借语言(文字)才能得以进行。而修辞则是根据创意表达与文案撰写的需要对语言加以调整和运用,以增强广告文案的表达效果。换句话说,语言修辞的目的就是要使文案写得更好。鲁迅先生曾指出:“因为不能修辞,于是也就不能达意。”不能达意,自然是不能写作了。这也就无怪乎著名的作家无一例外地都是语言艺术大师、修辞高手。作为广告文案中的修辞现象来看,它的主要特点是被运作为描写手段对所描写事物的特性加以强调,是写作者有意为之、别具匠心的语言艺术的创造。比如“宝丽”服装的简短文案“人品如衣品,品衣如品人”,作者在文案中有意运用了修辞手段中的反复、顶真、点染等修辞手法,刻意渲染“宝丽”服装高贵典雅的品质与时尚、高档次的卖点。广告人有意识地使用修辞手法来突出这一品牌服装的与众不同之处,就是力图要调动起消费者的购买欲望。

一、修辞的标准

关于修辞的标准,古人有不少精辟论述,孔子说:“辞达而已矣。”他认为“达”是修辞的标准。怎样才能被称为“达”呢?苏轼对此论述道:“求物之妙,如系风捕影,能使是物了然于心者,盖千万人而不一遇也,何况能使是物了然于口与手者乎?是之为辞达。辞至于能达,则文不可胜用矣。”意思是说,要使客观事物(指写作对象)不但了然于心,亦即想得到,而且了然于口与手,亦即说得出、写得出,这就是辞达。毛泽东同志提倡在写文章时要做到“准确性、鲜明性、生动性”,这亦是修辞标准的一个通俗解释。高尔基也在《论社会主义现实主义》一文中说道:“作为一种感人的力量,语言的真正美产生于言辞的准确、明晰和动听。”[①]读了学者们的上述精辟论述之后,我们是否可以再对广告文案写作的修辞标准作如下归纳:

以汉语为基点的广告文案写作其修辞标准应该是:充分地掌握汉语语言的自有特性,善于调动起各种汉语修辞手法,为欲做广告宣传的产品寻找、组合最合适、最简练的字、词、句,并把它们加以形象化的结合,准确、感人、简洁、明快地把品牌诉求点形象到位地表达出来,设法引起消费者的有意注意与感知兴趣,并力图促成他们的购买行动。

---

① 《高尔基论文选》,人民文学出版社 1982 年版,第 132 页。

二、修辞的手法

下面我们对常用汉语修辞手法作一番具体分析。

(一)比喻

比喻就是通常所讲的打比方,是用同甲事物本质不同,而又有相似之处的乙事物作比,来说明、描绘甲事物的一种修辞方式。比如"仙光"鞋油广告语:"用仙光,诸(革)亮。"我们知道,比喻一般由三部分组成,即本体、喻体、喻词。本条广告语中的"仙光"是本体,诸(革)为喻体,亮则是喻词,起着联系本体和喻体的作用。用了仙光牌鞋油后,所有皮革(诸革)都会光亮如新。其中的喻体"诸革"和喻词"亮"连在一起使用又暗喻着历史上的著名人物诸葛亮,这就更易引发消费者的注意,真可谓一箭双雕。

1. 甲、乙两事物间构成比喻需要具备的条件

(1)本体和喻体应是本质不同的两类事物,或两种不同的动作、行为、状态等,比如上一例子中本体"仙光"是一种品牌鞋油,喻体"诸革"则是泛指皮革制品,本体与喻体本质上不同。倘若两事物本质相同,比喻就不能成立。

(2)本体和喻体之间要存在恰似点,这是构成比喻的基础。"用仙光,诸革亮"这句广告语准确、形象地告诉消费者使用仙光牌鞋油,可以使你的皮鞋光亮无比。仙光与诸革之间存在着明显的恰似点,没有恰似点就不能构成比喻。当然,如果比喻的恰似点容易被消费者意会到时便可隐去,不加说明容易被误会时则必须出现。

2. 比喻的修辞作用

(1)可以深入浅出地诉求品牌特性。运用比喻修辞手法来诉求品牌特性,可以化未知为已知,变深奥为浅显,使消费者很容易了解品牌特性,明白与同类产品之间的区别。比如春兰空调的广告文案:"微不足道的一声,足以影响'春兰'所创造的宁静",这则广告文案巧用比喻修辞手法告诉消费者,甚至连微不足道的一声声水声,也会打破"春兰"空调所创造的宁静氛围,可见新一代春兰空调的噪声之低到了什么程度。广告文案所用的比喻正好切中了消费者受够了空调噪声的干扰,期盼低噪声空调出现的消费心理。

(2)生动具体地描绘品牌形象。运用比喻修辞手法描绘品牌形象,可以使平乏的诉求变得生动,使消费者容易产生丰富的联想,加深品牌印象。如美国斯托弗化学公司(Stauffer)的广告文案便是如此:广告文案的一开始讲述有两双手,第一双手作比喻说明,正是农民的辛勤劳动,才使得其他各行各业的人能够得到使其生存

下去的食物，是农民在养活着我们。另一双手比喻向农民的农业劳动提供农药的供应商是斯托弗化学公司。文案用亲和的语言道出了农民的农业劳动和这一劳动对人类所作出的贡献，是与供应商的支持和帮助分不开的。文案最后说道："假如没有他们（指供应商），我们就不能供养世界上那么多的人了。"文案用比喻手法艺术具体地宣传了斯托弗化学公司的形象和该公司生产的农药产品。

（二）借代

借代是指不直接说出本体事物，而是借用有关事物来代替的修辞方法。[①] 心理学实验证明，新颖的刺激要比经常性的刺激容易引人注目。借代不用日常生活中人们常用的说法，而是有意换一种说法，就是建立在这样一种心理基础之上。对于广告文案写作来讲，由于当代商品经济社会的飞速发展，几乎没有商家不为自己的产品做广告，这样一来，同类产品各自所做的广告早已如海洋般将消费者淹没于其间，消费者也因此原因在一般情况下，不会有意识地关注那些大同小异的同类商品广告的详尽内容。如果在广告文案中一改常规写法，换一种新颖刺激的说法来诉求品牌卖点，则有可能引发消费者的求新、求奇心理，对你这一手法独特的广告宣传留下较深印象。台湾中华汽车"爸爸的肩膀"广告就是一条成功地运用了借代修辞手法的文案。

中华汽车："爸爸的肩膀"电视广告文案

（一）

如果你问我，这个世界上最重要的一部车是什么？那绝不是你在路上能看到的。30年前，我5岁，那一夜，我发高烧，村里没有医院。爸爸背着我，走过山，越过水，从村里到医院。爸爸的汗水，湿遍了整个肩膀。我觉得，这世界上最重要的一部车是——爸爸的肩膀。

今天，我买了一部车，我第一个想说的是："阿爸，我载你出去走走，好吗？"

广告语：中华汽车，永远向爸爸的肩膀看齐。

（二）

印象中，爸爸的车子很多，大概七八十部吧，但都是玩具车。我爸爸没什么钱，他常说："买不起真车，只好买假的。我这辈子只能玩这种

---

① 《现代汉语讲义》编写组编：《现代汉语讲义》，中央广播电视大学出版社1985年版，第441页。

车啰。”

经过多年努力，我告诉爸爸，从今天起，我们玩真的。爸爸看到车后东摸摸、西摸摸，他居然对我说：“我这辈子只能玩假的，你却买真的！”

“爸，你养我这么多年不是假的，我一直想给你最真的。”

广告语：中华汽车，真情上路。

第一条汽车电视广告文案并不直接说出本体事物——中华汽车，而是一口气地讲述着一个小孩生病，爸爸背着他跋山涉水赶往医院的真情故事。讲这段故事的真实目的则是借助背着孩子走了几十里地的爸爸的结实肩膀，来代替中华汽车如同“爸爸的肩膀”一样坚实可靠，值得信赖，买了中华汽车就像是靠在了父亲肩上一样让人放心。最后一句文案归结广告主题“中华汽车，永远向爸爸的肩膀看齐”。这一新颖的借代修辞手法所撰写的广告文案确实打动了消费者的消费心理。

具体来看，借代的修辞方式主要有以下几种：

(1)以特征、标志来借代。比如像某花店的广告语：“一花独放不成锦，万紫千红才是春。”这里以万紫千红作为一种吸引人的标志意念，作为花店经营品种繁多的借代，自然会对消费者产生一种较大的诱惑。

(2)以产地借代。比如像唐代诗人杜牧那首脍炙人口的广告诗句：“借问酒家何处有，牧童遥指杏花村。”就是要杏花村之产地来代替汾酒这一产品品牌。这样的借代法更能引起消费者的审美愉悦感，从而在一种自觉状态下接受这一产品。

(3)以质料、工具借代。比如像某金银首饰商场所做的广告文案中有这样两句广告语：“金乃五行首，银为百花饰。”广告语中以金、银这两种贵重金属作为借代物，形象化地告诉了消费者该首饰商场的经营特色，从而诱发受众的有意注意力。

(4)以部分来替代整体。比如像恒丰食品工业集团的广告文案：“当你大口吃着雪花面粉制作而成的馒头时，你就会记住绿色食品，你记住绿色食品时就自然会记住我们的企业。”在文案中作者有意不说出恒丰企业这一全国著名企业的名称，而是用馒头和雪花面粉来替代，给人一种诚实的诉求感觉。

(5)以结果代替原因。比如某白酒厂家的广告语：“闻到酒香了吗?”创作者故意不说出白酒品牌名称，而是以顾客闻到酒的香味为广告语，从而以一种形象化的诉求来引发消费者对于白酒的注意力，达到宣传这一品牌白酒的目的。

(三)映衬

“映衬是把两个相关或相对的事物，或同一事物的两个对立面放在一起，让它们相互衬托、相互对比、相得益彰的一种修辞方法。”[①]我们知道，客观世界中存在着许多矛盾，而人类在识别这些矛盾时，在主观上常常会存在着“差异觉阈”的现象，所以在进行广告文案写作时，就应该根据品牌特性以及各自创意诉求点，在适当时机有意识地运用映衬修辞手法，把所要诉求的产品和另一相关或相对的事物，或者是同一产品的两个对立面有意放在一起，让它们相互衬托、相互对比，使所要宣传的商品品牌在同类产品中，通过这样的相互映衬脱颖而出，获得消费者的喜爱。

下面这则笔者前几年为“三蛇胆”药撰写的电视广告文案，就是一条使用了映衬修辞格的作品。文案如下：

> 画面(1)：一青年女子长了许多粉刺。气恼地对着镜子用手挤着。
> 画面(2)：一个菠萝。一男子拿把大锉刀急速地锉着。画面分成两个部分同时映出。(配有不协调音乐)
> 旁白：欲速则不达。
> 画面(3)：女子停止挤粉刺，照了照镜子，粉刺仍在。男子停下锉刀，菠萝被锉得坑坑洼洼。
> 旁白：要想解决表面问题。
> 画面(4)：空中飘下一盒三蛇胆，女子惊喜地接住，看了看说明书，然后取出一粒，吃进嘴里。
> 画面(5)：男子换了把长水果刀，麻利地削着菠萝。
> 旁白：必须做好表面文章。
> (换成轻松音乐)
> 画面(6)：女青年的漂亮面孔，显得神采奕奕。
> 画面(7)：削好的菠萝被放在盘子里。
> (两个画面交替出现两次)
> 旁白：益生堂三蛇胆，专做表面文章。
> 画面(8)：投料现场，几个穿白大褂的女工正往每一粒三蛇胆中放入一个蛇胆，身着工商、防疫服装的人和许多男女透过一面玻璃墙在旁边观看。

---

① 《现代汉语讲义》编写组编：《现代汉语讲义》，中央广播电视大学出版社 1985 年版，第 451 页。

旁白：公开投料，每粒一个蛇胆。

在这则广告文案中把表面长满疙瘩的菠萝与长出粉刺的青年女子的脸进行映衬对比，说明脸上长出了粉刺则和菠萝的表面一样难看，尤其对于女孩子更是如此。既然这样，那一旦长出粉刺后就要尽快设法去掉。而用手去挤脸上的粉刺则犹如用锉刀锉菠萝表面的疙瘩一样，效果可想而知。在这里作者又将用手挤粉刺和用锉刀锉菠萝再次进行映衬对比，告诉消费者用这样方法做表面文章是不行的。到此时才打出广告主题"要想解决表面问题，就要用益生堂三蛇胆"，画面同时出现一副漂亮面孔和一个放在盘中被削去了皮的菠萝，菠萝和女孩的脸最后再作一次映衬，广告在告诉消费者，使用三蛇胆才能很好地解决这一问题。

由此可以看出：映衬修辞格的运用，可以使广告文案条理清楚，脉络分明，同时更能增加品牌叙述的鲜明性。

映衬修辞格使用时须注意以下几点：

(1)映衬的事物必须有一定的联系，否则构不成映衬。比如"三蛇胆"电视广告文案中的菠萝和人脸上长出的粉刺在消费者的视觉中都有一个难看的共同点。

(2)必须从同一角度加以映衬。像上面的例子就从脸上长出疙瘩这一角度来加以映衬。

(3)对比越强烈，印象越鲜明。我们知道，映衬是依据人主观上的"差异觉阈"来讲的，如果事物给人的差异强度低于"差异觉阈"，人们就无法辨别。因此，差异越是强烈，留给人的印象也就越深刻。像上面"三蛇胆"药广告文案中一边是用锉刀猛锉菠萝，另一边是用手使劲儿挤脸上的粉刺，两者对比的效果非常强烈，留给消费者的"差异觉阈"自然也就格外深刻。

(四)双关

在一定言语环境中，利用语义和语音条件，有意使话语具有双重意义，言在此而意在彼，这种辞格叫双关。①

双关的心理基础在于"盖意生于权谲，而事出于机急"。是指在特定的语境中把两种不同范畴的概念有意借其中隐存的类似点，出人意料地加以替换和联系，使人惊奇地接受作者机智的言辞，这就是刘勰所讲"权谲"、"机急"的意思。桑塔耶那在《美感》中也说道："一句双关语就等于一只会蹦出妖怪来的盒子，毫无来由地跳

① 《现代汉语讲义》编写组编：《现代汉语讲义》，中央广播电视大学出版社 1985 年版，第 454 页。

到我们那心事重重的思绪中去。”[①]作为广告文案来讲，有意识地利用语义和语音条件，使品牌诉求点的语言具有双重意义，能给消费者心理起到一种新颖的联想与诱导作用，即可使消费者对该品牌产生较深印象，同时亦可增加广告文案的形象色彩与生动性，造成一种耐人回味的情境。比如新飞冰箱的著名广告语“谁能惩治腐败?”就巧妙运用了双关修辞格式，借助老百姓当前最关心的腐败问题，打出一个问号：“谁能惩治腐败?”答案当然是党和人民政府了。只看字面意义的话，恐怕反腐败与冰箱联系不太大，但“腐败”一词在语义上却有着很强的双关修辞作用，除了部分政府官员腐败外，老百姓最容易联想到的腐败现象就是食物了，因为衣食住行与老百姓的关系最大，消费者的日常生活就是衣食住行，那么食物腐败了该怎么办?不用怕，新飞冰箱就是专门用来替你惩治食物腐败的。这句精妙广告语一词两意，即直接提出当前的社会热点问题，一下子抓住了人们的消费心理，引发受众的共鸣，同时使该话语巧妙地把双重意义传达给消费者，进而将品牌印象深深地留在消费者心中。

双关分为谐音双关和借义双关两种。

(1) 谐音双关：就是利用同音或近音条件来构成双关，传达出一种音在此而意在彼的效果。比如清嘴口香糖广告语：“亲嘴的感觉、清嘴的效果。”这一广告语借助“亲”和“清”两个音近意不同的汉字在读音上的同音感，巧妙地将“清嘴”品牌口香糖这一产品信息告诉了消费者，取得了一种别致的广告传播效果。

(2)借义双关：是借助汉语词义特有的多义性特点来构成双关，从而取得言外之意的效果。比如像“文革”时期的一则著名政治广告，即 1976 年 4 月 5 日北京市民在天安门广场发起的抗议“四人帮”的示威游行时，贴在天安门广场上的一则政治诗歌(也可称之为政治类广告)就是一个典型例子：

黄浦江上有座桥，
江桥腐朽已动摇，
江桥摇，
眼看要垮掉，
请指示精神，
是拆还是烧。

① 《现代汉语讲义》编写组编：《现代汉语讲义》，中央广播电视大学出版社 1985 年版，第 451 页。

在这则政治广告中，作者巧妙借助双关这一汉语修辞手法，把“江桥摇”三字的真实语义是暗指“四人帮”中的江青、张春桥、姚文元三人，隐喻在“江桥摇”三字的字面底下，使得广大中国人民借助双关意旨从心底明白“四人帮”已经到了日暮穷途之时，其彻底垮掉的时间已经不远了。这则政治广告既生动又具讽刺效果，同时亦发挥出了诗歌所独有的战斗力作用。

此外，像房地产公司做的广告“把根留住”，交通安全广告“请勿吻我”，某矿泉水广告“心服口服”，等等，都是双关修辞手法妙用的范例。

（五）层递

“按照事物形状大小、长短或事理的深浅、难易而作层层递增或递减的描述、说明的辞格叫层递。”“层递的渊源，在客观上流于自然界的各种层递现象，比如蜘蛛结网，就是由密到疏层层递进。太阳上升时光亮慢慢增加，下降时又渐渐减弱，自然界就是以层递现象构成秩序的和谐。在主观上，层递符合美学比例、秩序、渐层等理论。从心理学来看，由于层递上下句的意义有规则递进，合乎逻辑思维规律，于是易于了解记忆，人的神经也因为省力而产生快乐的感觉。”[①]按照上面所摘录《现代汉语讲义》一书中的观点来看，层递这一修辞格不仅是现代汉语修辞学中的一个重要表现手法，同时在美学、心理学、逻辑学等理论学科中都有相当研究价值。因此，在广告文案的写作中，文案撰写者就更应该学习、掌握这一重要的汉语修辞手法，使广告文案更具说服力，取得预期的传播效果。

下面我们分析一则成功运用层递修辞手法写成的“长城风雨衣”广告文案：

（风雨声中，雄壮的音乐起……）
长城，
将母亲——地球装点；
长城风雨衣，
把母亲的儿女打扮。
（音乐转成柔美的小提琴声响，伴随着青年男女欢笑声）
蒙蒙春雨中，
瑟瑟秋风中，

① 《现代汉语讲义》编写组编：《现代汉语讲义》，中央广播电视大学出版社 1985 年版，第 451 页。

到处都有长城风雨衣，
与母亲，儿女相伴。
（雄壮的音乐主题曲再起，夹杂风雨混响声）
长城风雨衣，
风雨相伴。
风——雨——相——伴（加音乐混响）。

这则广告文案使用层递修辞手法，清晰、细腻、巧妙地把广告欲诉求的品牌“长城风雨衣”形象化地诉诸了消费者。其中第一句“长城”与第二句“将母亲——地球装点”，使用的是递增层递修辞格，第一、第二句与第三、第四句间使用的则是递减的层递修辞格，这样的修辞排列犹如一首激昂的乐曲，当观众的情绪被调动到一个高峰时又顺势滑下，给人一个欣赏平衡感。其中第一句“长城”与第三句“长城风雨衣”又与各自的诉求对应物有着一种自然紧密的联系点，消费者读到这里便会由衷地佩服广告文案的高明。确实，伟大的万里长城已把我们全人类的母亲——地球装点的雄伟动人，长城牌风雨衣则把母亲的一个个女儿打扮得楚楚动人。再加上下文进一步的情感诉说“蒙蒙春雨中，瑟瑟秋风中，到处都有长城风雨衣，与母亲、儿女相伴”。这样的广告文案读、听以后，恐怕没有人不心动的，心动的下一步则将是行动了。

（六）仿拟

现代汉语修辞学中对仿拟这一修辞格的解释是：在语言运用过程中，为了表示幽默、讽刺的语义效果，故意仿拟既成的形式创造出一种全新意境，这一修辞格叫仿拟。

仿拟具有很强的幽默、讽刺、诙谐色彩，常常能深刻有力地揭示出事物的对立矛盾，突出事物的本质，并且显示出一种新鲜又风趣的表达力，起到推陈出新之效果，使读者喜闻乐见。

由于此修辞格具有上述语言表达艺术效果，因此，在广告文案撰写中常常有意识地使用这一修辞格，力图为广告作品增添更多的新鲜感与生动感。

广告文案撰写时的仿拟修辞格可分两种。

（1）语音上的仿拟。比如下面这句广告语：“古今胸罩，一戴添娇。”这一广告语仿拟毛泽东的诗词《沁园春·雪》中的句子“一代天骄”，用谐音仿词：戴——代；添——天；娇——骄；赞美古今牌胸罩会给女人平添几分美，尤其是青年女性，最为追求的恐怕就是外表之美，这样的仿拟修辞格广告语正好迎合了青年女性追求外在美的心理，因而打动了相当一部分女性消费者，勾起她们的购买心理。

(2)意义上的仿拟。如下面这句广告语："神州手机，全球漫游、不是慢游。"这句广告语既有谐音仿拟：漫——慢；又有意义上的仿拟，拥有神州手机走遍全球各地都可以与自己想要联系的目标对象通话。既然可以全球通话，那就证明该手机的通信手段是何等快速，因为速度慢了绝不可能实现全球通，所以最后出现被仿句"不是慢游"，对该手机再来一次幽默提示。再有像某剧院做的广告："三五步走遍天下，六七人百万雄兵。"用三五步来仿拟舞台面积之小，只需三五步即可走个来回，但是这三五步的过程中却可演绎出纵横天下的一个个故事。下一句在舞台上来回表演的虽然只有六七个人，却代表着百万雄兵的作战大军，这样的仿拟技法无疑会打动无数观众的心。

在使用仿拟修辞格时还应注意决不能为了仿拟而仿拟，一味玩文字游戏，有损汉语修辞的纯洁与健康。

(七)顶真

在语言使用过程中，用上一句话结尾的词语做下一句开头的词语，使相邻两句头尾蝉联，上递下接，这一修辞格叫顶真。

从心理学上讲，顶真是基于自主意识中的中心观念所形成的。顶真用上下两句话中相同词作"中心观念"，使得上下文如意识流连贯起来，给人一种别致的阅读愉悦感。从美学原理上讲，顶真则是统调原理的运用。在广告文案写作中使用顶真修辞格，可以使信息诉求理由充分、周密严谨，使人信服。比如某歌舞团的广告语："舞台小天地，天地大舞台。"这句广告语中用"舞台"两字上递下接，头尾蝉联，不仅严谨清楚地诉说这一歌舞团虽然只在舞台这个小天地中施展才能，但剧团始终把天地社会当做自己人生的大舞台。真可谓用意深刻，令人赞叹。还有像丰田公司的广告语："车到山前必有路，有路就有丰田车。"广告语巧妙地将上一句末尾的"有路"二字用在下一句开头，上下顶真，极有气势地诉诸消费者，丰田汽车就是开到大山前面也必然会有道路出现，只要是有路的地方，就会有丰田牌汽车。把丰田汽车遍及全世界各地的销售量和优异的质量用一种极为形象化的写作技法诉诸消费者，同时还不忘借用一句大众非常熟悉的古语，真可谓一箭数射。

再如下面这句蔬菜公司做的广告语："一年常有时令菜，菜蔬四季不乏鲜。"句中用"菜"字上顶下接，广告语顺势而下，把蔬菜公司一年四季都在经营新鲜蔬菜的诉求点清楚、准确地表达了出来。

(八)夸张

夸张是在自然界和人类社会已经具有客观真实现象的基础之上,有意识地对某一要表现的事物进行夸大或缩小的描写,这种修辞格被称为夸张。夸张一定要以自然界或人类社会已经存在的事物为夸张的表现基础点,进而作出夸大或缩小式的夸张描写,达到一种能提升士气的传播作用。比如毛泽东的诗《人民解放军占领南京》:"钟山风雨起苍黄,百万雄师过大江,虎踞龙盘今胜昔,天翻地覆慨而慷。"诗歌用夸张的艺术手法把解放军占领南京的胜利用"百万雄师过大江"七个字气势磅礴地表现出来,只需一场摧枯拉朽的战斗,便可将被国民党盘踞了几十年的南京古城解放。"虎踞龙盘今胜昔,天翻地覆慨而慷"则将解放南京的战役形容为一场天翻地覆的巨大变化,不但古城在变、统治它的主人也在变,这种犹如天翻地覆般的剧烈,真可谓气势冲天。读后给人一种极大的审美震撼感。再比如"飞流直下三千尺,疑是银河落九天"、"朝辞白帝彩云间,千里江陵一日还,两岸猿声啼不住,轻舟已过万重山"均是夸张艺术的典范。

在广告文案的撰写过程中,夸张手法同样可以对于所要传播的信息在到达受众的时候带去一股心理上的震撼美感,获得不菲的广告效果。比如某酒楼的广告:"酿成春秋冬夏酒,醉倒东西南北人。"什么样的美酒,居然能醉倒四方客人,这样的夸张确实能诱发起顾客的好奇心理,酒楼的生意也就可想而知。再比如像某黏合剂广告:"虽然体型小,但是能将整个世界粘在一起。"尽管读后明显会感觉到太夸张了,但是这样的夸张又是消费者所期待的那种消费心理,广告的效果也就自然会出人意料。

在运用夸张技法进行广告写作时要注意,夸张一定要以实际为基础点,从而给人一种真实的或者是很可能如此的感觉,决不能对其产品无原则地进行夸张,从而做出与事实一点儿也不相符的宣传,欺骗、诱惑消费者上当,这样的夸张就是虚假广告宣传,必然会受到法律的制裁。

(九)对偶

对偶是指"把字数相等、结构相似的语句成对地排列起来,表达相关、相似或相反的意思,这种辞格叫做对偶……对偶从客观上讲,是源于自然界各种事物的奇偶对称现象,从主观上说则源于心理学中的联想作用。对偶也符合美学上的'对比'、'匀称'、'均衡'等原理"。[①] 对偶的运用常常会带给人一种精神上的快感,能满足

① 《现代汉语讲义》编写组编:《现代汉语讲义》,中央广播电视大学出版社 1985 年版,第 469 页。

人们的某种心理需求。因而许多年来，对偶这一汉语修辞手法一直被历代文人所看重，经常在各类文学体裁的创作中运用这一修辞手法，比如像魏晋南北朝时期的著名诗人谢灵运的诗《入澎蠡湖口》中的“千念集日夜，万感盈朝昏”，诗人巧妙地将“千念”与“万感”进行对偶，表达出诗人此刻的真实感受并不是寄情于山水风光的观赏之间。再比如鲁迅的“横眉冷对千夫指，俯首甘为孺子牛”，特意用“横眉”来对应“俯首”，将这位伟大文学家抗争社会、寄情于人民的思想极为感人地表现出来。

在广告文案撰写中，运用对偶这一修辞格可以形象化地刻画其产品，将产品的某一特性予以一次别致的表达，从而获得受众的心理好感，使之得到一个较深刻的品牌印象。比如长春一汽集团的广告语：“走中国道路，坐奥迪轿车。”广告语中将“走”与“坐”对偶，“道路”和“轿车”对偶，极具气势地传播出了该品牌的形象特征，该广告语自然会给受众留下深刻印象。再比如某取暖器厂家所做的广告语：“窗外地冻天寒，窗内春意盎然。”该广告并不直接诉说产品，而是巧妙地用“窗外”来对偶“窗内”，用“地冻天寒”对偶“春意盎然”，运用情感诉求法把人们期盼驱走严寒、迎来温暖的心情逼真地表现了出来，这样的情感诉求无疑会引发消费者的喜爱，激发他们对产品的兴趣，最终促成其购买行动的实现。

总起来看，对偶修辞格主要有宽对和严对两种结构，宽对除了要求所对上下两句在字数上相等外，其结构相似即可，词语可以重复，词性与平仄不做要求。而严对则要求上下两句不但字数要相等，而且必须结构相同，平仄相间，上下句不能有重复的字出现。对于上述要求，需要广告人在广告文案写作实践中去摸索掌握，同时更需要平时大量地阅读古今中外文学名著，从大量的阅读中真正地理解这一修辞格的独特艺术魅力，从而能够更好地运用到广告文案的撰写中。

现代汉语的修辞格除了上面讲过的几种外，还有排比、反语、拈连与移就等，限于篇幅，就不再一一分析。

本节思考题

1. 广告文案的写作目的有哪些？以某一广告作品为例，具体分析一下。
2. 你如何评价广告文案的写作原则？
3. 分析对偶修辞格在广告文案写作中的作用。
4. 举例评析汉语修辞格在广告文案写作中的重要性。

第四节　广告写作技法

美国著名广告大师詹姆斯·韦·伯扬认为:"广告创意的实质是把许多旧要素作新的组合。"创意的实质既然如此,那写作技法则可以看做进行这种组合的艺术手段或实践工具。就像工人要靠工具进行生产,农民需要借助农具从事耕作一样,广告创意的最终完成也要靠写作技法这一特定手段来表现,离开了写作技法,创意便成了空中楼阁。

何谓写作技法?有这样一个解释:"所谓写作技法,大致是指在写作实践中逐渐形成的,用以表现生活、陈情达理、带有规律性的手法和技法。"①基于此理,笔者认为,作为广告创意中的具体表现手段,广告写作技法是指在广告创作实践中逐渐形成的,用以表现广告主题,传达商业信息,带有规律性的写作手段、写作方法和写作技巧。

常言道:"天下之事,莫不有法。"广告创意虽是一项复杂的精神劳动,但在其具体操作过程中也不无例外地自有其"法"。刘勰在《文心雕龙·神思》中也说道:"技术驭篇,似善弈之穷数。"掌握了写作技法,自觉地用技法去写作,就如同善于下棋的人能够在棋盘制约的范围内,运用千变万化的着数克敌制胜一样。刘勰所讲尽管是文学创作的道理,但在广告这一功利性与艺术性相融合的特定领域内,也是一条放之四海而皆准的理论。因此,在广告业日趋发展的今天,我们更有必要探讨广告写作技法在广告活动中的作用。

同时还应指出,作为广告创意中所涉及的写作技法自身来讲,另外一点就是要求广告人为其所承揽的某一广告业务,在运用广告创意的同时,将创意糅进其中的写作技法,使这一创意用书面文字形式得到一个最后完成。因而就这层意义来看,广告写作技法应是属于写作范畴内的一项具体的广告活动。在本节中,我们将具体对几种常用的广告写作技法展开较详尽的讨论。

一、夸饰技法

夸饰是对客观事物的状貌和性质加以虚幻的、变形的夸张,以突出客观事物的

① 《写作技法举要》,内蒙古人民出版社1981年版,第1页。

形态和本质特征，强化受众思想情感的一种写作技法。由于夸饰技法能鲜明、突出地强调客观事物的特征，给人以深刻印象，因而在广告活动中便常常用该技法来增强所要表达商品品牌的感染力与说服力。

由日本博报堂为日清方便面制作的“恐鸟篇”电视广告，则是巧用夸饰技法的一则杰作。文案是这样的：

> 一片浩瀚的荒原。
> 荒原上正行走着一只巨大的恐鸟，
> 恐鸟大踏步地朝前走去。
> 恐鸟后面跟着一群追逐它的原始人。
> 恐鸟把原始人引诱到悬崖边后狡猾地一抬脚，
> 使得所有止不住奔跑惯性的原始人纷纷坠落于崖下。
> 恐鸟探头望了眼崖下便扬长而回。（同时伴着“嗵、嗵”的踏地声响起了画外音“hungry”，饿了吗？）

这条广告中，广告人在文案写作时用巨大的恐鸟和如蚂蚁般原始人群作夸饰对比的主客体，这一对象选择首先就给消费者耳目一新之感觉。原始人紧紧追逐着恐鸟，幻想着假如恐鸟能在荒原上寻到食物的话，那他们一定要蜂拥上去争夺一顿美餐，但却不料被恐鸟骗得掉下了悬崖。尽管是原始人，实际上也不可能那样轻易地被一只鸟骗得丧失性命，因此，这是一则典型的夸饰技法。但这样的夸张反衬出了原始人类对食物渴求之强烈，因而更能深深地让现代人类体会到“食”对人类生命的重要性，以及“日清”方便面能给他们提供的方便。同时那一大群原始人竟然未及恐鸟的一只脚掌大，这一夸张表现法则更能带给消费者一种有意识的被吸引，这就加深了广告片的夸饰表现力。该广告片在给日清方便面的销售量带来很大增长的同时，还获得了1993年戛纳广告节大奖。

国外有一则为某一品牌番茄酱做的电视广告同样成功运用了夸饰技法。因为这一品牌番茄酱人们买回家后，一般要在吃牛排时蘸着吃味道才特别香，所以消费者购买它一般都是为了把它作为牛排这道菜中的一种不可缺少的作料，以致后来消费者一看见它自然会和牛排联系在一起。广告中一个男子买回一听这一品牌番茄酱，但他这次并不是准备在吃牛排时食用，而是在做烧烤时拿出了这听番茄酱；这个男子在拿出这听番茄酱的时候不巧正被一头牛看见，这头牛一看是这一品牌番茄酱，立即吓得掉头就跑。尽管是夸张，但夸张得很合情理，更有卖点联系，使消费者在捧腹大笑的同时深深地感受到了这一品牌番茄酱独具之影响力。

但我们国内最近有一条为中国通信 300 卡电视广告却牵强地使用了夸饰技法。广告文案内容是著名相声演员牛群正在给一头牛拍照片，突然间不知为何而放下照相机拿起电话要打长途电话，但电话未能接通，接着拿出张 300 通信卡插入磁盘内，这次如愿以偿。于是牛群拔出 300 通信磁卡，扬着这张卡高兴地说："有了这张卡，长途在哪儿都能打。"正在此时，广告夸张地表现旁边的老牛冷不防过来用嘴叼走了电话卡。这则广告可能是想告诉人们，使用 300 卡不管到何地都可以随意拨打长途电话，不但人就连老牛也深情系注于此卡。但是广告人殊不知，这样的夸张技法用得太牵强，牵强得令消费者莫名其妙。首先，人们弄不懂，老牛叼去电话卡干吗？它也要打电话？给谁打？它也具有人类的思维和语言表述功能？岂不知这样的夸张则会使消费者觉得一是对人有污辱之嫌？二来感到如果这是老牛感兴趣的东西，那人应该不屑一用。让牛插进来做此番多余表演势必会破坏消费者对此卡的应有情趣。该广告的另一败笔是把牛群和老牛牵强到一起更让人感到莫名其妙，难道就因为牛群姓牛？那如果照此推理，那姓侯的出来做广告就得牵只猴，姓马的做广告就非得骑匹马不可？尤其让人不解的是现代通信讲究的就是一个快字，而牛则是一种行走异常缓慢的动物，将这种电话卡与牛硬扯在一起，那不就是对现代通信技术的一种人为贬低？人们初看广告时竟以为是为一奶制品做广告，殊不料看到后面竟是在为通信磁卡做广告，这样的广告让消费者很难看得懂。其实做这种品牌广告你莫不如就表现牛群正在外地演出，但临时有急事需往家打电话，不想这一电话机无法打长途，猛然间想起自己正巧带有中国电信新推出的 300 卡，于是问题迎刃而解。把老牛这一形象去掉，另找一个最能代表传输信息往来的形象代之，这样的创意起码能让消费者看懂。要知道，消费者看广告一般都是一种无意识接受，他可不想费脑子去猜或破译。相比之下这条广告远不如获第四届全国优秀广告作品展银奖的"深圳电话升位"中所选公鸡这一报讯信物准确，并迎合了消费者的"期待融合"。因此，这就要求广告人在运用夸饰技法时切不可离了谱，随心所欲地去胡乱夸饰，否则，必将会导致广告宣传的无效与失败。

二、悬念技法

美国戏剧理论家贝克在《戏剧技巧》中指出："悬念就是兴趣不断地向前延伸和欲知后事如何的迫切要求，无论观众是否对下文毫无所知，急于探其究竟或对下文作了一些揣测，但渴望使其明确，甚至是已经感到咄咄逼人，对即将出现的紧张场面怀着恐惧——在这些不同情况下，观众都可能是处于悬念之中，因为不管愿不愿意，他的兴趣都非向前直冲不可。"在广告文案写作时如恰当运用悬念技法，就可引出读者和观众"欲知其究竟"的欲望，进而增加商品对消费者的吸引力。新中国成立前上海有一个民族资本家叫黄楚久，他看到大批洋烟充斥市场，心中颇为不服，决心想让自己创办的大昌烟草公司生产的小囡牌香烟占领国内市场，打败洋货的垄断局面，为此用悬念技法为小囡牌香烟做了一则成功广告文案。他把上海《申报》、《新闻报》等几大报纸第一版版面同时包下来做广告，第一天该版只有一只大红鸡蛋，读者莫名其妙；第二天整个版面出现一条翘着的小辫，读者仍不明白；第三天版面出现一个梳小辫的胖娃娃；第四天梳小辫的胖娃娃身上戴着肚兜，头上多了条套红标语"祝大家早生贵子"；第五天这几大报纸整版同时报道大昌烟草公司开张，其生产的小囡牌香烟正式上市，公司特向大家报喜祝贺，并随烟奉送一只红蛋。读者到这时才恍然大悟，因为上海人喜欢生下孩子后用送红蛋的方式道喜。这则广告巧妙借用了上海人的这一本地习俗，喻示出新上市的小囡牌香烟恰如一个刚诞生的民族品牌新生婴儿，借此来引起国人对国货的关注与喜爱。同时广告恰当运用了悬念技法来设置悬念，符合读者欲知究竟的"解扣子"心理，成功地把小囡牌香烟推向了市场，黄楚久凭借这条广告一下子赚了几十万元。

另有一条为"美能达"相机做的电视广告文案也是运用悬念技法的一例成功作品，文案写道：一个男子带着一架"美能达"牌相机，走在飞架于两座高山间的大桥上，突然间，他飞身从桥上跳了下去，顿时让人惊骇万分。就在悬念被提到了嗓子眼之际，这位男子却并未掉到山底摔死，原来他身上系着一条橡皮筋带，他飞身从桥上跃下是要捕捉拍摄一只在山间盘旋的雄鹰。

这条广告为了宣传"美能达"相机捕捉瞬间镜头的高超性能，特地选用了让拍摄者突然跳下万丈深渊，与雄鹰形成同一水平视角的方法来拍摄的悬念技法，就使极富刺激性的广告创意与悬念技法以及品牌功能表现巧妙地结合在了一起。这一出人意外、让人心跳的悬念文案，既让人惊心动魄，又能使人对该品牌相机留下极深刻印象。

三、通感技法

"通感"主要是指人在观看、欣赏某一事物对象时其自身各种不同感觉的有机沟通。佛家讲究的"六根互用" 说的就是它。因此，在广告文案写作中借助通感技法来完成广告文稿，则肯定会收到纲举目张之效果。

笔者曾为恒丰食品工业集团的拳头产品雪花牌面粉做过这样一则电视广告文案。

广告文案是这样的：

(1)一片绿色田野；

(2)黄澄澄的麦穗正随风轻轻晃动；

(3)画面出现短暂空白，同时出现画外音："雪花面粉，绿色食品。"

(4)一只雪白的馒头正冒出缕缕热气；

(5)打出广告语：绿色食品、雪花面粉。

这则诉求简练的广告文案成功地运用了通感技法，绿色田野与金黄麦穗本为视觉所见之物，但马上便可由眼见之物想到这是一种绿色食品，同时短暂的画面空白和紧随而来的"雪花面粉……"画外音，在观众意念中又会显出纷纷扬扬的雪花，这是经由视觉到意觉、听觉到意觉的有机沟通。而那只正冒着缕缕香气的雪白馒头又属视觉到嗅觉的转换(尽管并未能真的从电视中闻到馒头的香味，但是观众在意念中已有了对嗅觉的不自觉感受)。这条广告在把消费者的视觉、听觉、嗅觉、意觉予以综合调动的同时，更使消费者对雪花牌面粉留下了深刻印象。

四、附会技法

附会技法就是借助于某种媒体或某一诱因引起消费者的内心感应从而把两种事物或情景联结在一起，使所要宣传的品牌借助诱因来达到诉求表现目的的一种写作技法。在具体操作过程中，外在媒体和诱因只有作用于受众的主观感受，这一技法才能发挥出其作用，否则附会技法的应用便会成为徒具形式的牵强、粘贴。有一则获得 2000 年法国戛纳广告节金奖的交通安全电视公益广告，亦是成功运用附会技法的广告作品。广告文案是这样的：第一个画面文案是一个女人在马路上行走着，一个陌生男人紧紧贴在她身后向同一个方向走去；第二个画面文案仍是一个妇女走在人行道上，又一个男人紧紧跟在她身后，距离近到简直要碰到妇女的衣服；第三个画面文案是一个妇人推着辆手推车，仍有一个男人紧紧跟随在身后……几幅画面文案的一个明显共同点就是妇女身后跟着的男人距离太近，由于距离过于近，男士担心踩住前面妇女的脚后跟，因而走得异常别扭、走得特别吃力，最后打出的广告语是“如果你觉得这样好笑，为什么开车时也是这样？”一句话道出了广告主题，有效车距方是安全行驶的一个强有力保证。广告采用的附会技法极具幽默感，用几个既夸张又别扭更让人捧腹大笑的走路表演，附会出开车时绝不可以和前面车辆距离过近这一忠告。这一广告借助前后行人的跟随走路来引起观众的内心感应，从而把走路和开车这两种不同事情巧妙联结在一起，使所要宣传的主题借助诱因准确达到了诉求表现之目的。

五、幽默技法

广告宣传既要形象鲜明地传达出商品信息，更应让人爱看，幽默技法则是达到这一目的的有效手段。

第二次世界大战期间，由于战争的原因，美国的火柴生产很不景气。一家火柴厂的老板于苦思中灵机一动，利用人们当时仇恨德国法西斯的心理，生产出一种“火烧希特勒”牌火柴，在火柴的贴面上画着希特勒的漫画像，并在臀部涂上磷片。人们每划一次火柴便像烧了希特勒屁股一次，旁边并印了一行广告语：“想叫战争结束就请使劲烧。”这则广告不但幽默效果极佳，更迎合了消费者的反战心理，火柴的销量当下猛增，工厂借此摆脱了困境。

国内也曾有过一则很成功地宣传生发药水的幽默广告，画面上的人在使用这种生发药水时不慎滴在手指上几滴，结果这几滴药水竟也产生了功效，手指上很快竟也长出了毛发。此人一看，干脆将这一小撮毛发剪齐当牙刷使用。这则广告在让人发笑的同时也给人留下了很深印象。

当啤酒一度充斥美国市场的时候，各厂家为了打响自己的品牌并迅速占领市场，纷纷绞尽脑汁想办法。有一厂商苦于人们开启瓶盖时的烦恼便在瓶盖上下工夫，生产出一种不用工具即可轻易打开瓶盖的啤酒。在为该品牌做广告时，画面出现一个五十岁左右男子，右手拿一瓶这一品牌啤酒得意地对观众说：“今后再也不用牙齿了。”说完快活地一笑，就在张嘴笑的一瞬间，观众才发现他的两颗门牙没有了，那两颗牙原来是在用牙咬啤酒瓶盖时被扳掉了。看者忍俊不禁，在会心的笑声中这一品牌啤酒自然被消费者牢记在心里。

六、承诺烘托法

这是企业用自己的承诺手段来引起消费者的好奇心理，刺激他们的猎奇欲望，进而达到烘托自己品牌形象的一种写作技法。这一写作技法的立足基点是广告主对欲做广告之品牌的诚实承诺，因此，在具体写作时要围绕这一立足基点展开。

国外曾为奔驰轿车做过一则广告，广告文案写道："如有谁在乘坐奔驰品牌轿车时，发现该轿车突然抛锚，本公司特奖励一万美元。"广告一出，立即引起购买狂潮。因为驾车者最担心的便是汽车中途抛锚，该广告正好切中驾车者这一心理，并给予较大数目的金钱承诺，奔驰轿车的质量也就不言自明。

香港有一则强力胶广告同样成功地使用了这一技法，厂家先用该品牌胶水把一枚金币贴到墙上，然后在媒体上做广告，文案是："谁用手把这枚金币揭下，金币归本人。"广告一出，当下引来许多好奇者，纷纷上前一显身手，其中不乏大力士、会气功的，但无一人能如愿。各种媒体纷纷报道了此事，该品牌胶水名声立起、销量直线上升。

曾经有两家酒店为了争生意、招顾客，各自在店门前张贴广告。第一家的广告语写道："本店以信誉担保，出售的完全是陈年佳酿，绝不掺一点儿水。"另一家则写道："本店素来卖的是掺水一成的陈年老酒，如有不愿掺水者请预先说明，但饮后醉倒概与本店无涉。"尽管全是承诺，但前者的承诺显得言过其实，反而使顾客不信，后者的承诺则实话实说，显得诚实可信，结果反倒招致顾客盈门。

伦敦一条街上有三家裁缝店，各店裁缝的手艺都很高超，不分上下。有一年，三家裁缝店同时打出广告牌招徕顾客。第一家的广告牌上写着："本店有伦敦最好的裁缝。"第二家挂出的牌子是："本店有英国最好的裁缝。"而第三家的广告牌上则写着："本店有这条街上最好的裁缝。"顾客看完三家裁缝店的招牌后，纷纷涌入最后一家。可见"承诺烘托"技法在操作的同时亦有一个"度"的问题，应引起广告人注意。

七、象征技法

象征是十分重要的一种写作技法，在古希腊语中，象征是指把"一个木板分成对半，双方各执其一，以保证相互款待"的信物。后人给象征下的定义是："象征是借用某种特定的具体形象暗示特定的事物或情理的艺术手法。"由此可知象征主要指借此言彼。比如鲁迅在散文《秋夜》中借助后园两株"默默地直刺着奇怪而高的天空"的枣树雄姿，倾注了自己对敢于直面冷酷人生的"真的猛士"的热烈赞颂，象征革命者的"韧性战斗精神"。同理，在广告文案写作中运用象征技法，既能表达出某种"未便言明"的感受，又能使"味之者无极"，增强广告作品的形象感染力。

三星牌彩色铅笔曾用象征技法做过这样一则广告："一排排横向排列的三星牌

彩色铅笔，仿佛一层层向上的阶梯，一个幼儿正沿着这阶梯向上攀登着。”打出的广告语是：“为了使您的孩子更聪明。”用彩色铅笔组成取得学问的一个个阶梯，象征着智力的不断提高、学业的进步，一步步走向事业的成功之路。

1988 年 1 月 3 日，苏联《莫斯科新闻》报上刊登了一幅为美国派克钢笔做的广告，广告标题是“笔比剑更强”。下面是一幅 1987 年年底美苏两国首脑里根和戈尔巴乔夫正在使用派克钢笔签署销毁中程弹道导弹条约时的照片，照片下方是派克钢笔的文案说明。这更是一则成功运用了象征技法的广告。毁灭人类的核战争威胁不敌派克钢笔，笔比剑更强。用派克笔来象征和平力量的强大，揭示出全人类向往和平的主题。这样的象征寓意太给人震撼力了，更让人难忘。同时使用派克钢笔也就成了和平生活的一个指意，爱好和平是全人类的共同愿望，派克笔的销量也就可想而知。

这则广告的政治旨意不仅很高，而且极富人情味，让当时世界上两位最著名的政治人物做此广告，其广告影响力之大，可以想象。

以上对几种常见的写作技法作了举例分析。除了上面提到的外，还有描摹、点染、反讽、拼贴画等，由于篇幅在此就不再讨论了。在广告已成为发展国民经济、丰富人民精神生活的一个重要动因的今天，为了尽快提高广告文案写作水平，应该更进一步地重视对广告写作技法的研究与运用。

本节思考题

1. 简要论述广告文案写作的主要特点。
2. 广告文案写作技法在广告活动中的作用有哪些？
3. 谈谈你对“附会技法”的认识。

第三章　电视广告文案写作

本章重点提示：电视广告文案写作中的“声画语言要素”应重点予以把握。

本章难点提示：如何处理电视广告文案中的画面叙述语与编导语言之间的差别是本章的难点。

电视广告通过色彩鲜明且具有视觉美感的动态画面、流畅且真实的立体声响，直观生动地将广告产品的特点展现在电视受众的眼前，给受众如临其境之感。电视广告集艺术性、故事性、技术性、知识性、娱乐性为一体，因此，电视广告也被称为“迄今为止最打动人心的信息传播手段”①。

电视广告是在电视产生之后逐渐兴起的，电视广告的出现适应了现代社会对光、电、声一体化的需求，同时也迎合了现代社会对于“视听双感”的审美追求。同时，电视广告的出现丰富了电视内容，增强了广告效果，也成为支撑电视台运营的经济基础。在电视广告不到百年的发展过程中，其创造的价值，产生的影响都是显而易见的。以中国为例，根据国家工商行政管理总局统计中心公布的数据显示，2010 年中国电视广告的年收入为 679.8 亿元，同比 2009 年 536.2 亿元增长了 26.79％。

电视广告文案与报纸广告、杂志广告和广播广告文案有很多相似之处，即都是通过文字创作增强广告效果，因此，广告文案要对广告语、广告词进行反复斟酌，将文字的魅力最大限度地展现出来。因为电视广告包含更多的声画语言要素，广告文案包括对场景、镜头、灯光、音响、人物的统筹规划和总体把握，所以电视广告文案撰写者必须是一个富有创新意识的“调度师”，要将每一个广告画面与声音元素完美结合，最终电视广告文案创作的主体则是广告脚本创作。本章将对电视广告文案创作进行深入探讨。

---

① 陈培爱：《中外广告史》，中国物价出版社 2001 年版，第 95 页。

第一节 概 述

一、电视广告发展史

(一)国外电视广告的发展历程

自19世纪末起,人们就开始研究如何用无线电传送声音和图像,这一系列研究实验为电视的产生奠定了科学基础。1936年英国广播公司在伦敦建立了第一个电视台,开始向受众播出黑白电视节目,世界电视事业由此诞生。此后,苏联和美国也相继建立电视台,播放各种电视节目,世界电视事业由此进入发展时期,并先后经历了黑白电视时期、彩色电视时期、卫星电视时期等几个发展阶段。

电视广告并非与电视同步出现,但电视广告随着电视事业的发展先后经历了黑白广告时期和彩色广告时期。

1. 黑白电视广告时期

世界上第一条电视广告出现在美国纽约。1941年,纽约WNBT电视台在转播棒球比赛时,插播了布洛瓦手表广告,时长20秒,广告费仅为9美元。

在电视产生之初,归国家所有的电视台比重较大,作为官方媒体,这些电视台对于广告的数量和时间都有严格限制,有些电视台甚至不播放广告。因此早期电视广告数量比较少,以黑白电视广告居多,而且大部分只在商业电视台播出。

就电视广告的制作而言,早期电视广告制作简单粗糙,艺术性很弱。早期电视广告形式主要有以下几种:

(1)口播广告

由于当时技术条件的限制,录像设备并未出现,所以当时很多电视广告是现场直播形式的口播广告,制作手法相当简单。

(2)厂商冠名或赞助的电视节目

这种形式的广告意在打造某一产品生产商的知名度,随着电视节目收视率的增加其知名度会不断扩大。比如在美国,飞利浦·莫里斯烟草公司赞助了20世纪50年代最火的电视节目《我爱露西》,该烟草公司也随着这档电视节目的火暴而名声大噪。

(3)名人代言广告

早期电视广告中可以看到很多明星代言的例子,如保罗·伯根(Polly Bergen)为百事可乐做的代言广告即是一例。早期电视广告还出现了用卡通形象做代言的广告,如阿加西·皮克西就是一个经典的卡通代言形象,它对阿加西清洗剂的热卖功不可没。

2. 彩色电视广告时期

1954 年,美国正式播出彩色电视信号节目,由此美国成为世界上第一个彩色电视节目播出国,这也成为世界电视史上浓墨重彩的一笔。1960 年以后,日本、英国、法国、苏联、联邦德国也都相继出现彩色电视,人类从此进入彩色电视时代。

彩色电视为电视广告效果的发挥提供了更加广阔的平台,电视广告占据了大量的广告份额。从这一时期开始,国外电视广告呈现出百花争艳的局面,伴随着不同地域和民族特色,各国电视广告开始彰显自身独特的魅力。如法国的电视广告更多地将浪漫、时尚、唯美元素注入其中;美国的电视广告倾向于通过宏大的场景展现广告内容,广告主试图通过出人意料的方式达到不菲广告效果;韩国电视广告则将韩剧元素注入其中,更多地运用明星和戏剧情节展现广告标志物……

彩色电视的出现对广告文案创作也产生了很大影响。彩色电视通过贴近现实色彩的画面更详尽地展现广告标志物的外观和特点,通过与画面相吻合的音响效果营造独特的氛围,让观众有身临其境之感。因此,彩色电视广告注重广告创意与视听结合的能力,对广告的视觉审美和听觉享受提出了更高要求,使得电视广告文案开始变得复杂化。电视广告文案不仅包括广告中的语言创意,还包括对广告场景的描述。此外,对声音和画面结合点的选择和融合,对灯光、特技、镜头等也都要进行详细说明。这种电视广告脚本的文案创作实际上更像是影视剧台本创作,它在电视广告创意和制作中发挥着越来越重要的作用。

(二)中国电视广告的发展历程

由于受到社会发展条件的限制,中国的电视广告比国外起步晚了近四十年。在发展过程中,由于受到意识形态方面的制约,中国电视广告曾经备受争议。进入 20 世纪 90 年代后,其发展势头才开始迅猛起来。时至今日,电视已成为重要的广告媒体之一,其广告收入、广告数量、广告门类都居广告业前列。

1. 电视广告的诞生及初期发展

(1)诞生

1979年被中国的广告学者定义为“中国现代广告事业元年”[①]。

中国的电视广告自1979年崭露头角。1979年1月28日,上海电视台播出了“上海电视台即日起受理广告业务”的电视广告,并且播放了“我国大陆电视史上第一条商业广告”——参桂补酒广告[②]。同年3月,上海电视台播出了第一条外商广告——瑞士雷达表广告。自此,中国的电视广告扬帆起航。

(2)初期发展

中国电视广告是在批评与褒扬的共同“呵护”下成长起来的。参桂补酒广告出现时,受众对其褒贬不一,在认识到其潜在的商业价值的同时,对其姓“资”还是姓“社”这一政治化问题存在很多争论。直至1981年中央电视台播放西铁城手表广告时,此种褒贬不一的局面仍在继续,中央电视台也在此广告之后被批判为“崇洋媚外”。

中国电视广告发展之初,对于明星代言广告也曾经有过很多争议,开中国明星代言广告之先河的是李默然和潘虹。1985年李默然为三九药业代言;1988年潘虹为霞飞日用化妆品代言。当时的部分国人甚至认为明星代言广告是赤裸裸的资本主义。但随着霞飞日化的崛起和“万家乐”电视广告等一批明星代言广告的成功,其商业价值逐渐被大多数人认可。

当商业电视广告正在接受公众多次“审判”之时,公益电视广告也开始蹒跚学步。1986年,贵阳市节水办和贵州电视台联合发布了我国第一个电视公益广告“节约用水”。与过去标语口号式的公益广告相比,这支电视公益广告将艺术元素融入公益之中,展现了节约用水的紧迫性和必要性,并引起强烈反响。但是,真正在中国电视广告史上起到里程碑意义的公益广告,则是中央电视台于1987年10月推出的《广而告之》栏目所播放的广告片。这一在中央台黄金时段推出的特殊栏目也就成为中国第一个真正意义上的电视公益广告栏目。从此,中国的电视公益广告概念深入人心,公益电视广告数量不断增长。据统计,“从1987年至1995年,《广而告之》栏目发布了844条公益广告”。[③]

---

① 杨海军:《中外广告史新编》,复旦大学出版社2009年版,第133页。

② 陈培爱:《中外广告史》,中国物价出版社2001年版,第85页。

③ 陈洪波:《扫描中国公益广告发展三十年》,《现代广告》2008年第10期。

2. 电视广告的繁荣

进入20世纪90年代以后，随着广告市场环境的宽松，中国的电视广告开始进入一个飞速发展时期，电视广告的商业价值和社会价值日益显现。这一时期的电视广告有以下几个特点：

(1)电视广告数量激增，广告收入不断增加，广告收入成为电视台经济来源的稳定保障。1990年，中国电视广告的营业额仅为5.6亿元，至1997年，短短六年间，中国电视广告的营业额升至114.44亿元，增长20倍之多，足见中国电视广告业的强劲发展势头。

(2)电视广告质量参差不齐。这一时期涌现出许多脍炙人口的广告作品，如"南方黑芝麻糊·怀旧篇"、"孔府家酒·回家篇"、海南航空公司的"云篇"等。同时由于受到制作水平和广告利益关系的限制，一些粗制滥造的广告片被投放到市场，虚假广告也在逐年增加。

(3)国民的电视广告意识不断增强。这里所指的广告意识主要表现在两个方面：①就产品的生产商而言，其广告意识不断增强。以中央电视台自1994年开始出现的广告招标会为例，每年参加招标会的广告商不计其数，而广告"标王"的价格也从1994年的3099万元增至1997年秦池酒厂夺标时的3.2亿元。②受众对于广告的敏感性不断增加。在轮番的广告轰炸之后，受众对于广告的心理从原来的新奇、视听享受逐渐向躲避甚至反感方向转化。这很不利于电视广告效果的发挥。

3. 新世纪的电视广告

进入21世纪之后，中国电视广告的发展进入了多样化时代。这一时代不仅包括广告数量的巨大、广告产品和种类的多样，也包括电视广告诉求和广告元素的多样以及受众接受水平和审美情趣的多样。面对如此复杂的广告形势，中国电视广告的竞争更加激烈，甚至是恶性化发展。如何在激烈竞争的形势下，做出更加优秀的、符合广大受众审美和情感需求的电视广告则是这一时期电视广告发展的根本任务。

二、电视广告的传播特点

电视通常被认为是理想的广告媒体，因其声像一体化的特点可以让受众多角度、多方位地体会广告产品的魅力，同时也能展现广告作为一种艺术品的审美情趣和技术水准。电视广告的传播特点是依托电视这一媒体展开的，在其提供视听盛宴和模拟真实的视听效果背后，电视这一媒体也会给广告带来一定的劣势，上述情形形成了电视广告独特的传播特点。

（一）电视广告的优势

1. 信息覆盖面广，传播效果强

电视广告的这一优势是完全依托电视这一传播媒体而形成的，具体表现在以下几个方面：

（1）电视广告覆盖的地理范围比较广泛

电视作为传统主流媒体，其地理覆盖面积十分广阔。以中国为例，“截至2009年12月，全国4岁及以上的电视家庭人口数已达12.52亿，占全国4岁以上人口的97%”。[①] 这一强势的覆盖率为电视广告传播效果的发挥提供着保障。

此外，与报纸广告和广播广告相比，电视的广阔覆盖率冲破了时间和空间的限制，将广告信息快捷地传达给受众，进一步增强了其传播效果。

（2）电视广告覆盖面和受众到达范围比较广泛

受众覆盖范围广泛指电视广告可以深入受众的各个阶层中去，不受年龄、性别、职业、经济能力、社会地位、文化水平、生存环境等方面的制约。只要电视能覆盖的地方，电视广告就能将电视受众覆盖。这就大大增强了电视广告的影响力和传播效果。

2. 视听结合，动态感强，冲击力大

人类认识外部世界的首要感官就是视觉和听觉，广告要想达到最佳效果就需要对视觉和听觉进行双管齐下的“轰炸”，得到受众的最大关注。报纸广告、杂志广告和广播广告都作用于受众的单一感官，无法将动态、立体式的广告信息传达给受众。而电视广告视听结合、声画一体的特点增强了广告的动态感，在将信息和广告产品诉求、传达给受众的同时，也对产品特性和使用体验进行形象化说明。因此，电视广告旨在通过视听双渠道给受众带来视听冲击和享受，同时有效地作用于受众心理，使受众产生幻想体验，从而吸引潜在的消费群体，达到广告所想要的诉求目的。

此外，视听结合使电视广告融入了更多的表现元素，如字幕、图片、画外音、背景音乐、3D影像特技画面、动态图像，等等。

3. 兼具艺术性、创新性和文化性

（1）艺术性

由于电视广告是视听结合的艺术展现，因此，每一条电视广告的制作都是一件

① 《中国广告》2011年第2期。

艺术品的创作过程。画面构图、场景设置、人物话语、音乐创作、音响配合、拍摄角度等都是艺术表现手法的多层次展示，此外，电视广告有着强烈的艺术感染力，每一条广告都是一个浓缩版的电影，都有一定的故事情节、艺术构思以及艺术内涵，如何用艺术手法给受众提供视听享受是电视广告成功与否的关键。

但是，与单纯的艺术品创作不同的是，电视广告在营造视听艺术的同时还要注意广告的真实性、实用性以及受众的理解能力和广告诉求点。这又给艺术创作带上了几重“桎梏”。因此，电视广告的艺术性并非单纯的唯美艺术，而是旨在显现广告诉求艺术和信息的真实性与实用性兼备的影视艺术。

(2)创新性

艺术创作过程本身就是一个要求不断创新的过程。既然电视广告自身兼备艺术性，那么对其创新性的要求就不言而喻。尤其在当今电视广告市场激烈竞争的背景下，电视广告的创新性影响着整个广告的创作水平和电视广告最终传播效果。只有创新、独树一帜的电视广告作品才能打动广大受众，因而电视广告的创新性对于广告文案的写作就提出了更严格的要求，从广告语的创作到电视广告中人物对白，以及整个电视广告脚本的创作都提出了高水平的考量，独创性和新颖性成为电视广告文案创作的难点。

(3)文化性

电视产品本身就是文化的一部分，因此电视广告理所应当地归属文化范畴，是人类精神文化和物质文化的交融品。从大量的广告作品中不难发现，每个国家制作的电视广告都有本国的独特文化表现，在电视广告创作中常常会将本国文化元素穿插其中，从而使电视广告具有独特的民族文化性。以韩国的电视广告为例，不少韩国电视广告充分显示了韩剧文化的特点。例如在为 Cass Beer 啤酒品牌做的电视广告中，就选择了 2PM、尹恩惠、李民浩、Dara 等明星，将广告做成了 20 分钟的小短片，有完整的情节、时间并将啤酒品牌巧妙穿插其中，凸显了韩剧所创造的韩国文化对电视广告的影响。

(二)电视广告的劣势

1. 严格的广告时间限制影响广告效果的发挥

电视广告的时间一般分为以下几种：5 秒、10 秒、15 秒、30 秒、60 秒、90 秒、120 秒。在国外则有长达 30 分钟的广告系列片，国内的电视广告以 5 秒、15 秒和 30 秒广告居多。广告时间的严格限制会导致以下劣势：

(1)电视广告的完整性受到影响

电视广告对时间的限制会使广告诉诸不完整,广告中镜头和场景之间的衔接不够连贯。视知觉感知规律表明:“感知一个全景画面所包含的信息需要 8 秒钟左右的时间,感知一个中(近)景画面所包含的内容需要 2 秒钟时间。电视画面因交代环境、背景等的需要,全景、中近景镜头的运用占整个镜头数的 75%以上”。[①] 也就是说在 30 秒钟的电视广告中,最多只能出现 3 个左右的完整画面和 3 个中近景镜头;60 秒钟的电视广告中只能出现 7 个左右的完整画面。但是,在广告制作的实际情况中,完整的画面远比 7 个要多,所以电视广告的完整性也就不能得到保障。完整性和连贯性不够的话,就有可能给受众造成理解方面的障碍,影响广告效果的发挥。

(2)广告稍纵即逝,不易给受众留下深刻印象

电视广告的时间限制使得受众没办法对电视广告进行深入思考。在经过广告短暂的“狂轰滥炸”之后,受众往往对广告记忆不深,这就严重影响了广告预期效果。与之相比较,受众在接触报纸广告时就会有更多的时间对广告进行思考。

2. 插播方式影响广告效果发挥

电视广告一般都是以插播的形式出现。通常情况下在电视节目开始前或节目中间插播广告,比如在《新闻联播》开始前、体育比赛中场休息时等,这些时间点往往是受众精神集中,不希望被打断之时。因此,在这些时间段播放广告会让受众产生反感或抵触情绪,对广告的关注程度降低,从而影响广告传播效果。

3. 广告制作程序复杂且广告成本高

由于现代制作技术的进步和创意的需要,广告片已经不是单纯地拍摄和后期剪辑。为了迎合受众的欣赏水平,凸显广告的亮点,常常需要采用特技效果。此外,电视广告讲究视听同构,广告制作要兼顾画面、场景和声音的配合,这就在实际上加重了广告制作的复杂程度。

电视广告的成本高主要表现在两个方面:广告段位价格高和制作经费高。其一,在所有广告媒体中,电视广告的成本是最高的。其原因是电视台的广告时段和日播放的广告数量都是有限制的,在广告数量激增的情况下,广告段位的飙价之风就不易控制。越是有影响力的电视台,其广告费越贵。以中央电视台为例,“标王”盛行之时,秦池酒厂就曾经以 3.2 亿人民币的价格购得黄金段位。其二,电视广告

---

① 丁伯铨主编:《广告文案写作教程》,复旦大学出版社 2005 年版,第 342 页。

的制作费比较高。电视广告的制作需要涉及灯光、音响、美术、导演、演员、摄影、化妆等许多部门的通力配合，这些员工酬劳就是一笔不小的数字，再加上场景搭建或者租赁费、前后期制作费等，使得广告的制作费用动辄以数十万元计算。

高昂的广告成本加大了广告投放的难度，同时高昂的广告成本容易导致广告市场的两极严重分化，所造成的结果是资金雄厚的企业过度追求广告投入，其广告片虽场面宏大，但广告内容空洞，传播效果不强，广告投入与广告效益不成正比，实力小的企业不敢通过电视广告推广自己的产品。这两种结果都会导致更多的企业谈广告"色变"，这自然不利于电视广告的健康发展。

三、电视广告类型

电视广告的类型主要分为三种：传统电视广告、电视购物广告、整合营销传播中的电视广告。

（一）传统电视广告

传统电视广告指在电视媒体上播放的广告片。这种形式的广告自电视广告产生之日起一直延续至今，其影响力和传播效果明显。传统电视广告按广告时间可分为短广告和长广告两种。

1. 短广告

短广告主要有以下几种时间段：5 秒、10 秒、15 秒、30 秒、60 秒、90 秒、120 秒七种形式。

（1）5 秒电视广告

5 秒电视广告在黄金段位出现较多，其广告目的是在极短时间内强化受众对广告商品的认识和记忆。比如中央电视台新闻联播之后的 1 分钟广告时段就全部是 5 秒钟广告作品。由于广告时间比较短暂，5 秒广告所包含的广告元素比较简单，基本上是一个带有视觉冲击力的画面并配以相应的广告语。因此，5 秒电视广告的文案创意会直接影响广告效果的发挥，而且此种电视广告文案需要很强的文字功底，必须通过文字的魅力吸引观众。

（2）10 秒和 15 秒的电视广告

这两种类型电视广告的特点是直接切入主题，通过创意和特色的广告诉求点迅速引起受众的兴趣，展现广告主体的独特卖点。这种类型的电视广告对广告创意的要求比较高，一般会通过明星介绍、设置悬念、描绘简单生活中的细节等手段达到广告诉求目的。比如姚明做的"没有买卖就没有杀害"电视公益广告，就是通过姚明的叙述和图片文字的配合来呼吁大众对野生动物保护的自觉意识。

(3)30～120 秒的电视广告

30～120 秒的广告片可以通过设置一个完整的故事情景从多角度展现广告所要表现的主题。这种类型的广告可以将多种电视广告元素运用其中,比如可以出现广告音乐、广告 3D 效果等,这种类型的电视广告意在向受众讲述一个有关商品的故事,或者是向受众提供一种前所未有的体验来吸引受众的关注。因此,在这类电视广告中,广告脚本文案就变得非常重要。在脚本文案中要对镜头、场景、人物、灯光、音响等进行详细说明,这类广告文案实际上更像是影视剧中的台本。这样的文案写作无疑对广告文案工作者的创意能力、策划能力、统筹广告各部分的能力都提出了更高的要求。

2. 长广告

长广告一般指 3～30 分钟的电视广告片。在美国这种电视广告片被称为"商业信息片"。这种电视广告实际上更类似于短小的影视作品。长广告通常不是直接表现广告商品,而是将广告商品植入剧情之中,使其变成整个剧情的引线或者其他不可忽视的因素,通过广告情节的逐步展开,表达制作商的广告诉求。这种电视广告能让人们在享受剧情的同时注意到其中的广告元素。这种长广告一般在国外比较常见,而且很多国外此类"商业信息片"会在全球各地播出,如韩国明星李孝利为三星 Anycall 手机拍摄的三个系列电视广告片"Anyclub"、"Anystar" 和"Anymotion",福特汽车广告,柯达广告,等等。美国长广告主要生产商之一量子公司(Quantum)对长篇电视广告提出以下两个要求:a. 产品必须要有好的展示效果,并能被普遍理解;b. 必须跨越文化的樊篱。[①]

长广告的广告文案实际上与影视剧的台本十分相似。撰写这类广告文案要在恰到好处时将广告产品穿插入剧情之中,将广告产品与剧情、人物、场景、灯光、音响、特写或中近景镜头等相结合,这要比影视剧编剧的创作要求更高。

(二)电视购物广告

电视购物广告实际上是长篇电视广告传播方式的延伸,但是与之不同的是大部分电视购物广告不需要完整的故事情节,广告诉求点比较单一,多数情况下集中在产品独特性能宣传或展示上。通常是通过电视购物广告播出后消费者打电话订

① [美]布鲁斯·G. 范登·伯格、海伦·卡茨著,邓炘炘译:《广告原理 选择、挑战与变革》,世界知识出版社 2006 年版,第 315 页。

购产品的多少来直接判定该广告的效果，受众信息接受的反馈比较及时。

电视购物广告的广告文案相对简单，因为其诉求点主要集中在产品的某方面性能上。通常情况下，广告文案可先从描述一个令人困扰不已的情况开始，然后再通过对广告产品性能和作用的描述为解决这一情况打开突破口，最后通过使用前后的效果或者使用者的证言来证明广告产品的功效，引起观众的注意，促使受众最终成为消费群体中的一员。

（三）整合营销传播中的电视广告

随着广告事业的发展，广告越来越多地与营销、公关等领域相结合，产生联动效应，尤其是在当前的信息化社会里，整合营销传播已经成为企业发展的重要战略构成。在整合营销大背景下，电视媒体不仅要开展公关、专题节目、文化导播等多种传播形式。同时更要利用电视这种图文并茂的传播工具，力图让电视广告演绎出一个个新花样。比如在影视剧中通过演员的口说出广告产品的品名、性质、功效等，通过电视台转播某一活动，在活动过程中做各种巧妙的广告宣传等。比如以一场电视转播的音乐会为例，广告商会利用电视媒体完成以下几个步骤：转播音乐会前后的签售；召开新闻发布会；电视台用专门时段转播某厂商赞助的音乐会；在转播音乐会中间插播电视广告片……在“用一个声音说话”的连环形式运作过程中达到某一商业广告诉求的最终目的。

整合营销传播中的电视广告实际上是将电视作为播放平台和媒体，通过转播多种活动的形式打造产品的知名度，当然播放电视广告片是其主要内容。从总体上看，这种新形式的电视广告会使广告色彩变得更加淡薄，但是广告效果和影响力则有增无减。

本节思考题

1. 为什么我国的电视广告20世纪80年代才出现？
2. 电视广告与其他媒体广告的主要不同点有哪些？
3. 什么叫电视购物广告？

第二节 电视广告文案写作

一、电视广告文案的特殊性

电视广告是一种以画面语言和声音符号为表现手段的广告传播形式，它主要由视觉要素和听觉要素构成。视觉要素包括演员、场景、道具、图形和字幕，听觉要素则包括有声语言、音效和音乐。电视广告的各种构成要素是广告创意的重要组成部分，而这一切都必须通过电视广告文案的写作体现出来，这就使得电视广告文案显现出有别于其他媒体广告文案的特殊性。

（一）特殊的性质和形式

电视广告文案是电视广告创意的文字表达，是体现广告主题、塑造广告形象、传播广告信息的语言文字部分，是广告创意的具体表现。可以说，电视广告文案与报纸、杂志等平面媒体广告文案在性质上有明显区别，它并不是直接与受众见面，也不是广告作品的最终形式，它只不过是为导演进行再创作提供了一个详细的计划或说明，是形成电视广告作品的基础和前提。因此，文案设计的好坏，直接影响到广告作品的质量和传播效果。

由于电视广告在写作过程中除了运用一般的语言文字符号外，还必须掌握影视语言，运用蒙太奇思维，按镜头顺序进行构思，这一点类似于电影文学剧本创作，因而又被称为电视广告脚本，但电视广告文案在形式上与报纸、杂志、广播等广告文案有很大的区别。电视广告脚本是在广告创意确定后，将画面和声音用语言文字的形式描述出来，它能将广告创意的基本内容、风格与特色准确地表达出来，充分调动人的想象力，从而在头脑中勾画出广告作品的概貌，同时，更重要的是它还为导演进行二次创作提供了一个文本依据。

（二）特殊的语言

我们通常把电视广告中的语言称为影视语言。电视广告的影视语言不仅是电视广告独特的信息传播方式，也是电视广告形象得以形成、体现所必不可少的先决条件，是电视广告的基础和生命，影视语言常常决定着一则电视广告的成败。下面具体探讨一下影视语言的特点和结构。

(1)影视语言的特点

"影视语言是具象的、直观的,它总是以具体的形象来传情达意。影视语言又是运动的和现实的,摄像机客观地记录现实,具有'物质现实的复原'功能,因而影视画面的基本特征是'活动照相性',可以使观众产生一种身临其境的现实感。影视语言更是民族的、世界的,不仅具有鲜明的民族性特征,而且是一门世界性语言,可以成为各国人民交流思想、沟通感情的工具。"①

(2)影视语言的构成

影视语言由三部分构成:"一是视觉部分,包括屏幕画面和字幕;二是听觉部分,包括有声语言、音乐和音响;三是文法句法——蒙太奇(montage),即镜头剪辑技巧。"②

(三)声画互补性

电视作为一种视听结合的大众传播媒体,在传播功能和效果方面有着明显的优势。作为电视广告脚本的文案写作,就一定要充分发挥电视媒体这一视听综合优势,使声音和画面两种因素相互补充和强化,从而获得理想的传播效果。不少优秀的电视广告在这方面均表现得相当出色。先看下面的例子:

美国贝尔电话公司电视广告

傍晚,一对老夫妇正在餐厅里吃饭。此时,电话铃响了,老夫人连忙奔过去拿起听筒。一会儿,老夫人重新返回原处。

老先生:谁的电话?

老夫人:是女儿打来的。

老先生:有什么事?

老夫人:没事。

老先生:没事?几千里之外打来电话?

老夫人呜咽着说:她说她爱我们。

(两位老人,相视无言,激动不已)

画外音:用电话传送你的爱吧!③

---

① 丁柏铨:《广告文案写作教程》,复旦大学出版社 2005 年版,第 348 页。

② 丁柏铨:《广告文案写作教程》,复旦大学出版社 2005 年版,第 348 页。

③ 张微:《广告文案写作》,武汉大学出版社 2002 年版,第 144 页。

贝尔电话公司创作的这一则电视广告，其主要情节就是一对年迈的夫妇晚餐时接到几千里之外的女儿打来的问候电话，心情非常激动。然而观众看到这里，也只是感受到一种浓浓的亲情，并不知道广告的主题是什么，但画外音“用电话传递你的爱吧”一出现，观众马上领会到了这则广告的诉求点之所在，那就是人类时时需要表达自己的爱心，那么，最好的方式就是用贝尔电话来传递！

从上面的分析中我们可以看出，贝尔电话公司的电视广告如果只有视觉画面，没有画外音的话，那么消费者就不可能确切地理解广告的主题，不知道广告到底想要传达一个什么意图。如果仅有画外音，而没有画面，同样也是失败的，因为仅凭这一句话，没有办法感动观众，当然也不会引起观众的注意，广告就很难达到预期的效果。但是视觉画面一旦与画外音相结合，就会产生 1＋1＞2 的整体效应，使观众能够在欣赏画面的同时，通过语言来体会广告所要表达的主题，进而留下深深的印象。

二、电视广告文案的具体表现类型

电视广告文案的具体表现类型丰富多样，如果从表现形式和方法的角度可将他们分为内心独白型、故事型、生活片段型、证言型、比喻型、卡通动画型等。

（一）内心独白型

在电视广告中有这样一种类型，广告中有人物呈现在画面上，他们之间的交谈表面上看很像对话，但实际上却是一种内心独白。请看下面的例子：

美国 7－ELEVEN 24 小时连锁店电话广告文案

年轻人：清晨四点，整个城市好像只有那个角落，让人觉得明亮且温暖。

店员：我记得那天冷冷的，还在下雨，他站在那里喝咖啡，心情好像很坏的样子。

年轻人：只不过喝他一杯咖啡而已，他就像老朋友一样陪我聊了好久。

店员：我只不过是问问他是不是工作不顺利，他就好像好久没跟人说过话一样，一说就说个不停。

年轻人：我好像第一次跟一个陌生人讲那么多话。也在这个角落里，第一次感觉到许多人竟然可以那么单纯、那么认真地活着。

店员：嘿，胡子刮刮吧！

店员：常来哦，别忘了这个方便的好邻居哦！

年轻人：那个早晨，觉得自己的脸那么清新，那个角落真的特别亮，特别温暖。[①]

上面这则电视广告，讲述的是一个工作到深夜的年轻职员和7－ELEVEN 24小时连锁店一个店员之间发生在凌晨4点的故事。虽然这则广告分别揭示了两个人的内心世界，让人乍看起来，思路有点混乱，但仔细分析，我们便会发现，该广告在揭示主题方面并不是随心所欲的，而是集中在两人之间发生的，并且与广告的诉求点紧密关联的某一事件的回忆上。这种内心独白式的广告高明之处就在于，它通过两人的交叉回忆或陈述，把故事的发展过程描绘得头绪清楚，脉络分明，同时也塑造了个性鲜明的人物形象，广告的主要诉求点表达得十分突出。

（二）故事型

故事型的表现形式又称戏剧式文案，它充分利用电视广告适合感性诉求的优势，讲叙一个与产品密切相关的故事情节，通过剧情的展开，将产品的特性或品牌个性充分展现出来。故事型文案在整个电视广告中所占的比重最大，是电视广告中最常见的一种创作方式。它一般都会有开端、发展、高潮和结局，通过对情节的戏剧化描述，来渲染某种情绪，抒发某种情感，从而引起消费者的共鸣。这种形式的广告一般需要30秒以上的时间，其叙述的情节表面上又往往和产品或服务无关，因此观众只有看完广告才能恍然大悟。这种广告比较符合电视作为娱乐媒体的特性，能够让观众轻松自如地接受产品信息。比如像下面这则广告：

DISEL（迪塞尔）牛仔裤电视广告“小镇篇”

清晨，在一个典型的西部小镇，健壮英俊的年轻牛仔穿戴整齐，与他美丽端庄的妻子吻别。同时，一个肮脏龌龊的丑陋男子睡觉醒来，把床单扔在旁边的肥胖女人身上，扬长而去。年轻英俊的牛仔出门后，帮助一位老妇人过马路，与此同时，丑陋的莽

① 张微：《广告文案写作》，武汉大学出版社2002年版，第146页。

> 汉却抢了一个女孩手中的棒棒糖，将一只狗踢到一边。两人在街头狭路相逢，两人对视，一场决斗在所难免。看到年轻英俊的牛仔一脸的正气和自信，你一定以为胜利是属于他的。他们拔出枪对射，随着枪声响起，倒地身亡的却是年轻英俊的牛仔，而丑陋笨拙的莽汉正在挖着鼻孔得意地狞笑。
>
> 此时，出现品牌和广告语：迪塞尔牛仔裤，为了成功的生活准则。①

这是一则长达60秒的故事型广告，好比一部微型电影，有些镜头甚至会让我们想起一部非常经典的美国西部片《正午》，但这也正是这则广告的成功之处。该广告有两条主线，一条主线是年轻英俊的牛仔，另一条主线是肮脏龌龊的莽汉，两位主角不论从外形还是内心上都存在着巨大的反差。同时，广告采用平行蒙太奇的手法塑造这美与丑、善与恶的强烈对比，最后的结局出人意料，正义最终并没有战胜邪恶，不畏强暴、主持正义的英雄牛仔竟然败给了丑陋的莽汉，这种反常规的结局必定给观众的心理定式造成强烈的冲击和刺激，观众的心中一定充满了诸多疑惑，比如说，观众可能会想难道这则广告在颂扬邪恶吗，或者说为什么最后不是英俊的牛仔战神了邪恶的莽汉？但也正是这种后现代主义的表现手法，让观众体会到迪塞尔牛仔裤的与众不同之处，目标受众也会被其不拘一格、标新立异的风格所打动。

（三）生活片段型

这种类型的广告主要描写消费者日常生活中的小片段或小插曲，广告的切入点不是产品或服务，而是使用该类产品的消费者，它让观众觉得产品或服务已经成为人们日常生活中不可分割的一部分。采用这种表现方式时，真实性非常关键，要想达到良好的广告效果，就得让观众觉得广告不是为了推销商品或服务而故意去设计情节。因此，场景的搭配、人物的话语和商品出现的时机都要恰到好处。比如像下面的例子：

---

① 夏晓鸣、钱正、曹晓燕：《广告文案写作》，武汉大学出版社2006年版，第290页。

左岸咖啡馆电视广告

雨天篇：我喜欢雨天，雨天没有人，整个巴黎都是我的，这是五月的下雨天，我在左岸咖啡馆。

角落篇：我在这里找到一个角落，一个上午一杯 COFE OLLY，一如记忆里的模糊地带，这是春天里的最后一天，我在左岸咖啡馆。[①]

左岸是由台湾统一公司推出的价格比较高的咖啡品牌，这则电视广告用充满了诗情画意和浪漫之都巴黎情调的画面，将左岸品牌塑造成充满人文色彩的高雅品牌。这两则电视广告以一个女孩在法国巴黎塞纳河左岸旅行的故事为立足点，用各种充满小资情调的生活片段，打动了左岸品牌的目标对象——喜爱文学、热衷幻想的 17～22 岁年龄段的女性。可以说，该广告为我们展现了生活中一个真实而又优雅动人的场景，让观众在收看的同时深深地沉浸在其中无法自拔，仿佛自己就是广告中的那个女孩，喝着咖啡，享受着生活的美好与快乐。此外，这种给观众切身体验的广告，也很容易激起观众的购买欲。

（四）证言型

这一广告形式借助消费者对商品使用后的评价来说服潜在的消费者，证言型广告如果能使人信服，基本上都能达到预期的广告效果，因为它可以使人很快记住产品的功效、与其他产品的差异化特点以及给消费者带来的好处。证言型广告通常是采用名人证言或权威人士证言的方式，这样做的目的主要是基于两个方面：一是可以利用名人的威望和知名度来引起消费者对产品的关注；另一方面可利用名人和权威人士的公信力来证明产品的功效是真实的。但有一点必须强调的是，证言型广告一定要以真实的效果来说明，如果弄虚作假，不仅说服力大打折扣，而且会有虚假、违法广告的嫌疑。

隆力奇花露水电视广告"高秀敏篇"

高秀敏：隆力奇蛇胆花露水呀，它有奇效，起了痱子抹一抹啊，管用！蚊虫叮咬涂一涂，管用！

儿童：洗澡还要倒一倒。

旁白：隆力奇蛇胆花露水。

---

① 夏晓鸣、钱正、曹晓燕：《广告文案写作》，武汉大学出版社 2006 年版，第 292 页。

字幕：隆力奇花露水，轻松去痱痒，清凉过一夏。

高秀敏：花露水请认准隆力奇。[①]

这则广告是一则非常成功的证言型电视广告，直到今天许许多多的消费者还在认同隆力奇牌花露水。高秀敏是中国电视观众特别喜爱的小品演员，她塑造了众多朴实的农村妇女形象，在广大的农村市场具有极高的知名度和影响力，而隆力奇的主要市场就是农村，选择高秀敏做代言人可以说是一个非常聪明的决策。在这则广告里，高秀敏用非常朴实、口语化的语言，以一种跟观众聊天的方式向大家介绍了隆力奇花露水的功效，让观众觉得真实、可信，不会让观众觉得有"托儿"的嫌疑，从而达到了广告的促销效果。

（五）比喻型

在电视广告文案中，还有一种在叙述故事的过程中以此意象比彼意象，达到烘托、突出主意象和广告诉求重点的类型，称之为比喻式。事实证明，言外之意往往比言内之意更能令人折服，所以广告文案通过采用比喻的写作方式，让观众自己去体会商品的好处，从而达到更佳的广告效果。例如下面这则广告：

耐克"专业的体育精神"系列电视广告

乒乓球篇

撼人的音乐，蓝白调的背景，一个蒙着眼睛的运动员用手指转动篮球，走向一露天篮球架。节奏，在清脆的音响效果下，我们看到两只手飞速控球，令人眼花缭乱，笨大的篮球、轻盈的乒乓球在运动员手中翻飞。但我们还是看不清运动员的脸。

字幕：除了乒乓球得心应手，中国人还有篮球。

篮球出现之后，我们才看到这个球员，拉开蒙眼头带，原来是中国篮球运动员。

最后字幕：阿的江。

五指山篇

蓝白黄调背景，一只黑色的手，朝镜头压下，耳边听到的是怪兽发出

① 夏晓鸣、钱正、曹晓燕：《广告文案写作》，武汉大学出版社2006年版，第293页。

的背景音效。接着，我们看到这只手重重盖帽，一次接着一次，如大山压顶，这只手成了人们所说的“五指山”，而篮球在如此重压下终于变成碎片。

字幕：令人望而生畏的，不只是中国的珠穆朗玛峰。

这时，特写镜头慢慢移开，原来是中国篮球运动员。

最后字幕：王治郅。①

这两条耐克所做的系列电视广告，每一则内容中都运用了比喻，而且每一篇的比喻都是通过两种方式来表现的：第一为视觉意象，如把乒乓球比作篮球，以五指山比喻运动员有力的大手；第二是画面中间的字幕，如“令人望而生畏的，不只是中国的珠穆朗玛峰”，就是将中国篮球运动员比作珠穆朗玛峰。

在这则广告中，撰稿人之所以要采用比喻式，其目的是为了使本体形象更加鲜明、更加生动，从而进一步让消费者牢记耐克公司“专业的体育精神”所显示出的卓越的品牌形象。可以说，也正是成功地在广告中运用比喻的方式，才让耐克公司抽象的产品理念和品牌形象得到烘托和强调。

（六）卡通动画型

就是利用虚拟的卡通人物，用拟人的方式在广告中进行表演的一种电视广告形式。利用动画手段常常可以节省大量的拍摄成本，并增强电视广告的趣味性，但需要注意的是，卡通形象能否对目标消费者产生一定的亲和力，是广告成功与否的关键。如果能够创造出具有象征意义的卡通形象，那么对于提升品牌形象还是很有价值的。我们知道，动画型广告形式节奏很快，表现时空宽广而又自由，同时还可以发挥无穷的想象力，它能把幻想与现实紧紧地交织在一起，把幻想的东西通过具体形象表现出来而且具有独特的感染力，当传达一些无法通过实景表现的内容或针对青少年、儿童目标市场做广告时，利用动画型广告就可能产生不菲的广告效果。比如像下面的例子：

光明牛奶电视广告“招考篇”

旁白：到底光明的牛是怎样选出来的？

旁白：测体能、看外形、称体重、查视力、考智力！

---

① 张微：《广告文案写作》，武汉大学出版社 2002 年版，第 148 页。

广告语：百分百好牛，出百分百好奶！

字幕：好牛好奶100%。

旁白：不努力，成不了光明的牛！[①]

光明牛奶的这则广告创意可谓别开生面，画面上可爱的卡通奶牛参加各种考试：测体能、看外形、称体重、查视力……这则广告用活泼、幽默的方式来告诉消费者，光明奶牛是经过层层把关、精心挑选出来的。虽然奶牛参加各种考试是夸张的、虚构的情节，但一头头可爱的牛像人一般做体检，活泼而可爱，充满童趣，如果用儿童的思维来考虑的话，每一头牛经过精细挑选也是符合逻辑，真实可信的。广告最后让观众在轻松的微笑中接受广告诉求：百分百好牛，出百分百好奶。

三、电视广告文案写作要点

电视广告在声音的写作上与广播广告极为相似，所有对广播广告写作的要求基本上都适用于电视广告，但由于电视广告是视听结合的艺术，因此在写电视广告文案时有其特殊的规律。

（一）讲究声画配合

电视广告是以视觉形象为主，通过视听结合的方式来传播广告内容。因此，电视广告脚本不仅要注意结构画面，描述声音，而且还应该注意声音和画面的互相配合，充分发挥二者的整合作用。

电视广告的声画关系，从表现内容来看主要有：

1. 声画同步

又称音画同步，声画合一。是指声音完全同步地解释画面，声音（包括配音）和画面形象保持同步进行的自然关系。在这类电视广告中，声源一般都出现在画面内，并且声音的进程与画面内容的变化是完全对应的。

爱立信手机形象广告"代沟篇"

父：你留在里面，想想你的错，想不好别出来。

母：吵什么？有话慢慢讲。

父：有什么好讲，他根本不听，都是给你宠坏的。

① 夏晓鸣、钱正、曹晓燕：《广告文案写作》，武汉大学出版社2006年版，第295页。

母:这有什么关系,儿子长大了,有自己的思想,小时候他也很喜欢跟你在一起,但现在他一看见你就跑。你了解他吗?你知道他想什么吗?一天到晚就是忙,你有关心过孩子吗?小时候,你不是希望爸爸能多抽时间跟你说话吗?你在外面不是很会交际吗?为什么回家就不懂跟儿子谈话?

字幕:沟通就是理解

电信沟通　心意沟通①

这是爱立信企业形象广告中的一篇,它以白描的方式,朴实、直白地再现了真实家庭中的一幕,画中人物的对话与画面是同步的,母亲劝说父亲要理解儿子,注意沟通,就如经常发生在我们身边的故事一样,具有很强的现场感。这则广告可以说在声画同步上做得很成功。比如说,当画面中出现爸妈对话的同时,给观众呈现的就是二人在家里谈话的场景,而不是回忆小时候跟儿子在一起的情景,并且在广告最后出现,"沟通就是理解　电信沟通　心意沟通"的字幕,这样就自然而然地传达了广告的真实诉求目的,取得了较好的广告效果。

2. 声画并行

在声画并行形式的电视广告中,声音和画面并行且各自独立发展,又相互呼应,声音从与画面不同的角度揭示主题,用来表现人物情绪状态或渲染环境。一般情况下,声音和画面之间存在着某种象征关系,比如说广告片中出现人物心情激动、无法平静的场景时,音响经常是海浪拍岸的声音;当画面表现美丽的花朵,旁白则阐述某润肤霜的好处,两者尽管不同一,但在感觉上却有某种相似之处。

3. 声画对立

在声画对立形式的电视广告中,声音与画面的形象和情绪是完全相反的,声音与画面中的行为、视觉形象与声音形象等在内容上存在矛盾关系,并且广告试图通过这种声画的对立,来达到一种幽默或讽刺的广告效果。看下面的例子:

(两辆玩具车相撞,车的两个小主人狭路相逢,两人互带敌意地对视几眼后,就开始对骂。)

---

① 夏晓鸣、钱正、曹晓燕:《广告文案写作》,武汉大学出版社 2006 年版,第 287 页。

甲：你怎么开车的，瞎了眼！

乙：怎么，想打架啊？

甲：什么，有种你再说一遍！

乙：来呀，我怕你呀！

甲：啊，你找死啊你！

字幕：耳濡目染，影响孩子成长。

保护孩子的心灵，请谨言慎行。①

这是由广州盛世长城广告公司创作的一则公益广告，电视画面表现的是两名儿童因为玩具车相撞而起争执，声音却是成人的声音，内容是我们司空见惯的成人吵架的语言，一种强烈的反差就在声画对立中产生了，整则广告创意很有新意，发人深省。人们在看完这则公益广告之后，不仅画面和声音会在受众的心灵产生一定冲击，同时还会引起大家的共鸣，并且让人们去思考，去反思人们为什么会对中华民族优秀文化传统如此破坏，这种行为会给下一代人纯洁的心灵带去如何不良的影响，从而达到广告想要的宣传效果。

（二）重视电视广告解说词的构思和设计

1. 设法写好人物独白和对话。电视广告解说词的重要特征是偏重于“说”，要求生活化、朴素、自然、流畅，体现口语化特征。比如下面这则葡萄酒广告：

男招待：您好，先生，您一个人？

先生：一个人。

男招待：您要什么？

先生：马莉科蒂。

男招待：对不起，我们没这种酒？

先生：酒？马莉科蒂很漂亮，她跟野小子跑了。

男招待：这个……

先生：你不要骂她，她还是很多情的。

男招待：好吧，来点儿修女，你也会很多情的。

先生：什么？来点儿修女？修女有什么用？她们只嫁给上帝。

① 夏晓鸣、钱正、曹晓燕：《广告文案写作》，武汉大学出版社 2006 年版，第 287 页。

男招待：“修女”是一种酒，“修女”牌葡萄酒，香醇可口。美酒美女，差不多嘛！

先生：“修女”牌葡萄酒？也好也好，但愿修女都像美酒那样讨人喜欢，感谢上帝！①

这是外国的一则电视广告，这则广告围绕日常对话展开，通俗易懂，为一般观众所接受。设计者利用观众的猎奇心理，创造出某种疑问或期待（马莉科蒂小姐的故事），当观众们饶有兴趣地寻着线索猜测下去时，剧情又以一种误会（“修女”与马莉科蒂的比较）陡转，来展开另一个情节，最后出人意料地为观众解开谜团（所谓的“修女”原来是“修女”牌葡萄酒），从而产生了戏剧性的效果。整个故事有冲突、发展、高潮和结局，构思巧妙，编排新颖，使人对此产品留下深刻的印象。

2. 重点写好解说词中的广告口号。要求尽量简短，具备容易记忆、流传和口语化等特点。

3. 以字幕出现的广告词要体现书面语言和文学语言的特征，并符合电视画面构图的美学原则，要具备简洁和工整的特点。

4. 对于旁白或画外音解说，可以是娓娓道来的叙说，或者抒情味较浓的朗读形式，也可以是逻辑严密、夹叙夹议的论述。

（三）文案要简洁明了，要注意内容的非完整性

电视广告一定要留出空间让充满张力的画面去延伸，尽量不要有大量旁白在观众的耳边唠叨（片尾旁白例外）。正如瓦尔特·玄特纳所说：“若是给戏剧性画面撰写广告词，应当更加小心翼翼才是，画面越是跌宕起伏，广告词越是要有所收敛……其实，电视广告的规律是：画面越有戏剧性，广告词越显得画蛇添足。”②

电视广告是画面和声音交替、重叠出现的，跳跃性比较强，广告文案无法脱离其他因素而单独存在，因此，要特别注意广告内容的非完整性，在写作文案时一定要围绕与画面因素的融合来进行构思。我们在选择电视广告文案的表现形式时，不仅要依据广告策略、广告信息内容、广告目标受众等情况而定，而且还要与时段的选择产生对应。一般来说，电视广告文案每秒不能超过 2 个字，如果在这么短的时间内还要严格区分正文、随文的话，那势必会将文案分割得支离破碎、杂乱无章。

---

① 万秀凤、高金康：《广告文案写作》，上海财经大学出版社 2005 年版，第 106 页。

② 初广志：《广告文案写作》，高等教育出版社 2010 年版，第 197 页。

单纯从文案上看，电视广告文案的表述是不完整的，但这也正是电视广告文案不同于其他广告文案的地方。它的主要特点就在于，文案始终要服务于看和听，人们在观看电视广告的时候，不可能完全专注于屏幕上的文案，也不会像广播广告的听众那样将注意力集中到听觉上，观众往往是边看边听。因此，电视广告文案的作者一定要注意观众“边看边听”的特点，使文案创作适应电视画面的需要。比如下面这则广告：

画面：（全景）一辆汽车在画面中急速奔驰，（背景音乐）有节奏的“滴答滴答”电子钟声。

广告词：我们的汽车在奔驰时，除了电子钟的声音，别的声音都听不到。①

这是福特汽车的广告。单纯从画面上看，这一品牌汽车的质量究竟怎么样，无法作出判断，而只有配合文案“别的什么声音都听不到”，只能听到电子钟有节奏的“滴答滴答”声，才能让消费者充分领会到这款汽车的平衡舒适和安全快速，仿佛我们自己正置身于这款汽车的行驶之中，这也正是该广告的高明之处。假如说，我们非要专注于内容的完整性，而不考虑内容与画面和声音的配合，那么广告的效果是很难达到的。因此，广告撰稿人在写作文案时一定要注意文案的简洁和内容的非完整性，只有这样，广告效果才能得到最大限度的发挥。

（四）注意时间限制

电视是时间媒体，所有的画面和声音必须在时间流程中展开，视觉和听觉这两个要素也是通过时间来构成变化和节奏的。目前，电视广告的各种常规时段有5秒、10秒、15秒、30秒、60秒等，因此，我们在进行广告文案创作时，要根据广告时段选择广告信息内容和表现形式。

5秒标版广告一般用来推出产品名称、广告口号和企业标志等，其目的通常是为了让观众记住品牌名称和广告语，从而提升企业或品牌的知名度，强化受众对广告主体特定形象的记忆。10秒和15秒电视广告由于信息容量有限，无法充分展开情节，因此只能对广告信息进行单一传播，主要强调诉求点和广告口号，以达到加深观众印象的目的。30秒广告是最常见的电视广告，可以展开一定的情节，也

① 万秀凤、高金康：《广告文案写作》，上海财经大学出版社2005年版，第104页。

可以从多角度表现产品的功能和利益点。60 秒广告片,可以表现更丰富的广告内容,尤其可用来进行情感上的沟通,以期引起消费者的共鸣。

由于电视广告刊播费昂贵,为了达到效果的最大化,广告创意必须简短,画面叙述要有时间概念,要考虑不同画面的长短以及节奏。一则 30 秒电视广告,一般以不超过 12 个画面为好,画外音和人物语言一般不能超过 70 个字,这就要求语言简短、精练,否则无法达到预期的广告效果。

(五)挖掘广告记忆点

电视媒体是以时间为维度来进行传播活动的时间媒体,在电视媒体上播放的广告转瞬即逝,而且它的长度通常是 30 秒和 15 秒,在如此短暂的时间里,要清晰、准确地传达商品信息并使人记住该产品,是一件相当困难的事情,所以一则电视广告必须要有一个突出的记忆点。

大多数情况下,人们记住的往往是在广告中反复强调、朗朗上口、易于传诵的广告语,比如说,"农夫山泉有点甜"、"一品黄山,天高云淡"等。因此,在写作电视广告时,我们要善于挖掘电视广告中的记忆点和闪光点。记忆点可以说处处都在,它可以是一句话,可以是一个画面,也可以是一个手势、一个情节、一段音乐……我们可以从产品、品牌、主题与创意中找到最适合产品的核心记忆点,这一核心记忆点最好与广告主题有着紧密的联系,而且必须简短,否则无法让人记住。电视广告片中的记忆点会让原本平淡的情节生动、丰满起来,如果能做到将记忆点与诉求重点相结合,则不但能给观众留下深刻的印象,还会清晰地达到广告诉求目的。

Sunday 1622 电视广告文案

(画外音)出手了,Sunday 终于出手了,Sunday 终于要在 IDD 市场出手了!Sunday 这招一出,恐怕死伤无数。全日无取巧划一价!

Sunday 1622

(字幕)全日无取巧划一价!Sunday 1622[①]

这则电视广告将 Sunday 在电信市场开展新业务这一诉求重点非常形象化地比喻为"出手",这就会在观众的头脑中形成一个很直观,很具体的形象,让观众在看完广告后就会记住它。在广告中设计者直接将"出手"演化为见人就打,画面上

① 夏晓鸣、钱正、曹晓燕:《广告文案写作》,武汉大学出版社 2006 年版,第 289 页。

一名男子在路上见人就“出手”，不是捅肚子就是抡巴掌，整个广告的核心记忆点非常清晰、独特——“出手”的动作，使人在轻松一笑中记住了 Sunday 开展的 IDD 业务。它与其他的 Sunday 广告一样，有点无厘头，有些新鲜，塑造出一种不同的生活态度，树立了独树一帜的品牌形象，取得了很好的效果。

本章主要探讨了电视广告文案写作规律和写作特点。综上所述，电视广告文案写作是各类广告文案中写作技巧最为丰富多样的一种文案写作方法。只有在掌握理论基点的基础上不断地进行写作实践训练，才能真正地掌握这一写作基本功。俗话说，“熟能生巧”，只有多写多练才能生出巧来，这其中当然离不开多看中外优秀广告文案稿本。

本节思考题

1. 电视广告文案的写作要点有哪些？
2. 电视广告文案简洁明了的目的是什么？
3. 什么是 5 秒标版电视广告？

第四章　广播广告文案写作

本章重点提示：在本章的学习中应重点掌握广播广告的传播特性与广播广告文案写作技巧。

本章难点提示：写出一篇既能让企业主认可同时又能获得受众喜爱的广播广告文案其关键点是什么。

第一节　概述

广播是指通过无线电波或导线传送声音的传播媒体，它诞生于20世纪20年代。世界上第一座领有执照的电台，是美国匹斯堡KDKA电台。1920年9月21日，美国西屋电气公司副总经理戴维斯从报纸上看到康拉德试验电台创办人康拉德刊登的一则电台广告后，当即找到康拉德，请他在匹兹堡为西屋公司建一座正式广播电台，并且要求一定得在11月2日开播。因为1920年11月2日是美国本届总统大选结果揭晓的日子，戴维斯想借助这一机会将电台一炮打响。经过康拉德的紧张筹备，该电台果然如期在1920年11月2日正式开播，起名叫KADA电台，这是世界上第一家广播电台。在第一天的整个节目中，以总统竞选政治广告为主要内容。由此开始，广播成为世界上第一种电子媒介，广播很快便成为广告商视野中的一种重要宣传工具。今天，广播已经成为四大主流传播媒体之一，在引导人民群众精神文化生活、传播政府声音、宣传产品与商业信息等方面起着无可替代的作用。以我国为例，据国家广播电影电视总局发展研究中心的数据显示，目前我国广播综合人口覆盖率达到96%以上。2009年，我国广播电台整体广告收入为81.46

亿元,增长12.79%。[①]

然而,当今的传媒业发展非常迅速,与报纸、电视的火暴、网络的崛起相比,广播显得较为弱小与被动,因此有人将广播称为“主流媒体中的弱势媒体”。广播广告媒体虽然仍是我国的四大传统主流媒体之一,但在我国广告总营业额中所占的比重却相对较小,广播广告的创意水准不高,制作水平比较低,这在很大程度上是因为我们对广播广告的媒体特性研究不够,广播作为广告媒体的优越性在某种程度上并没有得到最佳发挥。

一、广播广告媒体特征

广播媒体是一种混合有声语言、音乐和音响的声音媒体,它以声音作为信息传播的唯一途径。因此,广播广告也只能通过声音来传播信息,受众无法看见广告,只能听广告。广播广告的发布者利用广播媒体来传播其商品或服务信息,借助于广播这一特殊的信息载体,充分发挥其声音特性,通过调动并刺激听众的听觉系统,塑造产品形象,从而达到推销商品或服务的目的。

下面我们具体分析广播广告媒体的特征。

(一)广播广告媒体的信息传播优势

1.互动性强、传播速度快

首先,互动性强是广播广告的一大优势。商家利用广播的互动传播特点,可以直接发布信息,也可以随时在各时段节目中插播商家的促销广告。而且,广播还可以将设备转移到商场、室外,对促销活动进行现场直播。这样,既可以增强广告传播的感染力,又能够提高顾客对促销活动的参与热情,从而极大地增强促销效果。

现在电台中很流行的益智类答题节目就非常鲜明地体现出了上述特点,听众通过热线电话、手机短信等方式参与到节目中来,这样在商家赚到财富的同时,听众也从中获得了奖励并增长了知识。还有像电话、短信点歌、交友以及坐台咨询等热线类服务专题广告,听众可以直接参与到节目中,使节目形式变得更加灵活,更加精彩。此外,商家还能及时与消费者进行互动沟通,准确了解消费者的需求和消费方式,从而制订出更加合理的促销方案。

其次,之所以说广播广告传播速度快,是因为广告主可以在离截稿日期非常近的时候交稿。这一灵活、快捷的方式只有广播才能做到,像报纸、电视等媒体是

---

① 数据来源于中国行业研究网 http://cnc.chinairn.com/doc/70310/702909.html

无法实现这种快捷传播效率的。基于这一优势，商家就可针对不同的消费者、在不同的时间、以不同的方式进行商品促销，并且能够根据市场情况、广告对象以及产品特点，灵活地选择不同覆盖范围的广播电台，选择不同的广播时段和不同的播出内容，在每天几小时或十几小时的时间段发布信息，给人以新颖的信息接收感觉，从而强化促销效果。

2. 目标对象更加明确

广播发展的"窄播化"趋势越来越明显，促使广播频道越办越多，听众越分越细，广播逐渐发展成为个性化媒体。近年来，听众模式多样，如按地域、年龄、职业和爱好等不同可以划分成多种形式，因此，广告主就需根据宣传对象的不同，在不同的节目时段播放不同的广告。由于广播广告特定的互动性，使广告宣传更加具有对象性和目的性，也更容易产生预期宣传效果。此外，广播广告的针对性越来越强，目标对象定位更加明确，它可到达有车族和青少年等具有很高广告价值的群体中，这是其他媒体很难比拟的。

广播广告与广播媒体目前窄缝生存的定位相适应，广播广告目前大多包括以下几大群体：

(1)老人和中年妇女。这一类人起床较早，有长期收听早间新闻的习惯，广播成为他们的一种背景媒体，他们一般在晨练、做早餐时收听，收听时通常不会转台，什么内容都听，成为广播广告的固定消费人群。

(2)流动受众。这是一个特殊收听群体，主要指司机和乘客，司机一般是主动收听，乘客为伴随收听、被动收听。收听时间不仅仅局限在早晨广播黄金时段，上下班高峰时间也是有车一族收听较为集中的时段，而的士司机收听广播则是全天候的。广播媒体的低成本收听特性既填补了路途上的寂寞，又不妨碍司机正常开车运行。随着城市化水平、轿车普及率、人口流动速度等的不断提高，现代人对广播节目的偏好与日俱增，今后广播广告将更加大有可为。

(3)家长、学校宿舍的限制使得电视媒体难以到达高中生、大学生群体，广播取代电视成为他们的主要娱乐媒体。15～24 岁的学生群体是广播媒体的主要听众，他们具有巨大的消费能力和无限的消费潜力，他们倾向于听最新的流行歌曲，收听时间集中于中午和晚上。①

① 夏晓鸣、钱正、曹晓燕：《广告文案写作》，武汉大学出版社 2006 年版，第 239 页。

3.制作简便,播出灵活

广播广告可以针对新近发生的事件作出快速反应,灵活地调整广告内容。与其他传统媒体的制作周期相比,广播无疑是最短的,因为它既可以在专业录音棚内完成,少则半个小时多则一天,也可以在广播电台的直播室同期完成,无须经过平面媒体的排版、印刷,也不像电视广告那样需要经过复杂的拍摄、编辑过程。

在刊播方面,其他媒体的时段和版面都比较紧俏,需要提前预订,一旦时间、版面定下来很难再做出改变。而广播媒体则不同,它实现了直播和滚动播出,在时间的安排上比较灵活,可以随时根据需要临时插播广告。因此,如果广告策略、战术要进行临时调整而需要紧急发布某些广告信息时,广播媒体可以在数小时之内完成制作和播出,有时甚至可以做到即写即播。

客户可以自由选择广告播放的时间段,同时听众也可以自由地选择收听时间和地点。由于广播频道越来越多,服务人群范围越分越细,这就为客户在选择广播广告时段时提供了其他媒体所不能提供的优势。同时,由于广播信号接收设备携带方便,在接触不到其他媒体的环境中也能有效收听。具备了听众接收地点的随意性,且在收听时眼睛及其他器官注意力可得到解放,听众在听的时候并不影响其他工作、锻炼、开(乘)车、外出旅游等,这在很大程度上适合现代快节奏的生活方式,与其他媒体广告相比,广播广告的传播渠道更方便于听众的接受。

4.成本低廉

这里所说的成本包括制作成本、播出成本和收听成本。首先,广播广告的制作成本比较低,它只需要播音员、主持人或专业、业余演员配音,再加上音乐、效果,广播广告就可以制作完成。我们知道,广播广告媒体是以声音为载体,依托网络覆盖来进行传播的。而实现其传播途径也很简单,只需要一次性建设发射塔,完善网络覆盖面就行。目前,广播广告的传播现状是其基础设施建设已经基本完成,不需要再进行投资。与电视相比,广播广告的制作成本是电视的几百分之一甚至几千分之一,广播广告制作费少则几百元,多则几千元,相对于电视广告以万元为计价单位来说,价格要低廉得多。其次,广播广告的播出费用也很低。广播广告的费用成本要比报纸、电视等其他媒体便宜得多,据国外调查,广播总视听率一个百分点只需电视 1/3 的费用。再次,广播广告的收听成本也很低。对所有听众来说,广播是为听众免费提供信息的,是听众进行无成本信息消费的载体。这对于广大听众特别是低收入人群来说,更加凸显了广播的强大优势。

5. 用耳朵“看”，感染性强

广播广告只能依靠声音进行传播，它通过刺激人的听觉系统，给人提供广阔的想象空间，进而撩拨人的心弦，煽动人的情绪，而这正是广播独具的魅力所在。

组成广播声音符号系统的声音种类很多，有语言、音响，以及音乐。这些声音具有不同的节奏、频率和波长，通过各种组合，可营造不同的气氛和场面，引起人们情绪上的波动，从而给人以具体的声音形象以及情感上的冲击。优秀的广播广告正是抓住广播声音形象性的特点去塑造商品的形象，并将这种形象与人的情感联系在一起，从而最大限度地发挥广播广告的优势。

广播具有亲和力的传播方式，并且声音符号有较大的想象空间。在西方，广播被学者们誉为“最形象的传播媒体”。当然，这并不是因为听觉形象最能再现客观世界，而恰恰是因为广播所塑造的听觉形象往往比较模糊，因此能让人产生丰富的联想，这些联想使广大听众创造性地把某些声音符号转化为更丰富的形象。

（二）广播广告媒体自身缺陷

1. 易被疏忽

广播是听觉媒体，听觉信息转瞬即逝，广告很可能被漏掉或忘记。很多听众都把广播视为令人愉快的传播工具，而不是去认真听它的内容。

2. 缺乏视觉

声音的限制会阻碍创意。必须展示或观赏的产品并不适合做广播广告，制作出能令观众产生观看产品的广告非常难。

3. 干扰多

竞争性广播电台的增多和循环播放，使得广播广告受到很大的干扰。广播听众往往倾向于将自己的精力分散于各种事情，这样，听众听到或理解广播信息的可能性就会大大降低。

4. 时间安排和购买的难度

广告主想达到比较广的地域范围使听众众多，就需要同时向好几家电台购买时间段，时间安排和广告评价变得非常复杂。

5. 缺乏控制

因为很大比重的广播都是谈话广播，总会有播音员说出对某些听众不利的话或主题。这就会对赞助商产生负面影响。①

① 陈培爱：《广告文学概论》，高等教育出版社 2006 年版，第 177 页。

二、广播广告构成要素

广播是一种诉诸听觉的媒体，因此广播广告的构成要素就是与各种声音相对应的文字符号。认真分析后会发现，广播广告里的声音包括三种：有声语言、音响和音乐。语言、音响和音乐三者各司其职，互为补充，共同传递广告信息。

（一）有声语言

广告中的有声语言一般表现为播音员的播报或广告中人物对话，有时候也以旁白的形式出现。有声语言实际上是以声音的形式出现的广告词，是广播广告的核心要素。它是广播广告中最重要的表现手段，有着叙事状物、塑造形象、传情达意等功能。可以说，广告信息主要通过人物语言来进行传递，语言在广播广告中起着举足轻重的作用，是决定广告成败的关键，一则广播广告中可以没有音响和音乐，但不能没有人物语言。

广播是诉诸个人听觉的媒体，因此广播广告的语言，一般要求用口头语言，但这里的口头语言并不等同于人们平常所说的口头语言，而是经过加工和提炼的口头语言，它保留了口头语言用词浅显、句式结构简单的特色，但同时应力求逻辑严谨，语句通顺。可以说，广播广告的语言是介于口头语言和书面语言之间的一种语言，它既不像口头语言那样随想随说，又不像书面语言那样庄重严谨，广播广告需要借助自然亲切、生动悦耳的语言来吸引听众、打动听众，所以运用这种语言不仅要做到“以声夺人”，还要讲究“以情感人”、“以理服人”，使受众如闻其声，如见其物，如临其境。

除了语言内涵外，声调、语调、轻重音、长短音等，都可以用来表示不同的语义，而说话的速度、节奏、高低和停顿也同样能表达不同的含义。这些手段可以帮助广播细腻地传播某种情感或情绪，也可以表现出现场细微的变动，从而使人产生身临其境的感觉。因此，人物语言为信息带来了更多的真实感和感染力，这是印刷媒体中的文字符号所无法相比的。

另外，不同人的不同音色往往也能产生意想不到的广告效果。下面这则盼盼防盗门广告使用了孙悟空和太上老君的独特声音，顿时使广告增色不少：

音乐：空灵、缥缈、清幽的曲子

孙悟空：（恶作剧地）“嘿嘿，太上老君府，待俺老孙再去弄把金丹尝尝。”

太上老君：（低声地）“这猴子又来了，这回可有招对付他了。”

孙悟空："哎哟，好结实的门啊！哼，看俺老孙的手段！""我撞！"

音效：撞门声

孙悟空："我撬！"

音效：撬门声

孙悟空："我钻！"

音效：钻门声

孙悟空：（无奈地）"哎哟！这是什么法宝啊？"

太上老君：（得意地）"哼哼，此乃老夫新装的盼盼防撬门也。这下，再也不怕你这泼猴了！哈哈哈哈……"

音响：笑声，渐渐消失。

旁白："盼盼守门，放心出门！"[①]

该广告利用孙悟空和太上老君两个人物独具个性的声音来传递信息，首先，可以在第一时间引起听众的收听兴趣，拉近广告跟听众之间的情感距离，并使听众迫不及待地想知道下面会发生什么事情，进而吸引听众继续收听下去。其次，由于这个故事在听众心中早已印象深刻，再配以两人个性化的声音，既能使听众愉悦地聆听广告，又便于听众记住广告产品内容，从而起到很好的产品宣传效果。

（二）音响

音响是广播广告中重要的构成要素。音响有广义和狭义之分。广义的音响泛指各种声音，狭义的音响即音响效果。广播广告中的音响是指运用多种专门器具和特殊技法模拟或再现的各种声响，是根据广告表现主题的需要创作出来的。它分为自然音响和生活音响两大类，其中自然音响包括风声、雨声、雷声、鸟鸣等；生活音响分为人物音响、物体音响等。人物声响表现的是人物在各种环境中发出的声响，如孩子们的打闹声、闹市中嘈杂的人声、游乐场的笑声等；物体声响表现的是物体的品质和功能，如海浪拍打岩石的声音、汽车启动的声音、房屋倒塌的声音等。

在广播广告中使用声音效果，会让听众产生神秘的感觉，使听众在好奇心的驱动下进行联想，听众还可以在声音的刺激下，根据自己的经验，把感知到的声音（例如鸟鸣、流水声）和物体（鸟、溪）等重新组合，在头脑中产生一个立体化的形象，以实现视听效果联想。有时，一则优秀的广告文案只用少量的音响，就可形成大量的

---

① 初广志：《广告文案写作》，高等教育出版社2010年版，第179页。

有声语言所不能达到的效果，这正是音响独具之魅力所在，也是音响的优势。比如获得 2000 年中国广播广告一等奖的作品、由中央人民广播电台选送的关于摩托罗拉卫星寻呼广告就是一则成功使用音响的范例。

音响：海豹（或其它极地动物）的叫声此起彼伏

在冰天雪地的阿拉斯加

音响：呼机响

音响：印第安围猎时的呼哨声

在亚马孙河的热带丛林

音响：呼机响

音响：藏传佛教鼓乐长鸣

在通往拉萨的茶马古道

音响：呼机响①

在这个广告中几乎没有什么有声语言，但摩托罗拉卫星寻呼的服务理念已经在不知不觉中被听众所接受。广告选取了三个场景："冰天雪地的阿拉斯加"、"亚马孙河的热带丛林"、"通往拉萨的茶马古道"同时配以恰当的音响，顿时在听众的脑海中营造了三个逼真的景象，然后再分别配上摩托罗拉经典的呼机声，这样就把呼机声很好地穿插进了广告给听众所塑造的情境中去，让听众在欣赏广告的同时，记住了摩托罗拉独特的呼机声，并在心理上接受了摩托罗拉无处不在的服务理念，从而达到了很好的传播效果。

音响在广播广告传播中所能发挥出的作用，主要有以下两个方面：

（1）可以形象化地交代环境。这里所说的环境主要包括时间、地点和在场的人物等，比如说表现集市贸易就应当配有此起彼伏的吆喝声，如果是要表现街道背景就少不了车辆行驶在马路上的声音，但如果是在一个寂静的环境中那背景音响的处理就应是此时无声胜有声。同理，天热就能听得到蝉鸣，下雨就要有风雨声，下雪可以借脚踩在雪地上的吱吱声来表现。因此，在写作广播广告文案的实践中，我们可以不断地试验，尽量不要用人物语言来交代环境，而要多用现场音响来表现，这样会更具真实感和感染力。

---

① 丁柏铨：《广告文案写作教程》，复旦大学出版社 2005 年版，第 324 页。

(2)能增强表现力和感染力。音响表现力和感染力的完成需要与听众的生活经验相吻合,需要调动起听众的联想力方可实现。音响效果好,会帮助听众产生联想,可以克服声音的易逝性带来的麻烦。同时,音响的巧妙使用还可表达许多无法或难以表现的东西,比如人的某些感觉、情绪、气氛,比如像用急骤的鼓点声表现紧张和急迫的气氛,用雷鸣与倾盆大雨表现生病症状等。

但我们同时应注意,广播广告中的音响使用不可过多过滥,不能为了音响而音响,要防止音响干扰广告主题的现象,一般来说,音响的出现时间不要超过整条广告时间段的1/3。

(三)音乐

音乐不仅能给人以美的享受,而且还能唤起人们对生活的热情。作为仅凭声音传递信息的广播广告,音乐是其又一重要构成要素,是广播广告的主要表现手段之一。这里所说的音乐是指广播广告中的伴奏曲和广告歌。伴奏曲基本上是用在广播广告的开头部分,它的目的是给听众一个心理上的准备,从而激发听众的收听兴趣。而后,乐曲可以渐渐淡去,转换成播报或对话的配乐。伴奏曲有强大的营造氛围的作用,它可以将听众带入广告预期的心境当中,帮助他们理解销售信息。

广告歌曲则是通过歌曲把广告语言转化成一种听众喜闻乐见的形式,例如,北京音乐台的《雀巢咖啡音乐时间》节目中,在插播一段广告词"门铃叮叮响,张张熟悉的笑脸带来满室的温馨,来一杯香浓的雀巢咖啡,好吗?"之后,就是一段歌曲:"从什么时候,我们开始享受这份金曲?在这温馨世界里,陪伴我的是雀巢咖啡。"通过广告歌曲的运用,广播在给听众营造了一个温馨幸福的世界的同时,让听众记住了雀巢咖啡,也好似感受到了它的香浓。

广告中的音乐可以增强人的记忆。我们知道,歌曲比文字更容易记忆,并且在脑海中留存的时间会很长,因为音乐能直达人的情感深处,并具有较强的节奏感和韵律感。此外,广播广告的音乐还可以起到渲染气氛、塑造形象、表现主题、暗示产品的出产地、显示时代特征等作用。例如,金嗓子喉宝作为一种喉咙保健、治疗药,最适合用音乐来表现,它的一则广告中使用《天涯歌女》作为背景音乐,其演唱者周旋素有"金嗓子"之称,此处音乐的巧妙运用将音乐与品牌形象、产品特色有机地结合起来,给受众留下了深深的印象。

广告中的音乐很重要,但是也不能乱用,要遵循一定的原则。首先,音乐要为文案服务。广告音乐不同于一般的音乐创作,它不是纯艺术,而是必须为广告文案服务。音乐如果与有声语言不相适应,就会产生适得其反的效果。尽管很少有人不喜欢音乐，但对于广播广告来说，不合适的音乐往往有可能成为广告中的“噪声”。其次，广播广告中的音乐不能喧宾夺主。也就是说，音乐不能太响，广告音乐一般都是背景音乐，音乐声过大，很容易分散听众的注意力，影响听众收听广告内容。还有就是广播广告中的音乐不能过于优美，如果过于优美，听众的耳朵就容易陶醉于音乐之中，而忽略广告的内容。最后，广播广告中的音乐要力求简单、明快。听众一般很难接受那些深奥的歌词或复杂的调子，他们可能会因此对广告宣传的产品产生排斥心理，甚至会感到厌恶，最终影响到广告的宣传效果。

本节思考题

1. 音响在广播广告传播中所能发挥出的作用有哪些？
2. 音乐在广播广告中的作用有哪些？
3. 广播广告中如何选用广告歌曲？

第二节 广播广告类型

广播广告可以根据不同的标准划分为不同类型，例如根据广告主购买方式的不同，将广播广告分为联播广告、插播广告、报时广告、提供节目广告等；根据时间长短，可分为专题广告、60 秒广告、30 秒广告、15 秒广告、5 秒广告等；根据广播广告内容的不同，可分为分类广告、特约广告、专题广告、公益广告等。

根据广播广告的呈现状态和表现形式一般将广播广告分为以下几种不同类型。

一、根据呈现状态分类

（一）录播

录播即在事前就已经将广播广告录制完成，在指定的时间、节目中播出。录播的广播广告在人物语言、音响、音乐三方面能进行自然、贴切的融合，声音具有较强的表现力和感染力。几乎所有广播广告都采用预录方式，以降低成本，保证播出质量。

（二）直播

自从20世纪80年代中期广东珠江电台在中国最早开通热线直播节目，中国广播就进入了即时互动传播时代。一时间，全国各家广播媒体纷纷开通热线直播节目，广播广告也跟随着利用现场直播这一广播、电视媒体特有的传播形式来传递广告信息。

与其他媒体相比，广播节目制作不需要复杂的技术设备和后期制作，无须文字录入、排版、印刷和发行，目前，大多数广播电台的节目实现了半数以上直播，这样做就能更好地加强互动性，听众可通过电话热线、手机短信或网路的方式与节目即时回应，传受互动，相互沟通。这一方式运用到广告中就成了直播广告。这类广告通常采用现场直播的方式，由节目主持人或专家口播广告。直播广告一般没有音响，以人物语言为主，常常会适当安排一些背景音乐。这种直播方式具有一定优势，它的广告信息与节目浑然一体，可以较好地与听众互动，有针对性地解决问题。

二、根据表现形式分类

广播广告的表现形式是由广告内容决定的，由于广播广告内容的不同，广播广告的表现形式也就多种多样，我们将分为以下七个类别：

（一）日记式

是指借虚构广告产品使用者所写的日记，借助日记来表达自己在生活中使用某产品后所产生的美好的切身体验。这种以记日记的方式宣传产品的质量或性能，不但真实可信，而且易于被听众接受。例如像台湾地区PUMA（彪马）运动鞋广播广告文案就是一个成功的案例：

（男声）

我是个庸庸碌碌的上班族，不过在平淡的生活中，我倒有一样法宝——PUMA。

星期一，我喜欢走仁爱林荫道去公司，借以平和我的“星期一忧郁症”。

星期二，故意挑公司后的小巷道，多绕些路，只为了听听附近住家起床号的声音。

星期三，我会从小学旁经过，看看年轻的生命力，顺便感怀一下我自己消逝的天真童年。

星期四，我索性来一段慢跑。

（旁白渐弱）

广告语：快乐的走路族——PUMA——彪马运动鞋。[①]

台湾的这一 PUMA（彪马）运动鞋广告，表现了一个普通男性上班族用日记方式叙述自己一周里穿着 PUMA 运动鞋上班的所思、所见、所闻和所感，将平淡的生活变得饶有情趣：从家里到公司的两点之间，他有意选择不同的路线，以平和“星期一忧郁症”，听听附近住家起床号的声音，感怀一下自己已逝的天真童年等，进而暗示 PUMA 运动鞋会伴随你度过一个又一个美好的日子。通过这种记日记的方式来描绘广告产品，可以很快在听众心中产生共鸣，激发听众对产品的购买欲望，从而达到增强宣传效果的目的。

（二）直陈式

直陈式又叫做直截了当式，是指把广告所要传达的信息简洁明了地由播音员直白地传达给听众，这是广播广告中使用最多也是最常见的一种广告形式。它以短、平、快的方式传递信息，简明，直接，直达受众。时效性强是它的独具优点。但这一传播方式也容易使广告变得平淡枯燥，提不起受众的有意注意力。直陈式广告文案写作看似简单，但在实际运作时对广告语言的要求很高，必须做到文案诉求准确，广告主题突出，否则就达不到广告的预期效果。通常情况下它在传播时会配上背景音乐，有时也会加上特别的音响，以增强广告的感染力。下面是一个成功例子：

“廉泉啤酒”广告

在包公的故乡——合肥，有一口古老的井，取名廉泉。相传清廉之士饮了廉泉之水，甘甜爽口，明目清心。

而今的合肥有一座现代化的啤酒厂。该厂生产的廉泉啤酒，清亮透明，酒香味醇，以其独特的风格深受消费者欢迎。

在上海、天津，参加全国饮料评定，经群众投票打分、专家审查，获得了上海的健乐奖和天津市场畅销啤酒之美称！

---

① 夏晓鸣、钱正、曹晓燕：《广告文案写作》，武汉大学出版社版 2006 年版，第 247 页。

廉泉啤酒，不负廉泉盛名。①

这是一则较为典型的直陈式广告文案，由播音员将广告内容直接陈述出去，播音员在语速、语调的处理上张弛有度，简洁明快，去掉了通常情况下直陈式广告平淡枯燥的不足。另外，在文案写作上，由历史名人、故事传说入手引入产品，让产品打上文化的烙印。在这则广告中，撰稿人从包公的故乡写起，有意突出“清廉之士饮了廉泉之水，甘甜爽口，明目清心”的特点，使听众先从心理上接受并喜欢廉泉，然后再引出廉泉啤酒，这样就显得更为自然、亲切。同时，将该产品获得了比较权威的荣誉“上海的健乐奖和天津市场畅销啤酒”来作为品牌支持，进而突现廉泉啤酒较高的信誉度，使整则广告更加可信和更具说服力。

（三）对话式

这种广播广告通常是由两名或两名以上演员或播音员采用对话方式，像日常交谈、问答等，来传递广告信息，刻意向消费者介绍商品的特有性能、利益承诺以及消费者的反应、获奖情况等，从而展现产品或服务的特色。对话虽然是两位以上播音员之间的对话，但实际上在对话过程中，能让听众有一种自身也参与到对话中来的感觉。因此，对话式广播广告如脱口秀一样很受欢迎，广告效果也较为明显。

在多年的实践过程中，这种对话式广告形成了一定的模式：一种为介绍说明式，由两人一搭一唱，将产品特色呈现出去；另一种为问题解决式，一个人遇到某一问题，另一个人提出解决问题的办法。这种方式虽然失去了新奇性和独特性，吸引力不是很高，但生活气息浓厚，不少情况下能够靠浓厚的生活气息来感染受众的情绪。

如果能在实际运作中合理地运用一些创意技法，诸如悬念、比喻、挪移等手法，就可以让对话显得妙趣横生，引人入胜，像下面这条由汕头人民广播电台播出的获奖广告“西施牌电饭锅”就是一个成功案例：

（厨房，炒菜声）

男：辛苦喽，老婆。

女：回来了！

男：（神秘地）哎，今天我带来了田螺姑娘回来。

① 张微：《广告文案写作》，武汉大学出版社2002年版，第134页。

女：(不在意地)瞎说，什么田螺姑娘，我还带七仙女呢！

男：(一本正经地)哎，你不是一直想请个会做饭的保姆吗？今天，我就把她带回家，有了她，咱们下班就有现成的饭菜了。

女：(一愣，停下手，稍带醋意)这么说，她很能干，也很漂亮了?!

男：(故意地)那还用说，田螺姑娘，仙女下凡嘛！

女：(不快地)你……

男：(笑笑，疼爱地)好了，好了，我的小醋坛，放心吧，我呀，带的是她。

女："西施"牌电饭锅？

男：是啊，有了"西施"牌电饭锅，上班前只要轻轻一按，回家就可以坐享其成了。你说，这不等于请了一位漂亮能干的田螺姑娘？

女：(嗔怪地)好呀，你逗我……(笑声起……渐弱)

旁白：西施电饭锅，把田螺姑娘带回家。[①]

这则广播广告真实地再现了夫妻两人在厨房里的对话场景，虽然是很普通的对话，但是听起来却让人觉得很有趣，也具有一定的故事性。因为广告撰稿人在写作时巧妙地设置了悬念，把电饭煲说成是"田螺姑娘"，并称赞她"很能干，也很漂亮"，使得妻子顿时萌生醋意，但丈夫接下来给妻子解释，说他带回家的是"西施"牌电饭锅，谜底恰到好处地揭开，既消除了夫妻二人之间的误解，也去除了听众心中的疑惑。让听众在听故事的同时，很容易就记住了广告所宣传的产品，从而达到很好的宣传效果。

(四)情节式

这种文案写作形式通常会塑造出一个特定的环境。通过角色的对话或表演，以一种讲故事的方式推出自己的产品或服务。它的优点是比较生动有趣，能极大地激发听众的兴趣。缺点是对情景的真实性要求比较高，演员表现得好坏会直接影响到广告效果。具体来说，情节式广告可以分为两种：

1. 生活片段式

一般是消费者在生活中遇到了某种困难，正在为难的时候，恰好该产品或服务提供了解决问题的办法。例如天津牌助听器广播广告：

① 丁柏铨：《广告文案写作教程》，复旦大学出版社2005年版，第333页。

售货员:大爷,您买啥?

大　爷:啥,减肥茶?不减,我这么瘦再减就没了。

售货员:……大爷,买什么您自己挑!

大　爷:咋的,还得上秤约?

售货员:大爷,您老耳背,我给您介绍一个新伙伴儿。

大　爷:啊?要给我介绍老伴儿?不行啊,家里有一个了。

售货员:大爷,我给您介绍这个,保证您满意。

大　爷:啥,助听器?对,我就是来买助听器的。

旁　白:天津牌助听器,让聋人不再打岔。

这则广播广告为我们生动地再现了一个生活中经常会出现的说话打岔场景,由于老大爷耳背经常打岔,从而使这则广告听起来诙谐幽默,让听众极有兴趣地听完这则广告的同时,也在笑声中记住了产品的名字——天津牌助听器。这种选取生活中的一个小片段来进行广告宣传的方式,要比直接陈述产品优点的方式更具传播吸引力。

2.故事叙述式

这种文案写作方式是指编成广播短剧,以生动有趣的情节来引起听众的注意,但是在实践中使用起来却不是很容易把握其创意的度和质。因此必须注意以下几点:第一,故事情节应符合商品或服务的特色,否则很难达到推销商品的效果。第二,演员必须准确理解故事中人物的个性和语言特色,并能够做到真实再现,否则,就无法达到预期的广告效果。第三,音响和音乐要有助于刻画故事环境,从而使情节更加逼真。

(五)现场新闻式

这是指利用现场新闻报道的方式,将新闻事件与传播广告信息十分巧妙地结合在一起,使广告具有较高的可信度和说服力。下面是一个成功例子:

辽宁人民广播电台:听众朋友们,现在我们在沈阳市人民体育场内向您转播辽营队同东宝队的足球比赛的实况。

现在比赛已经进入了关键时刻,辽营队18号断球,带球突破,过了一名队员,又过了一名队员,第三名队员上来阻截。东宝队9号队员倒地铲球。不好,18号队员摔倒了,看样子摔得不轻呵!

（旁白）不要着急，我们有部优产品——沈阳红药。[1]

这则由辽宁人民广播电台为“沈阳红药”制作的广播广告，在文案中对辽营队与东宝队进行足球比赛的实况转播录音进行了剪辑，选用了与广告产品有关的情节，如18号运动员受伤不轻，需要及时治疗，进而巧妙地加上一句旁白，将广告产品“沈阳红药”自然而然地推了出来。由于现场转播具有无可怀疑的真实性，使消费者对广告产品充满了由衷的信任感。

（六）小品式

采用戏剧小品形式，通过人物语言、音乐、音响，营造一个特定的环境，把广告所要传达的信息借助一定的故事情节来表现。这种类似于广播短剧的形式有一定的情节和戏剧冲突，生动有趣，充满张力，引人入胜。[2] 小品式广播广告文案多以生活片段的方式来呈现生活中的某一情节，有时也会以神话传说为题材，将产品信息穿插进去，以增强吸引力和趣味性。看下面这段广播广告：

Sunday 电讯广播广告文案

（电话嘟嘟声）

甲：喂，妈，最近还好吗？波士顿天气冷了，小心身体。

乙：我很好。但是你爸爸又去见那个女人了，几天没回家，呜……你要乖一点呀，阿明。

甲：阿明？我是阿强呀！妈，你别吓唬我，自己儿子的名字也忘了！

乙：阿强？我的儿子叫阿明，你不是我儿子？

甲：什么？我不是你儿子?! 莫非我是那个女人生的？你养育我这么多年，让我三十几岁才知道自己的身世，你不觉得很残忍吗？啊，怪不得移民移得只剩下我在香港！

乙：我儿子才二十岁，你究竟是谁？

甲：噢，我又拨错号码了……（人声渐弱）

男旁白：Sunday 1622，每逢 Sunday 免费拨去美加，拨错号码也没有损失。查询请电：21138000

---

① 张微：《广告文案写作》，武汉大学出版社2002年版，第137页。

② 夏晓鸣、钱正、曹晓燕：《广告文案写作》，武汉大学出版社版2006年版，第250页。

香港 Sunday 电信广告抛弃了香港电信公司流行的明星代言方式，以大胆、前卫的创意来吸引听众的注意，这条“Sunday 1622，每逢 Sunday 免费拨去美加”系列广告打破逻辑思考的模式，为了突出其星期天免费打电话去美国、加拿大的优惠活动，塑造了一群穷极无聊、乱拨电话的人，这些人在给陌生人打电话的过程中没话找话，由此发生了许多有趣的故事，可以说广告新奇引人，创意大胆，极大地增强了广告预期的传播效果。这则广告文案在写作时利用一名叫阿强的男子打错电话为铺垫，幽默式地突出了 Sunday 1622 可以星期天免费打电话去美国、加拿大，拨错号码也没有损失的通话特点，从而让听众在笑过之后，能够轻松地记住这则广告所传达的内容。

（七）歌曲式

是指将广告产品或服务的优异性能、品牌名称、情绪情感等写进广告歌词中，用歌曲的方式来传播广告信息。在具体写作时既可以为广告产品专门作词作曲，也可用旧曲填上新词。这种形式能引起人的好感，容易传唱，也便于记忆，歌曲的风格对树立品牌形象具有决定性的作用。当然，歌曲式广告并不一定要一曲到底，也可以在中间穿插人物语言，以补充歌曲中不易突出的内容，或强调想要传达的广告信息。像下面这则广告文案：

步步高复读机“你是我的 baby”广播广告

张惠妹领唱：你是我的姐妹

众女合唱：你是我的姐妹

张惠妹：你是我的 baby

众女：你是我的 baby

张惠妹旁白：步步高复读机，学外语更容易

这首歌曲节奏欢快，在青少年中有很高的知名度，几乎人人会唱，这则广告抓住张惠妹在歌唱中夹杂英文的特点，将“步步高复读机，学外语更容易”的信息准确地传递了出去，并借《姐妹》来提高产品知名度。在这则广告中广告撰稿人选取张惠妹这首著名歌曲中的高潮部分，以歌唱的形式将信息传达给听众，这就在听众心中能产生一定共鸣，从而起到意想不到的宣传效果。

本节思考题

1. 广播广告的类型有哪些？

2. 如何把握情节式广播广告文案写作？

3. 什么是直陈式广播广告文案？

第三节 广播广告文案写作

一、广播广告文案的写作要点

(一)坚持"为听而写"，遵守动听性原则

广播广告文案既不是为"读"而写，也不是为"看"而写，它是为"听"而写。广播媒体在传播广告信息的时候，所使用的手段仅限于诉诸听觉的符号(如有声语言、音响和音乐)，这就决定了我们在撰写广播广告文案时，必须充分考虑到它的符号特征，努力扬长避短，才会创造出真正有推销力的优秀广告作品。

广播广告无画面、无文字，完全靠诉诸听觉的符号来传达产品或服务信息，所以它必须要有最动听的听觉符号，才能抓住消费者的注意力，实现促销效果。因此，必须深刻理解广播广告文案"为听而写"的原则。请看下面的例子：

台湾和信水莲山庄广播广告

莲 花 篇

您一定看过莲花开放，但是您听过莲花开放的声音吗?

这是清晨六点的金龙湖畔，请您侧耳倾听。

没错，这是一群早起的蜜蜂，正照着莲花，叫她快开门。和信水莲山庄，愈早起床，人愈健康。[①]

台湾和信水莲山庄广播广告"莲花篇"，在"动听"这一卖点上巧做文章。一方面，通过内容来突出莲花开放的声音，"请您侧耳倾听"。另一方面，又将优美的有声语言与音响结合起来，让读者在获得听觉的美感愉悦过程中，体验到水莲山庄宁静而幽雅的自然之韵。所以，广播广告文案撰写的"动听性"原则，指的就是要善于

① 张微:《广告文案写作》，武汉大学出版社 2002 年版，第 141 页。

选择那些音感优美而又强烈的词汇，将它与动人的音响、音乐有机融合，给消费者造成一种强烈的听觉美感。

（二）节奏自然、适当重复

广播广告语言最忌讳的就是冗长和呆板，因此，通过字、词、句的适当控制，可以使广播广告的节奏和谐，张弛有度。[①]

在字的选用上要适当地押韵，一般在句子的末尾使用韵母相同或相近的字，同时字的音调要平仄结合、抑扬顿挫、起伏有序。在词的运用上要多用发音响亮的词语，这样才能使广播广告读起来朗朗上口，悦耳动听。

句式的不同也能够产生节奏感，句子的长短、句式的整散都要根据广告信息的特点来加以调整，实践中通常情况下要多用短句，短句简洁凝练，容易上口，同时要注意句子的对称和排比，这样才能使句子更为紧凑，有气势。

广播广告的时间性特征非常明显，传递的信息转瞬即逝，广播广告没有标题，听众的收听行为是非关注性的，是一种伴随状态的收听，这样就很难使听众完全将注意力投入其中。因此，广播广告在文案写作时要对主要信息进行适当的重复，如主题、口号、品牌名称等，设法把它融合到整个广告中，尽量做到自然得体。很多情况下反复地对某一卖点进行强调，才能加深听众印象。广播广告一般要求在30秒内重复品牌名称三次左右，才能在听众脑海中形成一定的印象。像下面这条广告就是如此：

孔凤春化妆品广告

（唱）西湖，西湖，飞起美丽的孔雀。

西湖，西湖，飞起金色的凤凰，展开春风的翅膀，要把人间来梳妆。

（白）哪个姑娘不爱美，爱美就爱孔凤春。百年的孔凤春化妆品厂为人们艳丽的生活，献上朵朵鲜花。

（唱）孔凤春，孔凤春——

这则广告文案注意了押韵技巧的使用，“凰”、“膀”、“妆”押“ang”韵，在声调上最后一个字分别为仄（雀）、平（凰）、仄（膀）、平（妆）、仄（美）、平（春）……平仄结合，抑扬顿挫，使整个广告显得起伏有致、摇曳生姿。句子有短有长，以短句为主，运用

① 夏晓鸣、钱正、曹晓燕：《广告文案写作》，武汉大学出版社2006年版，第255页。

排比加以突出主题，整个广播广告读起来一气呵成，节奏自然，充满了音乐美。品牌名称“孔凤春”在文案中重复四次，把化妆品的主要特色——把人装扮得更“美”，物化为各种美的意象——西湖、孔雀、凤凰、春风、姑娘、鲜花……使美丽无处不在。

（三）营造情景，引发想象

如果文案能在听众心中建立起坚实而又生动的画面，并且能够引起听众的共鸣，就会对听众的记忆产生有力的影响。这就要求在文案写作时使用具体、形象、生动的语言，并借助音乐和音响来共同营造这种效果，激发听众的联想。请看下面的例子：

（舒缓的笛声）

女：告别了城市的喧嚣，在宁静的夜里，我的思绪飘到了远方，眼前又浮现了童年时的故乡，那葱茏的远山和青青的草坡上打着盹儿的羔羊，慈祥的爷爷叼着烟袋在嗡嗡的蜜蜂叫声中，看守着他的蜂场。

耳边传来山间流水的叮咚声和微风吹过树梢时的脆响。那是童年的青青世界，如今哪里去找？

男：让每个人都可以在都市中找到这片纯净的青青世界。

女：深——圳——青——青——世——界。①

该广播广告用诗化的语言描述了一个梦想中的童年世界，通过广告的描述，“葱茏的远山”、“青青的草坡”、“打着盹儿的羔羊”、“慈祥的爷爷”、“嗡嗡的蜜蜂”、“山间流水的叮咚”……让人心情为之一震，文案中形容词和名词巧妙的搭配亦给我们描绘出一幕幕宁静、和谐、安谧的画面，这幅画面在脑海中是完美的、无懈可击的，一下子勾起了我们对童年的美好回忆，以及对乡村淳朴生活的无限向往，油然而生一股要投入大自然的冲动，此时最好的选择当然会是——深圳青青世界，广告诉求的目的就这样自然而然地达到了。该广告用优美的语言营造了一个美好的情景，让听众顿时有一种身临其境的感觉，达到了很好的宣传效果。

（四）通俗易懂，简明单一

广播广告稍纵即逝，因此一定要信息单纯，以免听众听了后面忘了前面。大多数听众把广播广告当成背景媒体，听广播与其他行为，比如开车、做家务、锻炼身体

---

① 丁柏铨：《广告文案写作教程》，复旦大学出版社 2005 年版，第 332 页。

等是同时发生的，听众很少完全投入只“听”的情境中。广播主要通过听觉传播，没有视觉参与，广播的非专注状态再加上单一的听觉传播特点，就要求广播广告文案一定要简明单一，用单一的诉求和极富冲击力的创意，将主题钻入听众脑海，使其牢牢记住。因此，广播广告文案写作要尽量做到通俗易懂，简明单一。

要想做到通俗易懂，简明单一，最简单也是最有效的方法就是广播广告的句子要尽量简短，这样不但能很容易让听众明白你的广告讲的是什么，而且还便于记忆。

心理学告诉我们，长句不利于记忆。研究表明，在汉语中，超过 12 个字的句子不容易让人持久记忆，因此广播广告的撰稿人在写作时句子一定要简短。

使用短句不只是口播的要求，在平时的对话中，人们也经常喜欢使用结构简单的短句，这样更便于沟通。如果在广播中使用长句子，不但听众会觉得别扭，无法理解，不予接受，而且口播者本人也会不习惯。因此，面对结构复杂的长句，广播广告的文案撰稿人要善于将它变成几组结构简单的短句，比如可以使用排比、对偶等句式来把复杂的句式变简单。

在实践中我们发现，但凡优秀的广播广告，都以简明快捷的句子来传播信息。由于句子短小，因此句子中的每一个词汇都显得精练，每一个词都用得恰到好处。关于这一写作特点，山东人民广播电台的中国广播广告奖获奖作品“泰山，欢迎您”就提供了一个范例：

（音响：钟声响第一声后，音乐淡出再出钟声）

男中音：岱庙，历代帝王祭天的地方，
登泰山从这里开始。（转轻渺神秘的音乐）
（高亢）经孔子登临处，步步登高，
一路千年文化，一路无限风光。
（幽静的山崖中，流水声、瀑布声、鸟鸣声与景观融为一体）
（悠扬）山高水长，云桥飞瀑，
鸟语松风，十八盘盘，
直上蓝天。（宁静舒缓的音乐渐出）
神游不如亲临。（之后加响鼓声）
朋友，泰山欢迎您。（音响、音乐渐渐消失）

这则广告文案有着诗一般凝练的语言，也蕴涵着诗一般美丽的意境。但全文没有一个句子超过10个字，句式凝练，句序合理，让人听起来非常顺耳，更便于记忆。广告通过“山高水长”、“云桥飞瀑”、“鸟语松风”、“十八盘盘”、“直上蓝天”等四字词语的运用，使该广告听起来不仅很有气势，而且朗朗上口，更重要的是听众从这些词语中可以清楚地了解到泰山的特点，会在听众的大脑中形成清晰印象，从而吸引听众到泰山旅游，达到了广告所要的宣传效果。

（五）广播广告应力求口语化

广播广告诉诸人的听觉，是说给人听的，而不是写给人看的，广播广告如果听不懂就会严重影响宣传效果，因为它无法像报刊那样反复阅读，因此，语言要做到通俗化和口语化，要让听众字字听得清，句句听得懂，使听众能够正确理解广告的宣传卖点。

要想让广播广告文案写作口语化，需要做到以下几点：

(1)要多使用通俗易懂的口语词汇，慎用书面词汇，尽量避免文言词汇。口语词汇声调响亮，通俗易懂，能把深刻的内涵用一种易于收听的方式表达出来。此外，对于本地听众来讲，口语词汇尤其是带有方言的口语词汇常常会具有相当的亲和力，容易引发听众的认同感。

下面，这则由辽宁人民广播电台文艺频道播出的获奖广告“福满楼酒家”，由于巧妙地使用了口语化词汇，因此取得了很好的效果。

话说当今的火锅满城都是，可要说好吃还是人家福满楼的肥牛火锅。锅烫，肉嫩，片薄、料足，味正、特一级厨师料理。那原料可是从北京那儿大老远运来的，中德合资华安肉联公司的上等货色。酒店徐经理让我给您捎个话儿，他们在那恭候着您呢。花个两三百块钱吃顿肥牛火锅，哎，上算！福满楼在哪儿？惠工厂您知道吗？东面100米，门脸古色古香。哎，我这儿端着订餐电话呢：8807932。哎，上福满楼别忘了叫着我啊！

该文案中使用了生动的东北口语，从而让人感觉非常活泼，有很强的生活气息，与听众贴得很近。如果用书面语，效果就会截然不同。虽然这则广告听起来很简单，也很通俗，但是放在当地广播电台播放效果就会不一样。因为听众会认为广告特别真实，特别有亲切感，就像自己的亲朋好友或街坊邻里在向自己介绍一样，这样的广告文案就更能获得听众的认可。

(2)要注意同音异字词。在广播广告中,同音异字词常常会给人歧解或误解,从而造成不可挽回的损失。比如"本产品全部合格"就有可能被听成"本产品全不合格"。在介绍品牌名称时,更要注意这个问题,否则就有可能花钱为别人做广告。所以,在广播广告中,对一些常易混淆的同音字、词应当特别注意,比如像下面这些常用字:

全不——全部;必须——必需;男生——难升;实事——时事

旅行——履行;三步——三部;夕阳——西洋;著名——注明

当同音异字、词出现,但又不可避免时,一定要设法加以解释,就像平时口语中常用的那样:"我姓章,立早章。"

(3)要多用双音节词,少用单音节词。单音节词在纸质媒体中使用可使语言更加简洁,但在广播广告中使用则常常是弊大于利的结果。因为单音节词读起来声音短促,不够响亮,听众很难在短时间内捉住这一单字所表达的信息,就会造成理解上的困难,从而影响整个广告的传播效果。而双音节词匀称,念起来顺畅,听起来自然。

二、广播广告文案写作的其他技巧

(一)可在广播广告中加入幽默色彩

广播是一种偏重娱乐的媒体,它主要用于娱乐和满足个人的兴趣爱好,广播内容总体上趋于轻松休闲,相应的广播广告也应该尽可能地写出情趣,写出幽默。在广播广告中,幽默是非常有效的表现手段,也可通过旧元素的新组合,使听众感到惊奇从而产生效果,让听众在笑声中接受和认同广告所诉求的信息。像下面这条广播广告:

广东联通广播稿之"误会篇"

女:今天下雨,我恨……你……我们……完了。再见!(中间夹杂信号中断声)

男:我……你……

另一男声:小伙子,别沮丧,这有可能是网络的问题。你为什么不试试话音清晰的130网?你听!

女:今天下雨,我恨透这鬼天气,你快来接我,我们晚上去看电影。好了,我说完了。再见!

男:哈哈！一打就通。话无遮拦 130！（笑声）

标准声:“全省联网，一打就通。”刮目相看 130，我们的努力在延伸。

这是联通以话音清晰为诉求重点的一则广播广告。在广告中，联通通过幽默的形式，充分发挥广播口语化特点，将一对恋爱中的男女由误会产生到解除误会的过程形象化地表现出来。因为网络问题，电话里女孩约男孩看电影的原意被扭曲，变成了分手宣言，最后误会解开，皆大欢喜。这一广播广告创意新奇有趣，通过抠掉电话中一些重要的部分而产生截然相反的效果，充满了原创性和智慧，联通的形象就在这样的轻松气氛中让听众得以深刻记住。

（二）在广播广告中可适当运用修辞技巧

在广播广告中恰当地运用修辞技巧能使广告文案妙趣横生，引人入胜。但是需要注意的是，广告语言不能单纯地为了修辞而修辞，它的主要目标是使文案能够用一种生动的方式来体现广告创意和策略。

在广播广告中使用修辞技巧应注意三个问题。首先，无论用什么样的修辞方法，都要密切结合声音的特性，坚持广播广告文案“为听而写”的原则，使文案听起来悦耳而又优美。其次，要保证文案的真实性。由于广播广告是通过听觉传达给受众产品信息或服务的，运用一些修辞手法，比如说夸张、比喻、拟人等可以引起听众的注意，但是如果听众不了解广告文案中使用的是修辞技巧，则会让听众觉得信息不真实，会认为广告是在骗人，从而影响广告的传播效果。最后，一定要在使用后能够取得比不使用修辞技巧更好的效果。如果修辞在广播广告文案中只不过是点缀，那就不如不使用修辞，保持原文案简洁朴素的本色。因此，修辞在广播广告中并不是可以随便使用的，也不是每一个广播广告都必须使用修辞，一定要根据产品或服务的诉求特点来决定用还是不用修辞技巧。

本节思考题

1. 广播广告文案写作修辞技巧有哪些？
2. 如何掌握广播广告文案写作修辞技巧？
3. 谈谈你对广播广告文案写作的理解。

第五章　报纸广告文案写作

本章重点提示：在本章的学习中应重点把握报纸媒体文案写作的具体要求与写作技法。

本章难点提示：报纸广告文案与文学创作在语言运用上有何不同。

自报纸产生之日起，广告就与其相伴。发展至今，报纸已经成为重要的广告媒体。尤其在当今时代，面对来自电视媒体、网络媒体和新媒体的广告竞争，报纸广告依然显示出强大的生命力。以中国为例，2010 年，我国报纸收入达 381.5 亿元，报刊广告总计达 413.7 亿元，在全国广告营业额 2340.5 亿元的总份额中占 17.68%，广告收入居国内媒体第二位。①

报纸广告是通过平面语言传播信息的广告形式。平面语言包括广告文案、广告图片、广告版面安排等。这些要素构成了报纸广告效果实现的条件，也成为报纸广告的独特之处。报纸广告更加注重文字与广告受众之间的交流，因此文案在报纸广告中的作用是非常重要的。报纸广告文案写作既要符合报纸的媒体特征，又要达到广告效果；既要展现丰富的语言内涵吸引受众，又要与报纸版面、广告图片配合以便更好地实现宣传产品信息的目的。本章将对报纸广告文案写作进行深入探索。

第一节　概述

一、报纸广告发展史及不同时期的广告文案写作

（一）国外报纸广告发展历程及广告文案写作的演变

世界上最早的报纸雏形出现在欧洲，大约在 13、14 世纪。在报纸雏形“新闻

① 根据 2010 年度全国报刊广告工作总结会议暨“十二五”中国报刊发展机遇高峰论坛公布的数字。

信"中就刊登过关于市场行情和商品信息的内容,这亦是最早的商业报纸广告。随着报纸影响力的不断扩大,报纸广告的作用也逐渐被商家认可和接受,报纸广告从萌芽进入发展阶段。

1. 早期报纸广告

17 世纪,随着经济的发展,英、法、德等国家报纸印刷技术不断进步,报刊迅速发展壮大,报纸广告的影响力也随之扩展。"1650 年,英国《新闻周刊》在'国会诉讼程序'栏目中,登载了一则寻找被盗的 12 匹马的'寻马悬赏启事',这被公认为世界上第一篇名副其实的报纸广告。"①此后,广告专栏的形式见诸报端,广告的版面也在不断扩大。这一时期,报纸广告写作的主要内容大多是商品信息、租赁信息或者是一些社会活动的宣传等,广告文案写作技巧和手法没有得到重视。但从总体上看,报纸广告的发展呈现稳步增长的趋势,并逐渐成为报纸收入的主要来源之一。

2. 近代报纸广告

工业革命和资本主义经济的发展促进了商品经济的繁荣,同时也带动了报纸广告业务不断增加。报纸广告的效果和影响力开始被重视,各国广告业蓬勃发展,其中英国的报纸广告业发展最迅速,英国成为世界广告中心。"据统计,英国在 1873 年有报纸 400 多种②,日刊出广告 8 万余条③。"

19 世纪廉价报纸《便士报》的兴起使报纸广告业出现了繁荣发展景象,美国也在这时成为广告活动的又一中心。这一时期,报纸和广告产生了二元定律的作用:广告的发展不仅给报纸提供了丰富的资金,同时也刺激了报业在内容和技术方面迅速发展壮大,报纸成为广告的主要媒体,报纸的壮大为广告提供更多的空间和技术上的支持,使报纸广告的内容和数量都有很大提升。此外,报纸广告的写作内容也从最早时期的租赁广告向多种类分化,如旅游类广告、服装类广告和化妆品类广告等。文字创意和文案撰写在这一时期受到很大重视,长文案和配合插图形式的文案创作开始出现。广告插图则注重消费者的感受和图片的创新性。

3. 现代报纸广告

进入现代,报纸广告面临两大环境——社会大环境和本行业内部环境的影响,竞争成为这一时期推动报纸广告业发展的内动力。首先,报纸广告必须接受的大

---

① 杨海军:《中外广告史》,武汉大学出版社 2006 年版,第 120 页。

② 同上书,第 322 页。

③ 同上书,第 325 页。

环境是由大众传播媒体的兴起而导致的广告竞争。报纸在经历了几个世纪的发展之后，在 20 世纪形成庞大规模。但是 20 世纪 20 年代之后兴起的广播、电视无疑对报纸构成威胁。之后出现的网络媒体以及手机等新媒体，又将原本已经紧张的局势推向竞争的高峰，报纸广告市场份额不断面对来自上述媒体的挑战。其次，本行业内部为了争夺市场也在进行着激烈的竞争。报纸广告从广告类型到广告创意再到运营都为适应新环境不断发生着变化，此时的报纸广告在文案创作上更加注重对受众的理性或者感性心理的情感诉求，追求创意的独特性和不可复制性，广告内容涉及的领域也更加广泛，如政治广告、产品广告、公益广告、公司或者国家形象广告，等等。

(二)国内报纸广告的发展历程及广告文案写作的演变

中国的报纸广告同样是伴随着报纸的出现而产生的。但是中国的报纸广告较之国外起步和发展都比较晚，发展历程也比较曲折，这跟中国特殊的历史国情有很大关系。

1. 报纸广告的起步阶段

“报刊广告的出现是近代广告发展的最显著标志。”[①]中国近代报纸出现在 1840 年鸦片战争前后，最初都是由外国人所办。报纸广告也就在这些早期的报纸中应运而生。中国最早的报纸广告是 1815 年 8 月 5 日英国传教士马礼逊等人在马六甲创办的《察世俗每月统计传》中的《告帖》。此《告帖》实际上是推销《察世俗每月统计传》的广告，告知读者《察世俗每月统计传》分别在几个地点销售，读者可以有几种方式获取报纸等。在随后出现的各种中英文报纸如《遐迩贯珍》、《德臣报》、《东西洋考每月统计传》中都有广告刊登其中。这一时期的报纸以商业信息为主，因此这一时期大部分报纸广告的主要内容是船期物价、商业信息和各种商品介绍，并以外商广告居多。广告文案创作只是单纯地提供各种信息，对于写作手法和创意几乎没有要求。

2. 近现代报纸广告的三次发展

随着近代中国报纸的蓬勃发展，报纸广告也伴随着国人办报的高潮而迎来三次发展时期。

第一次发展是由两次资产阶级性质的革命引发，时间集中在 1898～1919 年之间，也就是戊戌变法和辛亥革命时期。这一时期，民族资产阶级为了宣传自己的政

---

① 陈培爱：《中外广告史》，中国物价出版社 2001 年版，第 36 页。

治主张兴办了很多报纸，如《国闻报》、《民报》等，报纸数量增加，广告数量自然也随之攀升。资产阶级实业家们为了能与外商抗衡，开始注重在报纸上刊登广告，如在《申报》、《大公报》上刊登最多的就是国内民族企业的广告。这一时期的报纸广告分为两类：非营利性广告和商业广告。非营利性广告多数出现在资产阶级革命者所创办的报纸中，其目的是为了鼓励资本主义实业的发展以及宣传自己的政治主张。在广告文案创作方面，这一时期的广告开始注重读者的感性诉求，从简单的广告文字发展到图文并茂甚至是整栏图片广告，此时的报纸广告已开始重视创意，如1918年在《大公报》和《新闻报》等多家报纸上刊登的小囡牌烟草广告，虽然广告语言方面还是以简洁朴实的信息提供式为主，但也偶见故事叙述式的广告。

第二次发展出现在五四运动时期至抗战全面爆发之前。报纸广告在这一时期呈现出兴盛状况。"报纸成为一种最廉价、传播效果最好的广告媒体。"[①]这与当时民族资本主义经济的短暂繁荣有很大关系。这一时期报纸广告的版面和广告营业额不断增加。"据戈公振《中国学报史》一书记载，1925年4月发行的几种报纸，广告占报纸版面的比例：北京《晨报》占52.7%，天津《益世报》占62%，上海《申报》占42.7%。"[②]广告创作方面，图片比重稍大，广告文案起辅助性作用明显。当时广告文案创作多为广告语创作，讲究新奇且朗朗上口，或者从古文中找到新解或者正话反说等。

第三次发展时期出现在1978年党的十一届三中全会后，中国进入改革开放的新时期，报纸媒体也随着这股强劲的改革春风得到迅速发展。1985年，报纸广告营业额已占全国广告营业总额的36.3%。中国广告业随着社会主义市场经济的建立发展步伐加快。《文汇报》1993年版刊登的头版头条广告赫然醒目，成为中国报纸头版整幅刊登广告的先例。房地产、汽车、化妆品广告开始增多，直到现今，根据2010年CTR央视市场评估显示："平面媒体投放首位的是商业及服务性行业，月度投放总额达到15.99亿元。平面媒体广告投放最大的是《广州日报》，1.74亿元。"[③]这一时期的报纸广告在创作上没有固定的形式，广告创意和广告理念在这一时期成为广告业内人士的理念支撑点。

---

① 陈培爱：《中外广告史》，中国物价出版社2001年版，第36页。

② 杨海军：《中外广告史》，武汉大学出版社2006年版，第120页、第322页、第325页。

③ 《中国广告》，2011年第1期。

二、报纸广告的传播特点以及对广告文案创作的影响

不同媒体的广告因传播符号、传播方式等方面的不同而各具特点。报纸广告意在与读者进行视觉、思想和心灵上的沟通，从而说服读者购买广告商的产品或者服务。报纸广告在传播过程中自然地形成了自己独特的传播特色。

（一）报纸广告的优势

1. 渗透力强

报纸广告的渗透力对于广告效果的发挥具有很大的作用。这里所讲广告渗透力主要表现在两个方面：其一，全；其二，专。“全”指报纸广阔的覆盖面积、强大的发行量和广泛的受众群体。此外，报纸广告的大容量为广告商提供较为宽裕的广告刊位，这也让报纸广告的内容更加全面。“专”指报纸种类很多。广告商可以根据报纸的受众状况和报纸的定位对广告做出有效选择性投放。这就可以让报纸的渗透力更加集中，促进广告效果的实现。

2. 灵活性高

报纸广告的灵活性主要体现在两个方面：其一，是报纸广告在截稿时间方面要求比较灵活。一般在报纸印刷之前两小时左右送达都能够编排或者换稿。随着报纸编排技术的进步，这一时间节点也在缩短。比如有些特殊的广告（如公益广告等）可以在印刷之前临时排版刊登。这一特点有利于提高广告的时效性，方便广告创作者将新近发生的事实与广告相连，给受众新鲜感。其二，报纸广告在尺寸、形状、制作等方面比较灵活。报纸广告可以利用自身独特的版面语言灵活进行创作，将图片和文字灵活结合，形成视觉冲击。报纸广告的尺寸也可以根据排版要求灵活变化。

3. 较强的“地理选择力”①

“地理选择力”一词是美国学者乔治·贝尔奇在《广告与促销——整合营销传播视角》一书中提出的。“地理选择力”也就是广告商根据自己产品的销售区域和根据报纸的覆盖面积、影响范围、阅读人群进行广告的选择性投放。“利用报纸的定向优势，广告主可以通过选择报纸或者报纸组合实现各种覆盖面，来达到最大的

---

① 乔治·贝尔奇、迈克尔·贝尔奇：《广告与促销——整合营销传播视角》，中国人民大学出版社2005年版，第496页。

营销潜力。"[①]例如，某产品要打进东北市场，广告主就可以选择东北地区比较有影响力的地区性报纸做广告，这比在全国性的大报上做广告更有针对性，广告效果更突出。同时，也可以把产品的使用者与报纸的受众群做对比，有针对性地选择刊登广告的报纸媒体，报纸广告的这一优点为广告主的区域营销和分众营销带来极大的帮助。

（二）报纸广告优势对广告文案创作的影响

1. 广告文案创作要求准、精

报纸广告较强的渗透力对广告文案创作提出两方面的要求：准、精。"准"就是真实、可靠，这是广告文案创作的首要也是最重要的认知点。鉴于报纸较强的渗透力，一旦在文案创作中有虚假或者不道德的成分存在，那么对广告商、广告产品和报纸本身的影响都很大，这种影响甚至是致命的。这就必须对广告文案创作的真实性提出更高标准的要求。"精"是对广告文案创作水平提出要求。凭借报纸广告较强的渗透力，一条高水平的广告可以在受众中产生很强烈的反响，这种强大的印象甚至可以持续数十年，比如由伯恩巴克创作的经典金龟车广告"Think small"至今还为人津津乐道。精致的广告不但会给广告产品带来丰厚的收益，也能进一步扩大报纸的影响力，这实际上是一个能获得双赢的机会。

2. 广告文案创作要求时效性、创新性

报纸广告的灵活性实际上提高了广告文案创作的时效性和创新性。截稿时间灵活可以使广告文案更加具有时效性。如在中国神舟六号航天飞船顺利飞上太空之后，第二天在很多报纸上就刊登出"××企业祝贺神舟六号顺利升空"的广告软文。其次，独特的版面语言为广告文案的创新性提供着空间。报纸的图文组合和版面运用会给受众传递特殊的概念，报纸广告文案创作可充分利用这一优势形成独具创新性、视觉性或者哲理性的广告文案，吸引读者。如1993年《文汇报》在头版以整版篇幅刊登了西冷空调器广告，就是充分利用报纸的版面语言成功进行文案创作的经典案例，同时也首开中国整版广告的先河，其广告效果是不言而喻的。

3. 广告文案创作要求有区域性

地理选择力对广告文案创作的要求就是要让文案尽量符合特定区域的特点，主打本土化特色和亲和路线。这主要是针对两种报纸广告文案创作而言，第一类

---

① 乔治·贝尔奇、迈克尔·贝尔奇：《广告与促销——整合营销传播视角》，中国人民大学出版社2005年版，第496页。

是区域性报纸，第二类是受众群体特征比较明显的报纸。因为任何一种产品在某一地区进行推广时都会有相应的产品推广主题，这就要求区域性报纸在广告文案创作时应该将产品主题与区域性受众的心理诉求以及生活习惯、思维方式相结合，比如《精品购物指南》的受众群体大多是女性，因而广告文案要将产品对于女性的特殊诱惑力或者产品对女性的周到服务融入文案中，这样更利于吸引受众，发挥其广告效果。

（三）报纸广告文案的劣势

报纸广告的劣势主要是由报纸媒体的劣势所致，主要表现在广告有效时间较短、广告印刷质量较差上。

与电波广告或者网络广告相比，报纸广告的日重复次数比较低，这就影响了报纸广告的有效性。由于绝大多数报纸是每日出版一次，报纸广告的生命周期就比较短。加之报纸媒体本身的重复阅读率很低，并且没有像电波广告和网络广告每天分时段循环播放的强制广告播放手段，导致报纸广告的有效时间相对比较短。此外，报纸与杂志相比印刷质量较差。广告本身从某种程度上说，就是一个追求视听冲击和心灵感受的艺术品。因此印刷质量所造成的劣势势必会影响报纸广告效果的发挥。因此，对于那些非常强调视觉效果的广告标志物来说，广告主则会选择杂志或者电视广告，这于无形中减少了广告量。

（四）报纸广告对文案写作的影响

报纸广告中的广告必须要能吸引受众的有意注意力，方可达到预期传播效果，也就是人们常说的符合“三秒定律”，即在受众决定是否要看这则广告的三秒之内抓住读者的兴趣，让广告发挥效果。这就要求广告文案的创作要具有先发制人和出乎意料两种特质。这一定律形成了现代广告文案创作的两种模式：第一种，辅助图片式。也就是视觉冲击为主，文字点睛为辅。这种先发制人的创作法讲究报纸广告文案和图片的配合，将受众的眼球主动吸引到具有创意的图片上来，然后配以文字性解读，让受众有种豁然开朗的感觉。当今大部分报纸广告都采用此法。第二种，创意文案式。此类广告以文字的魅力来吸引受众，注重感性诉求。

本节思考题

1. 国内外报纸广告的发展历史有什么不同点？
2. 报纸广告文案写作的优势是什么？
3. 报纸广告文案写作的劣势有哪些？

第二节　报纸广告文案写作

一、报纸广告分类及相应文案写作技巧

报纸广告按形式分，大致可以分成三类：第一类是系列广告；第二类是独立广告；第三类是报纸软文广告。广告种类不同使广告文案写作要求各异。

（一）报纸系列广告

1. 什么是报纸系列广告

报纸系列广告是指在一定时期内相继在报纸上发布的、创意风格、主题设置、表现形式类似，但具体图片或文案有明显变化的报纸广告。报纸系列广告所占篇幅较大，通常占据报纸的半个版面甚至是整个版面。报纸系列广告的特点是广告发布时间连续，广告创意风格相近，广告内容关联。

报纸系列广告一般是出于两个目的：一是广告商为了在同一时段推出不同产品或者同一产品的不同类型时，往往采用此种方法；二是为了增强读者对广告的关注度，使读者对广告产生一种集群印象，增强广告在受众心中的影响力。

图5—1是为别克汽车在《新民晚报》上做的系列广告。这三则广告分别刊登在一份报纸的A25版、A27版、A29版三个版面上。

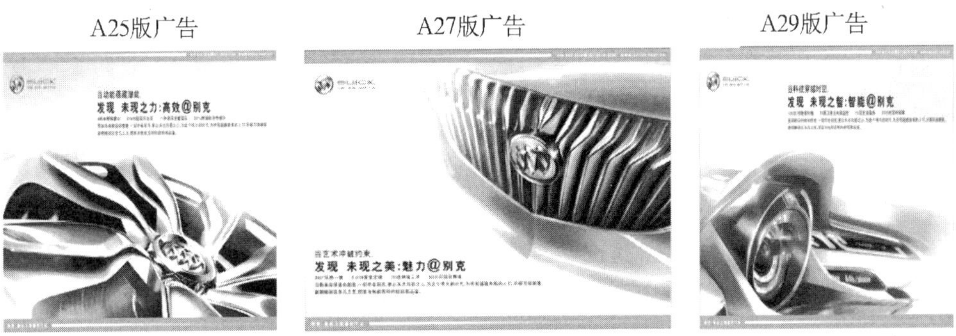

图5—1

下面是这三则广告的广告文案：

(A25版)当动能蕴藏潜能,

发现 未现之力:高效@别克

8微米精细雾化 81KW超高升功率 11种路况全能驾驶 25%燃油经济性提升

释放未来能效的想象力,一切尽在别克,更以矢志向前之心,为这个伟大的时代,为所有超越自我的人们,开辟无限愿景。欲领略别克非凡之力,即至当地别克特约经销商品鉴。

(A29版)当科技穿越时空,

发现 未现之智:智能@别克

100次/秒路面扫描 24颗卫星全天监控 14项主动服务 24小时实时保障

呈现明日科技的所在,一切尽在别克,更以矢志向前之心,在这个伟大的时代,为所有超越自我的人们,开辟无限愿景。欲领略别克非凡之技,即至当地别克特约经销商品鉴。

(A27版)当艺术冲破约束,

发现 未现之美:魅力@别克

360°环抱一体 0.618黄金定律 20道降噪工具 53分贝极致静谧

勾勒未来审美的趋势,一切尽在别克,更以矢志向前之心,为这个伟大的时代,为所有超越自我的人们,开辟无限力量。欲领略别克非凡之艺,即至当地别克特约经销商品鉴。

三则广告文案从创意角度来看如出一辙。全文都分成四个部分:第一部分,格式均为“当某事如何”;第二部分,结构均为“发现 未现之×:××@别克”;第三部分,五组数据加短语的形式展现别克车的性能和独特之处;第四部分,以一句话开头,然后加上同样的一句话“一切尽在别克,更以矢志向前之心,为这个伟大的时代……”

每一则广告在大的框架下都有独立的主题和侧重点:第一则广告集中于别克车的动力和能效上;第二则广告侧重的是别克车的智能系统/和服务;第三则广告侧重的是别克车的外观设计和抗噪声性能;而且每一则广告中都配有与广告主题相统一的图片。用车轮展示动力和能效;用汽车的仪表盘展示汽车的性能与设计理念;用汽车前部和车标的图片展现别克车的设计特色。

这三则广告从三个不同的层面展现了别克车的特点,这种系列广告的形式能给受众在视觉上产生强大的冲击,同时能让读者更多地了解别克车这三方面的性能。在同样的创作风格和结构安排上,展现不同的特色,使三则广告构成一个完整的有机体又各自横向独立。

2. 报纸系列广告文案写作技巧

报纸系列广告讲究既要统一创意，同时每一支广告又要横向独立，这就对广告文案的创作提出了两个要求：①整体统一且相互关联；②个体多样且各异。因此在广告文案创作中要坚持"求同存异"的原则。

首先，广告文案要有一个明确的主题，也就是确定系列广告的路线。确定广告是要走理性路线对产品的设计、风格等进行诠释，还是要走感性路线，通过不同的角度展现产品对人的生活或情感产生什么样的作用等，这是报纸系列广告文案创作的基础。

其次，标题和提示语要有明显的系列广告特征。常见报纸系列广告提示语有：

××篇 如"节日篇、工作篇、旅游篇"

××系列广告之一、二、三

标题的系列广告特征不如提示语明显，一般标题采用固定的符号、文字组合方式或固定的句子结构如主谓句、动宾句、定语句等，每一单支广告在标题上只有少数几个文字改变。

再次，广告文案语言风格要一致。所谓语言风格实际上就是整篇文案的语言或感情基调。如果系列广告的风格是诙谐幽默式，则各分支广告文案中就不应出现严肃或者凝重的词语。如果系列广告的风格是和谐静美，那广告正文中就不能出现暴力或者粗俗甚至白话的文字。

最后，单支广告的独立性要靠广告内容展现。在大的框架结构以及主题均已经确定的情况下，单支广告的文案创作只能通过创作角度的多样和内容的独创性来弥补。创作角度和内容的多样性因具体的广告标的物和广告文案写作手法不同而各异。一般产品报纸广告可以从产品的不同品牌、不同种类、不同功能等方面展开叙述。企业形象型广告可以从企业理念、企业发展业绩、企业承诺等方面展开。如果是故事性的报纸广告文案，每支广告可以设立一个独立的故事场景，但彼此之间只要与广告标的物相关联即可。

(二)报纸独立广告及文案写作技巧

报纸独立广告就是除系列广告之外的其他报纸广告的总称。独立广告是报纸广告最常见的形式。报纸独立广告与系列广告相比有自身的优势，如创意空间更大，创作相对简单。但是在宣传效果方面，独立广告会略微逊色于系列广告排山倒海的气势。结合报纸版面版式的特点，报纸独立广告大致可以分为以下几种：报眼、通栏、半版、整版、跨版。报纸独立广告的类型决定了它们各自独特的广告文案写作方式。

1. 报眼广告

报眼广告一般安排在横排版报纸报头周围。根据受众的阅读习惯，受众一般对报头周围区域关注程度比较高。因此虽然报眼广告的版面面积比其他类型报纸广告小很多，但是因其所处的特殊位置，其重要性不容忽视，其被受众注意的程度有时候甚至高于单通栏、双通栏，甚至是整个广告版面。随着报纸广告数量的大幅增加，受众对报纸广告已经有了较大的审美疲劳，对其关注程度也大不如前，但报眼的独特位置让读者可以在不经意间接收到广告的信息，达到广告效果。

报眼广告文案写作技巧：报眼广告由于受到版面位置的限制，篇幅不大，图片不多，文字在报眼广告中的作用更加明显。报眼广告文案写作时应遵循精、信、明、新的原则。具体来说，"精"就是将广告文案尽量简洁、精准。广告标题简洁醒目，不拖泥带水，力求用简洁的文字给读者留下印象。"信"在这里是指对于任何类型的广告而言"诚信"都是至关重要的。由于报眼的特殊位置，广告的真实性就更容易被受众所检验，同时虚假广告信息会给报纸和广告商带来更为严重的影响。"明"就是指要将广告商所要表达的信息明白无误地提供给读者。"新"就是要有所创新。

2. 通栏广告

通栏广告是与报纸基本栏的大小相比较而言的。通栏广告一般分为三种，半通栏广告、单通栏广告和双通栏广告。这三种报纸广告类型的大小会根据报纸每版内容的多少而有所变化，但是仍然有一个大致的标准，分别是十六分之一版面、八分之一版面和四分之一版面。

(1)半通栏广告

半通栏广告在报纸广告中使用比较多。由于其版面较小，报纸经常将多个半通栏广告组合到一起形成通栏甚至是二分之一版面，或者将这种半通栏广告穿插在几篇新闻稿之中，起到美化整个版面，填补版面空间的作用。就广告效果而言，半通栏广告常常会被淹没在众多广告之中，被读者注意的程度相对低很多，当然广告价格也会比其他版面低。内容一般为房屋租赁、工作招聘、兼职招聘、某小型企业介绍等。

半通栏广告文案写作技巧：半通栏广告因其版面比较小，对于广告文案创作的要求与报眼广告类似，在文案创作中要坚持"短、醒目"的原则。也就是说无论标题还是正文都要短小，且重要信息字体要大并且安排在版面的中央偏上位置，以求在众多的广告中凸显出其内容。

(2)单通栏和双通栏广告

单通栏广告和双通栏广告在报纸广告中最为常见。这两种类型的广告版式通常是大小适中，不会显得很突兀。此种广告是资金和财力中等又想要通过报纸广告推广产品的广告商最好的选择。其广告文案的创意空间比前几种大而且文字容量也多。

单栏、双栏广告文案写作技巧：此类广告可以对广告产品或者服务等进行较多描述，标题可以是单题或多题。但是单通栏文字不宜太多。因为一般单通栏广告的位置都靠近版面下部或者是边框周围，已经远离了读者的视觉焦点区，因此过多的文字并不会吸引读者的有意注意力。一般控制在450字左右为佳。双栏则可以发挥更多的创意空间，采用适合的表现手法将广告展示给受众。

(3)半版、整版、跨版广告

半版、整版、跨版广告因其版面空间占据大、能给读者带来强大的视觉冲击，也是广告商强大的资金实力和社会影响力的体现。同时宽裕的版面空间给广告创意提供充足的空间，广告影响力自然会很强势。

受众一般对这两类广告存有两种心态，即忽视和观望。报纸广告数量的增加直接造成了受众的审美疲劳，受众会选择性地回避广告。特别是稳定读者群体中的人，他们知道报纸的哪个版面会出现广告，常常直接跳过广告阅读新闻信息。第二种心态的受众是被广告宏大的气势所吸引，属于广告的潜在受众群体和目标消费者群体。因此就要求这两种类型的报纸广告文案创作和图文结合等方面一定要有吸引力，设法赢得潜在受众群体和目标消费者群体的有意注意力。

半版、整版、跨版广告文案写作技巧：此类广告对广告文案的限制最少，可以运用各种创意和独特的广告文案形式，理性诉求、感性诉求、故事类陈述或者各种文学语言修辞方式、表达方式均可。这也是发挥广告文案创意才华的最好平台，所有广告文案写作手法都可被应用于其中。

(三)特殊广告——报纸软文广告

1. 什么是报纸软文广告

报纸软文广告就是用新闻稿形式写成的广告。软文广告的内容大部分是企业新产品上市、企业大型展会或活动(公益活动、商业活动)等。软文广告的目的和商业广告的目的一致，就是对产品、服务或者企业形象进行大力推广。大部分的软文广告出现在报纸版面的底部，并用栏线隔开或者是在专门的广告专栏中出现（当然也不乏个别在版面中间甚至版面顶部的情况，这根据报纸的排版实际来定）。

2. 报纸新闻稿与软文广告异同比较

（1）新闻稿与软文广告的共性

软文广告在新闻时效性和写作手法上与报纸新闻类似，且大部分软文广告都符合新闻稿“5W”的写作模式。

（2）新闻稿与软文广告的差异对比

目的不同：软文广告意在对企业产品、企业形象等进行推广。新闻稿是对新近发生的事实的客观公正的报道。

性质不同：软文广告是广告性质。新闻稿是新闻性质。在软文广告中有大量关于某一品牌商品的功能、质量、服务，以及权威机构的认证等方面的信息。其侧重点只在一家企业或者一个品牌。而在新闻稿中，标准的新闻稿写作是不允许单独凸显一个品牌或者一种产品的，这是新闻稿与软文广告的本质区别。

3. 案例分析

下面以“陀飞轮翡翠金钻表”的软文广告为例进行分析：

广告文案：

（一）标题：我国隆重发行中国共产党90华诞“陀飞轮翡翠金钻表”

正文：（亦可称为核心提示）

· 国家轻工业钟表研究所出品，国家钟表质量监督检验中心严格鉴定并统一编号备案

· 采用天津海鸥表业集团荣誉世界的 ST 800 陀飞轮机芯和 ST 3600 怀表机芯联合打造

· 64 颗天然钻石，999 纯金，A 货翡翠，深海贝母，鳄鱼表带奢华打造，全球只发行 999 套

· 国家轻工业钟表研究所已率先收藏第 002 号，北极星博物馆已永久珍藏第 001 号

……

（二）专家品鉴

2011 年 3 月 27 日，中国共产党 90 华诞“陀飞轮翡翠金钻表”专家品鉴会在北京隆重举行，轻工业研究所、北极星钟表博物馆、国家钟表质量检测中心等单位相关专家出席。专家表示：陀飞轮翡翠金钻表款式、材质、工艺无可挑剔，收藏价值巨大！

……

（三）价值解密

（眉题）市面上一款陀飞表动辄几十万上百万元，有重大纪念主题和限量发行的陀飞轮翡翠金钻表价值更高

（主标题）要不是限量限价，2 万多元连半只陀飞轮翡翠金钻表都买不到

（副标题）特别献礼给中国共产党 90 华诞的“陀飞轮翡翠金钻表”价值潜力十分惊人

（正文）“陀飞轮翡翠金钻表”构造复杂

……

此为整版广告，广告方案分为三个部分：核心提示、专家鉴定、价值解密。很多权威机构的名称和鉴定专家的名字出现在广告文案中。文案分别对表的权威性、数控技术以及奢华程度作了细致说明，并运用一系列的理性诉求语言如“国家轻工业钟表研究所监制出品”，“采用天津海鸥表业集团享誉世界的 ST 800”，“64 颗天然钻石，999 纯金，A 货翡翠”等吸引读者，让消费者信任产品。

此篇报纸软文广告写作层面较为清晰，权威认证机构信息翔实，但是也正是因为对于这些因素的过多表述才会给读者一种不信任感，而且缺少“亲民语言”，也就

是没有消费者的证言，这样就会显得文案比较夸张。

4. 报纸软文广告写作技巧

(1)标题中需出现产品的名称或者品牌名字

标题中需出现产品的名称或者品牌名字，这样才能给受众留下深刻印象。因为软文广告的字数比较多，而且又类似新闻的形式，会造成一种让受众以读新闻的心态去读广告的阅读模式。在这种心态下，受众往往会只记住事件，却忘记了产品的名称或者公司的名称。因此在标题处要尽量提到产品的名称或品牌，标题制作也要简洁、精致。

(2)广告文案要尽可能地运用理性语言，避免感性语言

报纸软文广告既然要以新闻稿件的形式写作，那么就要尽量采用客观公正的语言，放弃带有艺术色彩或煽情色彩的语言。其次，数字、图表等一些解释说明性的列举语言应尽量包括在文案写作中，这对广告文案的客观性和权威性都是有帮助的。再次，在广告信息真实可信的前提下，权威机构或者权威人物的证言可以出现在文案中，这样更能赢得读者的信任。

(3)人性化

报纸软文广告从表面上看，是对某一新产品上市、企业的某一次公益或商业活动的客观“报道”，但是广告文案中人性化的因素不能缺少。具体来说应注意以下几点：

①在撰写产品推广的报纸软文广告文案时，要加上产品对消费者的人性关怀。如对消费者的承诺，最好能找到一两个消费者做产品实际使用者证言。证言要有真实的信息，比如姓名、年龄、工作单位、家庭住址、亲身经历等，这样方能得到消费者的信任。

②撰写企业公益或者商业活动的报纸软文时要体现出相应的人文关怀。实际上，企业活动的报纸软文广告也是企业形象宣传广告，企业形象建立的一个前提就是人文环境和人文精神。因此在广告文案中要多涉及对人物活动或者企业家思想的报道，以此来展现企业形象。

二、报纸广告文案写作要点

报纸广告文案是广告语言与文字魅力的最大展示，也是用文字展现智慧，用文字感染读者的最好方式。报纸广告文案与其他广告媒体的文案最大不同是其所具有的思想或者广告意图都要通过视觉展现。创造视觉吸引力是文案成功的关键。

从这一基点出发，报纸广告文案写作要紧紧抓住以下几个要点：

（一）标题

在广播或者电视广告中标题的作用似乎并不是很明显。但是就报纸广告来说，标题是广告的“招牌”，是抓住读者兴趣的利器。美国著名广告人大卫·奥格威曾经指出“标题是大多数平面广告最重要的部分”①。现代报纸广告的标题越来越新颖醒目，创意者要以标题来刺激受众的视觉神经，形成一种“它抓得住人”的传播效果。

报纸广告标题可按三种风格进行创作：下里巴人式；阳春白雪式；说教式。

1. 下里巴人式

下里巴人式主要是指那些没有文学含量，广告语言口语化、大白话的报纸广告标题。这类广告标题不需要有很多的写作技巧，只需要把广告信息展现清楚即可。但是这种广告标题实际上需要更强的创意。因为既然不能用优美的文字吸引读者的注意，那么视觉冲击或者是醒目的标题安排则是不可缺少的。如图5—2。

图 5—2

广告中“庆祝第5家店开了”是广告标题。此标题的文学含量很低，只是普通的白话文，但是却会让读者不自觉地注意到这则广告，原因就是视觉冲击力大。标题中的“5”字和牛仔裤的图案填充让标题更加醒目，牛仔裤图案填充也同时在直接告诉读者这是一家服装店，广告信息在标题中得以完整展示。

2. 阳春白雪式

阳春白雪式的报纸广告标题就是让读者因其优美的广告语言引发其奇幻的想象，从而产生强烈的广告效果。这种标题一般都会采用优美的语句、华丽的辞藻营造出某种气氛。更有些标题是对古代诗词歌赋的改编或者直接运用。

比如《羊城晚报》中有一则“新世界·嘉云府”的地产广告，标题为“一府苍天

---

① 张微：《广告文案写作》，武汉大学出版社2002年版，第115页。

下，所见皆境界”；《羊城晚报》为“意大利歌剧艺术生活展”所做的广告，标题为“倾城聆听建筑与艺术的和鸣”。这两则广告标题都给人以浓厚的艺术气氛和高雅的情操，让读者有去一探究竟的欲望。

在这种报纸广告标题写作中，要求文案撰写者有较高的文学修养和高超的表现手法。辞藻不可太华丽，否则让人有空洞之感；也不能太平实，这样会与阳春白雪式的风格不相符。如果对古代诗词歌赋有新的解释或者换一两个词能恰当表达意思，也会是一个佳作。

3. 说教式

说教式广告标题是最常见的标题之一。直到现在，西方很多报纸还常使用这种形式的广告标题。一般情况下这种说教式广告标题更倾向于选择两级标题。因为句子一旦有说教的成分在，就会冗长，两级标题在这个时候就派上了用场。这种标题会将理性注入其中，以理启发读者。如《今日美国》(USA Today)中的两则广告标题(Lost Golf Ball)。

主标题为：“Lost Golf Ball”(请捡回遗失的高尔夫球)

副标题为：“Because All The Golf Balls Are Used After One Hit”(因为所有的高尔夫球都可以二次利用)

这种说教式标题一般情况下与读者的生活有很大的关联性，甚至是读者亲身经历的事情，因此会引起很强的共鸣，达到预期广告效果。这种说教式标题在公益类广告中应用较多。写作时不需要有很多华丽的词句，但是话语一定要有理且力度大，写作的角度要与读者的实际生活产生交集，这样才会显示出广告效果。

(二)图文配合

在现代报纸广告中，以图文组合的形式出现的广告案例比较常见，这与受众审美需求和追求视觉享受有很大关系。因此，报纸广告文案写作也要从全局考虑，注重与图片的配合，将文字与图片融为一体。广播广告单纯依靠文字，电视广告需要有文字和图像，而且不提倡出现静态图片。因此，广告文案和静态图片的配合是报刊广告区别于广播广告和电视广告最大的特点，也是其能够吸引读者的广告卖点，广告文案和图片应该是一个互相辅佐的关系，而不是相互吞噬或者旗鼓相当的状态，在广告文案写作中必须注意图片与文字的配合。

下面以《国际先驱报》上的尼桑汽车广告作为案例进行分析。

> 广告中出现两张图片：
>
> 左边是尼桑汽车发动机组建的图片，并配以广告文案“您看得到的创新技术”；右边展现的是尼桑汽车生产流水线上的一个场景，并配以文字“您看不到的专业服务。东风日产，真爱您的汽车生活”，图片中间以尼桑的车标相连。
>
> 图片下面配以广告文案：
>
> 一路随心驾驭，一路畅行无阻，一路风景独好，是创新技术带来的心动体验，更是专业服务扑救的安心坦途。
>
> 18000名专业技师，600多个服务网点，全年去修8760个小时，9段全球标杆销售服务，5个安心售后服务，360度保险管家，24小时紧急救援……用您看不到的细心打造每一个完美细节，为您感受得到的心动，注入每一秒周到的呵护。

这则广告中，图片与文案配合比较好。文案的创作理念可以用两个短语解释“看得到品质”和“看不到服务”来总结。文案没有出现任何对图片内容的解释，但是每一段广告文案都围绕着图片所表达的意思展开，让读者感受到尼桑汽车专业的品质和完善的服务系统。

从文案创作角度来说，这则广告运用了“两级文案解释”这一文案创作法。第一级解释镶嵌在图片上，是对图片进行简短的解释，并点出广告的主题——突出尼桑优质的生产和服务，赢得消费者信赖。第二级文案解释指图片下面的两段广告文案。文案第一段阐述了购买尼桑汽车后，消费者能够感受到的尼桑汽车的高性能以及由此带来的舒适驾车体验；第二段通过罗列诸多数字告诉读者，在舒适的驾车体验背后隐藏着尼桑公司专业的技术团队和周到的售后服务，这才是广告的重点。因为专业技术造就高品质，周到服务造就消费者对品牌的信赖感，同时更让读者对尼桑品牌产生亲近感。这则广告通过图文互补的形式使广告意图得以完整展现。通过上述分析，可总结出报纸广告文案写作在图文配合方面的技巧。

1. 图文配合的技巧

(1)广告文案不能看图说话，要跳出图片进行创作

也就是说文案创作不能直白地解释图片内容，而应从广告主题高度对图片进行拓展性解释，告诉读者要从哪些方面介绍广告标的物，对读者进行引导。

(2)图片的视觉冲击决定广告文案的多少

对于视觉冲击很强的广告来说,图片的作用最大,因此要通过图片让读者感受到广告的主题,过多的文字会影响图片的效果。

对于视觉冲击不是特别强烈的广告来说,广告文案可以分级对图片进行延伸和拓展解释。第一级是对图片要表达的意思作简短阐述,点出广告的主题或创意着眼点。这一级解释的文字不能过多,应控制在20字左右,一般都是由能够点明广告主题的标题构成。后面的二、三甚至多级解释则是对第一级阐述的拓展和延伸,通过列举广告标的物信息来表达广告主题。如介绍电子产品的新性能,表现产品的高质量和公司的创新性,介绍企业的业绩,展现企业的良好形象等。但是所有文案都必须与画面展现的主题相吻合,否则会让受众有张冠李戴的感觉。

2. 语言的运用

报纸广告讲究在极短时间内吸引受众眼球,让受众对广告标的物的某些特征留下印象,成为潜在消费者,通过其他渠道了解产品之后,由潜在消费者变成真正的消费者。由于受众在报纸广告上停留的时间一般不会很长,所以语言的运用对广告文案效果的发挥影响明显。广告文案写作中在语言运用方面要做到以下几点:

(1)文字、句型要求

报纸广告文案中不宜出现生僻文字,句子结构不宜太复杂。这是鉴于读者阅读广告的时间太少而提出的。生僻的字或者复杂的句子会减少读者对广告的兴趣,因此要尽量减少使用,长句、复合句、生僻词(尤其是一些臆造词)要尽量避免。但是,流行语或者是某些比较火暴的人物、事件等可以运用到广告文案写作中,以吸引读者注意。

(2)数字和专业术语的要求

在前面所举尼桑汽车广告文案中有很多数据穿插其中,用以展示尼桑优质的售后服务体系。数字和图表在广告中的作用是明显的,可以给受众一个理性的认识,让受众从这些数据中了解广告所要表现的主题,也使广告文案显得更加严谨和科学性。真实的数据比文字的堆积更有说服力,尤其是在技术含量很高的产品中,数字往往会降低解说的难度。其次,广告文案最忌讳生僻难懂,因此要慎用专业术语。要注意在技术类产品比如电子产品、汽车及零部件产品的广告文案中出现专业词汇或者技术用语,这会给消费者的理解带来一定的难度,从而影响广告效果的发挥。

三、报纸广告文案写作技巧

如果将报纸广告文案写作比作行军打仗，那么写作技巧就是作战战术的运用。采取何种战术是战争成败的关键，战术的选择要根据敌方和自己的特点制定。基于这一道理，广告文案写作就要根据读者心理和消费习惯制定出正确的写作策略。此外，广告更加注重与受众的情感交流，写作时更要重视情感因素在其中的使用。实际上写作手法是文案创作者智慧与情感的双重体现，是在商业利益、情感诉求、文学修养与视觉鉴赏这四者中达到的最大平衡。具体来说，报纸广告文案写作技巧可分为以下几种：

（一）理性诉求式

诉诸理性的写作手法是将报纸广告文案同受众对消费品的理性认识结合在一起，从受众的需求和产品的优势出发进行广告创作。这一形式最适合用在报纸广告文案写作中。因为广播和电视媒体播放速度较快而且给读者留下理解的空间较小，报纸广告为理性说服提供完整的版面空间和文字展示，读者可以在阅读中与广告产生理性共鸣。

理性诉求式报纸文案写作适用于以下几种广告：①新产品或者新服务推广的报纸广告；②较多同类产品的报纸广告；③品牌或者销售商店的周年庆典或者促销活动的报纸广告。

理性诉求式广告文案写作可从以下三个角度展开：

(1)提问解答角度。即先对现状进行分析，提出存在的问题，然后运用说明性或论证性的语言阐释本产品或服务在解决此类问题上的诸多好处，赢得受众的信赖。此种文案常用的写作手法有举例、对比、引用等，数据和图表也会对文案有一定帮助。

(2)利益诱导角度。强调产品对消费者的好处。这类广告文案的创作以消费者的消费心理为基础，用一系列浅显语句突出产品的优点，如省时、省钱、产品质量好、获得高品质的服务等。

(3)反弹琵琶角度。强调不购买该产品或者服务会带来何种影响。实际上，这种写作手法有些时候会产生一种对消费者恐吓宣传的结果。因此，这种反弹琵琶法要注意把握文案写作的度，即以事实和科学为依据，不能夸大其词，制造恐慌，也不能通过诋毁其他产品来提升自己产品的实用性。在这类广告文案中，举例论证的方式应用较广泛。

这三个角度可以出现在同一篇广告文案中，也可以组合形式或独立形式出现在某一条或某几条广告中。

下面就《世界新闻报》中“美国多路片”广告文案予以分析：

> 多路动力催化剂可以降低燃油分子的可燃温度至200摄氏度。通常，每一天发动机，在燃烧室内壁与燃烧室中心都有一个这样的温度差：燃烧室内壁的温度一般为200摄氏度，而燃烧室中心的温度能达到1200摄氏度，很多燃油分子需要600摄氏度甚至更高的温度才能燃烧，所以燃烧室中处于200～600摄氏度这个温度范围内的大分子的燃油不可能完全燃烧，这些成了积碳，还在燃烧的区域边缘造成了另外一些我们不希望发生的不良影响。
>
> “多路燃油动力添加剂”可以干涉区域边缘…… 这些改善最终体现为：车的性能变得更好，车的保养和维护费用降低……
>
> 美国多路片燃油动力添加剂的作用原理：
>
> 1……2……3……4……

广告文案中抓住“多路片”节能这一优势对受众进行详细的解释说明。

文案第一段用客观陈述的方式指出燃油温度差的问题，给受众一个理性认识，让受众自己发现普通发动机在燃油方面的缺陷，这是提出问题阶段。第二段讲述多路片在解决这一问题上的成功之处，以及使用多路片对消费者在节能、养车、省钱等方面的好处，此为解决问题阶段。第三段讲多路片的作用原理，此为分析解释阶段。通过给受众一系列的理性知识填充，使受众产生对产品的信任和好感。此外，文案中大量运用数字和科普知识，给文案的理性说服增添不少亮点。

通过上述案例分析，诉诸理性的广告文案写作手法可以总结如下：

(1)运用提出问题、分析问题、解决问题的论证方法展现产品在某一方面的优势。

(2)采取多种论证手法进行论证说明，比如对比论证、举例论证等。

(3)语言风格要客观、理性，尤其在强调产品的优点时，不能出现主观说教的语言。运用数字和原理等客观论据写作会更有说服力，容易同受众产生理性共鸣。

(二)感性诉求式

这一类型报纸广告文案写作方法是将广告文案同受众的情感相联系，主打感情牌。这一类型写作手法在现代报纸广告文案写作中应用较多，情感诉求的种类也较丰富，比如注重对亲情、友情、爱情的诉求；对浪漫主义、理想主义、唯美主义的诉求；对视觉美感的诉求；对心灵冲击或心灵慰藉的诉求，等等。这种诉求可以营造出多种气氛，如浪漫气氛、悲情气氛、幽默气氛、恐怖气氛等，从而满足受众的好奇心理，达到对产品卖点有效传播的目的。

感性诉求写作方法通常采用"双管齐下"的方式进行。"第一管"，用故事性的情节引发读者的共鸣和思考，最终达到广告效果；"第二管"，是借助图片的作用，用文字和图片共同营造一种感情基调，让读者记忆深刻。

下面以《南方周末》周大福铂金戒指广告文案为例进行分析：

守护天使的承诺

妈妈：

我念小学时很瘦，同学叫我小老鼠，我每天大哭着不肯上学。有一天，你把最心爱的钻戒摘下来，用根银链穿着，挂在我脖子上，笑着对我说："这是妈妈给你的魔法承诺，要把你这只小老鼠变成美丽的公主。"那天之后，你带着我跑遍大小医院做身体检查，陪我参加游泳班，每天给我弄美味的鱼汤。一年下来，我没长高几分，你却瘦了一大圈。一天晚上，爸爸给你带回一份礼物，你一打开，泪水便掉了下来。

我记得爸爸说："你是我们家的守护天使，你给我们小公主送上魔法承诺，那我也借着这只'绽耀'戒指给你承诺：把我们的好妈妈变回美丽闪耀的胖太太。"

"骄人系列"绽耀款钻石精品设计就如张开翅膀的天使，中央点缀的璀璨美钻，正如为守护家庭而发出动人光芒的母亲一样闪耀夺目。

这则广告是典型的感性诉求文案写作方法。文案中以"戒指"为线索，用一个小女孩的口吻述说两种爱，母亲对女儿的爱和老公对妻子的爱。文案标题"守护天使的承诺"大打感情牌，以"天使"和"承诺"来吸引读者。随后文案以故事性的情节展开，用孩子天真纯洁的口吻表达爱这一主题，并将广告标的物——钻戒始终贯穿在故事之中，将钻戒作为表达爱的方式，让人不禁想要模仿这一用钻戒表达爱意的方式。文案最后一段是对"骄人系列"绽耀款钻石设计理念的解释，这就更加强了钻戒与表达爱的关系。同时，也让读者心中充满浓浓爱意，带动读者购买周大福钻戒，完成“守护天使的承诺”。广告文案的右下角是绽耀款钻石图片，试图通过视觉刺激加深读者对广告文案的印象。

此种温情式广告文案比较适合钻戒、手表、汽车等高级消费品报纸广告文案写作。因为这类消费品一般都比较昂贵，是优质生活或者高雅生活的代表。通过制造浪漫、温馨、唯美气氛提升产品档次，让人从内心有一种追求高雅的欲望，有助于广告效果的发挥。

通过上述案例分析，诉诸情感的报纸广告文案写作要注意以下几点：

(1)将感性色彩浓厚的词语运用到标题中以吸引读者，引发读者想象。如“天使”、“柏拉图式爱恋”、“爱琴海”、“象牙塔”等温情色彩比较浓厚的词汇，“岔路口”、“泪殇”等悲情色彩比较浓重的词。在标题中通过运用不同情感色彩的词汇来给整个文案写作定一个感情基调，这样就能吸引读者，引发读者的想象。

(2)将产品植入故事性的广告文案中，并作为故事发展的引线或主要成因凸显出来。让读者想到故事就能联想到这一产品，最大限度地发挥广告传播力。

(3)文案写作的情感诉求点要与现实生活相连，这样做容易让受众产生似曾相识的感觉，有利于加深对广告文案的印象。

（三）情理共融式

这一文案写作方法是将理性诉求与情感诉求融为一体，也是当今报纸广告文案最常用的写作手法。由于现实社会的压力和读者的心理需求所致，纯理性或者纯感性的文案创作会显得过于单调或者过于梦幻和不实际，情理共融文案写作方式则更能吸引读者。

情理共融式广告文案写作方法一般将文案分成两个部分：第一部分通过图片或情感性的文字表述给读者营造一种感性氛围，与读者产生情感共鸣。这一部分不一定需要太多文字描述，旨在渲染产品的风格以及给受众营造情感享受。第二部分，对产品作一个理性说明，包括产品性能、技术以及专业性的或者国际性的评判标准等，这一部分可以运用理性诉求法中的数字、图表或者解释说明法、举例论证、对比论证等，以及一些客观的理性表述。

比如《南方周末》对自己报纸形象的广告宣传就成功运用了情理共融文案写作方法。

《南方周末》以“正义、良知、爱心、理性”为办报宗旨。这篇广告中，首先设计了一只狗的形象，并且将狗的体形用留白处理。然后在狗的轮廓留白中用大字凸显“狗咬人不是新闻，人咬狗也不是”。狗的留白处理和凸显的标题旨在给读者留

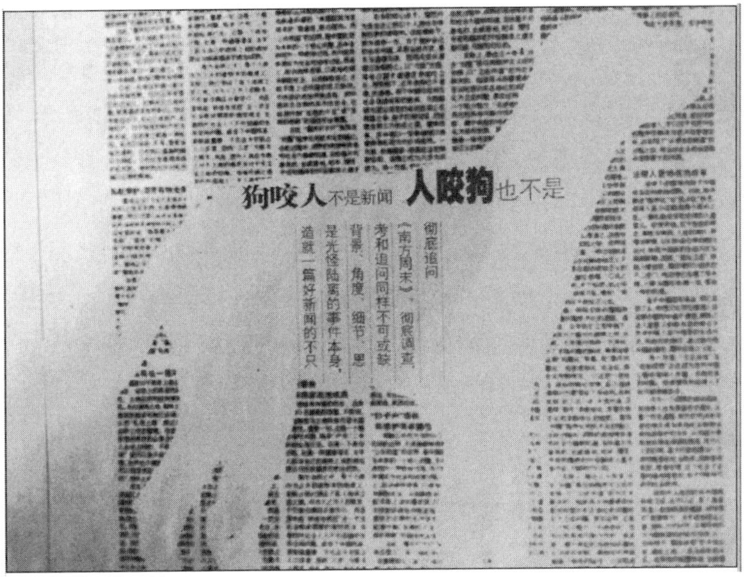

图 5—3 《南方周末》报

下深刻的感性认识，让读者对留白处理的图片印象深刻，并以新鲜的视角赢得受众的眼球。接下来用理性文字说明《南方周末》对待新闻和调查的态度："造就一篇好新闻不只是光怪陆离的事件本身，背景、角度、细节、思考和追问同样不可或缺，《南方周末》彻底调查，彻底追问。《南方周末》在这里读懂中国 。"通过简短的三句文案将诚恳、严谨、公正、理性的态度表述出去，反映了《南方周末》追踪事件真相，重视调查取证的严谨办报方针，给读者留下了良好印象。总之，这篇报纸广告通过感性图画勾勒、富有幽默调侃的文案创作以及展现《南方周末》严谨公正的新闻态度的理性文字，将《南方周末》的形象展现给受众，无疑是一篇较好的形象宣传报纸广告案例。

四、报纸广告文案修辞

报纸广告文案写作除了优秀的文案创意之外，良好的文字功底和语言表达能力也是必不可少的。因此，文案中修辞手法的运用则是一门必修课。

报纸广告文案写作，从某种层面上说，也应属于文学创作，因此文学创作中所运用的基本修辞手法也是广告文案写作中经常用到的，如比喻、拟人、排比、引用、设问、反复、夸张等。此外，结合报纸广告的特点，报纸广告文案写作中还用到了一些独特的修辞手法，比如白字法、回环、顶真、谐音等。

（一）比喻

比喻是最常见的修辞手法。在报纸广告文案写作中有三种形式的比喻：明喻、暗喻和借喻。明喻的基本形式是："如……"、"像……一样"、"好似……"。暗喻的基本形式有："宛若……""隐约中见出……"等。明喻和暗喻在报纸广告文案中极为常见。借喻就是只出现喻体不出现本体的修辞手法。如《法制日报》上一则胃药广告文案的标题是"养一个铁打的鲨鱼胃"。文案中讲述鲨鱼胃动力强劲，从不得胃病，从而告诉人应该从哪些方面保养胃。标题中将"鲨鱼胃"借喻人的胃，通过对标题的借喻来达到吸引读者的作用。

（二）拟人

拟人修辞手法在报纸广告文案写作中经常会用到。报纸广告文案拟人修辞法通常有两种：

(1)通过自述方法来展现产品的功能和质量。如圣象地板系列报纸广告文案就是巧妙运用拟人修辞手法进行广告诉求：

我保证永远不给你脸色看，无论是光照、日晒，还是宠物利爪和旱冰鞋滑轮的磨碾，我的美丽丝毫无损。——圣象地板。

文案用拟人修辞手法自述圣象地板防磨损、防晒等功能，比说教式广告文案更容易让读者接受。

(2)将广告产品人性化，将其赋予人的情感和行为。如《羊城晚报》为"意大利歌剧艺术生活展"所做的广告，"当普切尼遇见广州，穿越两个世纪的碰撞与交融，会谱出怎样的乐章?"文中将"普切尼"和"广州"人性化做一拟人表现，让读者产生无限联想。

（三）引用

报纸广告文案为了能充分展现文字的魅力，经常会引用古诗词和名人名家话语。引用古诗词可以增强文案的情感诉求，提升文案创作水平；引用名家话语可以增强广告的可信性。如麦斯威尔引用罗斯福的评价"滴滴香浓，意犹未尽"做广告语，增强了产品在受众心中的印象。再如《南方周末》"和谐兼香新郎酒"报纸广告文案引用了一位著名的白酒品鉴家的话"和谐兼香新郎酒，香不艳，甜不腻，净不寡……"依靠这位白酒品鉴家的评价，广告文案的真实性和社会影响力大为增加。但是使用这一修辞手法时要谨慎，尤其是引用名人的评价时更要慎重，防止出现广告文案造假事件，应尽力维护广告的诚信。

（四）排比

在感性诉求的广告文案写作中，排比修辞手法经常会用到。运用排比修辞手法可以起到强化情感，营造感性氛围的作用，有时也可与读者产生情感共鸣，达到预期广告效果。比如中国国际航空公司在《环球日报》上为北京—希腊航线做的广告：

我期待在平缓随意的沙滩上与你携手散步，

我期待在碧蓝宁静的海水中和你深潜海底，

我期待……

我知道爱琴海绵延千年的浪漫气质将是我们的见证。

这篇广告中，排比修辞格的运用突出了受众期待、迫切的心情，也表现出了爱琴海的浪漫风景，可激发读者去爱琴海携手幸福的欲望。排比修辞格运用无疑增强了文案的诱人性。

（五）白字法

白字法就是故意将字写成错字或者中英文混合体。这是报纸广告文案中独有的修辞手法，也是增添报纸广告趣味性，提升兴趣点的有效方式。白字法将错用字与广告产品的性质、品牌或者其他特性相结合，以期吸引读者注意，方便读者记忆。如富士施乐（中国）有限公司在《环球时报》为打印机做的报纸广告文案中就写到"畅享绿色，印响未来"。文案中将"影响"改成"印响"是为了突出富士施乐打印机。这样不仅不会招致受众的反感，反而会增加受众对于富士施乐打印机的关注度。

（六）回环法

回环法是指："把两个词语相同而排列顺序不同的语言片段，紧紧联系在一起形成循环的形式来展现不同事物或情境之间的有机联系。"[①]回环法的目的是为了增强报纸广告语言的口语化，让受众读起来朗朗上口。

回环法在报纸广告文案写作实践中并不多见，这其实是报纸广告文案写作时理应借鉴和汲取的优秀修辞手法。因为回环法创作出的广告文案可以快速被受众记住，其广告效果发挥时间和速度都比较快。如万家乐热水器中的广告语"万家

① 迟双明：《广告文案创作50法和精彩实例》，中国国际广播出版社2003年版，第191页。

乐，乐万家”就是一个很好的回环修辞手法运用，这一广告文案直到今日依旧被很多受众记得。报纸广告文案创作在回环手法运用方面需要进一步加大实践运用力度。

（七）谐音法

报纸广告文案可以利用文字的谐音展现广告诉求目标。谐音修辞法对报纸广告文案的创新性有很大帮助，因媒体自身特性所使，在谐音这一修辞手法的运用上报纸广告比广播广告、电视广告更有优势。因为谐音法既增添了报纸的趣味性，也不会给受众带来歧义。如别克凯越在《新民晚报》上的广告文案“有礼享，更理想”就是运用了谐音修辞手法。文案中用“礼享”谐音“理想”说明购买别克凯越汽车的消费者会有一定的优惠和礼物，同时也增添了广告的趣味性。

（八）拆分法

拆分法是报纸广告文案的特殊写作手法。拆分法是将一个词语嵌在几个句子之中，并用大字凸显这一词语。这种特殊的文字展现方式带给报纸广告文案很多创作灵感。如中国建设银行鑫溢业务的报纸广告文案就是一个成功案例，广告排版时在图中将”鑫溢“两个字用金色标出，以凸显广告标的物——鑫溢业务。广告语“理财随鑫，收获满溢”，更是道出了鑫溢业务对客户的好处，让读者一目了然。拆分法在传达广告信息的同时又能强化广告产品的名称或者品牌，能够取得一箭双雕的作用。

综上所述，报纸作为一种较为古老的媒体，其广告传播较其他新媒体而言有着更浓厚的受众接受度。因而，如果我们能在实践运作中苦练文案写作功底，巧妙运用文案写作方法，同时有意识地借鉴文学创作中的语言技巧，就能将这一传统主流媒体所独具的广告传播效应予以更大发挥，在为企业带去预期产品传播影响力的同时，亦带给广大读者一种审美享受，满足广大受众的精神文化需求。

本节思考题

1. 谈谈通栏广告文案写作的特点。
2. 如何把握标题广告文案写作？
3. 试着为某一企业的某产品写一篇半通栏广告文案。

第六章　杂志广告文案写作

本章重点提示：杂志媒体广告文案与画面内容的有机对应是本章的重点。

本章难点提示：在杂志媒体传播影响力日渐下降的情形下，如何在文案撰写上提升受众注意力是本章的难点。

第一节　概述

杂志又称期刊，是指有固定刊名、间隔时间为一周以上、以书册形式定期发行的出版物。根据出版时间的不同，一般情况下可将其分为周刊、半月刊、月刊、双月刊、季刊等。

杂志作为重要的印刷宣传品，和报纸固然有很多相似之处，但又不像报纸那样以新闻报道为主，而是以各种专门知识的刊登来满足各类读者的需要，因此，杂志内容门类众多，涵盖了生活中的诸多方面，比如工作、学习、娱乐、居家、消费、旅行、生产等。眼下的生活中，我们随处可见的杂志数不胜数，面对不同的受众，分门别类的杂志要想在飞速发展的社会中获得长久稳定的一席之地，发行量的大小对其影响很大，它决定着杂志的收入与创办基础。除此之外，广告在杂志的生存和发展中也占据着支柱性作用，在杂志中刊登广告需要不菲的广告费用，这笔收入为杂志的发展和不断完善提供了更多保证。

一、杂志广告发展简述

作为广告媒体的一种，杂志从出现到如今，也经历了其自身特有的发展历程。在西方，经过工业革命洗礼后，一些资本主义国家像英、法、美等国先后出现了廉价的报刊。1830年创刊的《便士画刊》和1844年的《伦敦漫画新闻》，是较早的廉价杂志。美国直到19世纪90年代才出现廉价杂志，1899年，穆塞创办了《穆塞杂志》，一般认为穆塞是美国廉价杂志的创始人，他认为廉价而又大量发行的杂志能吸引广告，发行人可以从中谋利。到了19世纪后期，美国杂志大量增加，第一则杂志广告出现在一度由诗人、小说家埃迪加·埃伦·坡主编的《南方信使》杂志上。到1900年，美国全国报刊的广告收入中，杂志占了60%。1900年以后，西方国家杂志业发展迅速，出现了繁荣局面。[①] 20世纪初，杂志在与其他新兴大众传播媒体竞争中，不得不调整自己的定位，无线电广播网出现以前，杂志一直是西方国家唯一的全国性媒体。广播的出现，使杂志丧失了部分广告市场，然而杂志仍然是最佳的可视宣传方式。20世纪50年代，电视机的发明，使人们接受信息的方式从阅读转向视听，杂志不得不再度调整竞争策略，把目标锁定于细分市场的受众。

中国近代的早期报纸和杂志区别不明显，往往统称为"报"。1853年创刊于香港的《遐迩贯珍》杂志，首开中文报刊刊登广告的先河。1855年，《遐迩贯珍》曾出副刊《布告篇》随刊发行，这相当于现在的广告专版。该杂志还是最早推出比较详细的广告刊例的中文报。1854年11月13日，该报刊登了一则招揽广告："……五十字以下，取银一元。五十字以上，每字多取一先士。一次之后，若贴再出，则取上数之半……"从此，我国境内的中文杂志开始大量刊登广告，并有意注意经营广告业务。在国人办报的第一次和第二次高潮中，所办报刊多为政论类报刊，对商业广告重视不够。五四运动期间，我国杂志发展较快，据统计，在1919～1920年两年的时间里，新创办的杂志有近百种。新中国成立后，杂志出版曾在1959～1964年出现了两次高潮，随后就进入了出版低潮期，1967～1972年为杂志出版最少的年代。改革开放以后，我国的杂志业和杂志广告逐渐恢复并迅速发展。2009年，我国共出版杂志9386种，总印数为28.3亿册，杂志广告收入为69.3亿元。

二、杂志广告在信息传播中的作用

美国广告评论家帕克德在《隐藏的说服者》一书中曾写道："我们中有许多人在日常生活的方式上，正不知不觉地受广告的影响，并受它巧妙的操纵与控制。"这句话精妙地说明了广告对现代社会有着巨大的影响，而造成这种影响的内因就是广告所具有的信息传播功能。

---

① 李明：《广告媒体策划》，南京大学出版社2009年版，第53页。

信息传播作为广告的最基本功能，因其附载信息内容的不同具有了不同的信息传播特点。杂志作为广告传播的主要载体之一，在信息传播中的作用也同样有着自己的特点。

由于广告主要有商业广告和非商业广告两大类，因而在这里主要从商业信息和非商业信息两个角度简单概括杂志广告在信息传播中的作用。

1.杂志广告在商业信息的传播中，对社会经济的发展与群众日常生活发挥着巨大的作用。具体有以下方面：

(1)将生产、供应、销售三者有机地联系起来，相互间可以进行合理有效的沟通，在宏观上促进了国民经济的发展，也促进了社会主义市场经济的不断完善。

(2)从消费者的角度看，满足消费者的需求是市场经济活动的中心。广告向消费者提供丰富的信息，进而引导、刺激消费者的需求。广告也能改变消费者的消费观念和消费心理，影响消费结构和消费行为。此外，广告还是消费者进行消费决策的重要参谋，它左右着消费者的心理，使其对是否购买或购买哪种商品作出最终决定。

(3)从企业的角度来说，广告在企业生存和发展中起着举足轻重的作用。它为企业提供了市场信息，使企业更深刻、更及时地感受到外部的压力，这就可以促进企业加快产品的更新换代和采用新技术，有效地提高企业的市场竞争力，推动企业从各方面去完善经营管理。另外，企业形象的树立、产品和劳务销售等方面都离不开广告的宣传。

2.对于杂志广告的非商业信息传播功能，这里主要指社会文化传播功能，杂志能在一定程度上决定着广告在社会精神、文化建设方面的作用，这是因为：

(1)杂志广告丰富了人们的文化生活。

(2)杂志广告传播高尚观念，培养人们正确的生活方式和美好情操。

(3)杂志广告可有效传播政策信息，协助政府工作。

(4)充分利用杂志的空间刊载广告，为杂志的生存提供了条件，同时也推动了杂志业的发展。

以上对杂志广告的作用作了一个简单概括，使我们对杂志广告的认识或许会有所加深。结合相关资料，国外学者通过调查研究，将广告在杂志与其他媒体(报纸、户外媒体、电视、广播)中的影响进行了比较，结果如下：

(1)在目标传达方面，杂志优于报纸、户外媒体，与电视广播相同；

(2)在创造情绪能力方面，杂志优于广播、报纸、户外媒体，逊于电视；

(3)在支配感觉方面,杂志逊于电视,与广播、报纸、户外媒体相同;

(4)在季节弹性方面,杂志优于电视,与广播、报纸、户外媒体相同。[①]

由此可见,杂志广告的作用确实不可小视。

三、杂志广告媒体的特点

(一)杂志广告媒体的广告传播优势

1. 强烈的针对性,稳定的读者群

杂志从内容而言,大致分为三种——专业性杂志、综合性杂志和消遣性杂志,整体上以专业性杂志为多。杂志的受众不如电视、广播、报纸广泛,但一般都有相对稳定的读者群。由于杂志种类繁多,不同的杂志拥有自己所面向的目标读者群。比如,时装杂志的读者以女性和时装行业的人员居多;体育类杂志的读者主要是体育运动的爱好者;儿童类杂志以小学生居多,订阅对象比较集中和稳定;学术类杂志的主要读者是某特定学术领域内的专家、学生或该学术领域的爱好者等。每份杂志,特别是专业性强的杂志都会聚集起一个相对稳定的阅读群体,其中的成员之间会产生一定的认同感。因此,读者的针对性强成为杂志媒体的优势之所在,它使广告者可以选择读者层与广告对象相接近的杂志,进行有的放矢的信息告知。例如化妆品广告,可以选登在女性杂志上,玩具广告可以刊登在儿童刊物上,这样做可以增强广告宣传效果。如果广告对象是一个特定的人群而非社会大众,采用覆盖全面的集合式媒体,势必会造成很大的浪费,而选择读者群与目标对象一致的杂志媒体,不仅可以使广告信息准确地到达目标消费者并减少不必要的浪费,而且可以使广告信息得到更有效的传播。

2. 有效期长,重复阅读率高

杂志的有效期因发行周期的不同而有长有短,最短的是周刊,有效期为七天,长的则可达数月或半年,日报因为其一到两天的有效期而寿命很短,电波媒体信息更是转瞬即逝,寿命极短。杂志在此方面的优势就是它相对较长的寿命给读者提供了充裕的时间,人们可以反复阅读或相互间传阅,这样,同一则杂志广告往往会多次重复出现在读者面前,也使杂志广告的覆盖范围进一步扩大,强化广告宣传效果。除此之外,杂志广告还可保存下来供日后查阅,广告的效力自然也会比较持久。

---

① 姚曦:《广告概论》,武汉大学出版社 2002 年版,第 191 页。

3.制作精美,媒体干扰少

杂志可以采用精美的图案,纸张质量比较高,广告制作比较精细,印刷效果好,能够很好地表现产品的外观形象,艳丽的色彩更能调动人的多种感情和想象,比起报纸的黑色图案要强许多。杂志广告一般以全页独占形式为多,能够有效地排除其他广告的干扰,广告环境单一,再加上独特的创意和完美的设计表现,往往会给读者留下深刻的印象。

4.发行面广,广告对象理解度高

杂志的内容不受地方性新闻报道的束缚,适应面广,多数是面向全国发行的,因而读者层虽不及报纸普遍,但宣传的地区广大,并且不受地域限制,具有超时空的优点。据此,全国范围推销的商品和劳务,采用杂志刊登广告是较经济且有效的。订阅杂志的读者一般都是文化水平较高的,而且在对杂志的性质有一定的了解后才订阅的,因而对广告内容有一定的理解力,易于接受杂志广告宣传。

(二)杂志广告媒体的广告传播局限性

(1)杂志出版周期长,影响了广告信息传递的速度,读者对杂志广告的反应不及电视、报纸那样迅速。因此,即效性广告和时间性强的广告,一般不宜选择用杂志媒体。

(2)杂志读者的范围较为固定,这是由它的专业性决定的。对于那些结构简单,适应面广和已有消费习惯的商品,一般不适合选用杂志广告,如果因为调查不足而选错媒体,就会产生无效益广告,造成不必要的浪费。

(3)杂志中刊载广告的篇幅是有限的,出版周期长,收费较高,因而广告策略的运用,各种形式的配合也就受到一定限制。

对杂志广告媒体的优点和局限性有了一定的认识,就可有助于理解和把握杂志广告文案特点及其在写作中需要注意的问题。

本节思考题

1. 杂志广告的传播特点有哪些?

2. 杂志媒体的劣势是什么?

第二节 杂志广告文案写作(上)

广告文案的定义有狭义与广义之分,广义的广告文案也称广告表现,它的内容包括广告作品的全部,如广告文字、绘画、照片及其布局等;狭义的广告文案仅指广告作品的语言部分。在杂志广告文案的写作过程中,结合杂志媒体自身所具有的特点,文案写作要将上述定义的两方面合理地结合起来,才能使之更有效益。

不同的媒体造成不同的媒体特点、媒体优势和媒体弱点,这就使每一种媒体为广告文案写作确立了不同的侧重点。杂志因为其在印刷媒体中的出色位置而有了"印刷媒体中的王者"之称,因此,"在大图片、少文字、小文字的现代杂志版面视觉设计趋向中,设计者已经有意识地将文字的间接诉求转化成视觉形式的直接诉求表现,用视觉语言(真实的可信赖的照片,用直觉便可感知的图片、画面,用文字、数及字色的浓淡,用不同的形式构架)表现有形的成分,广告文案中的广告标题和广告正文等只是画龙点睛,点出视觉语言表现不到的或表现的核心因素。因此,杂志广告文案比报纸广告文案更为简洁,更为独到"。[①]

一、杂志广告文案的特点

杂志广告媒体自身的优点和局限性,决定了杂志广告文案的独特性,即语言风格的对象化、个性化和专业化的特点。下面我们具体分析一下:

(一)对象化

不同的杂志有着不同的受众群体,即不同的读者,因而面对众多的诉求对象,杂志在写作广告文案时就要面对不同的对象说话,制定针对他们的语言风格,这种语言要符合读者的文化水平、欣赏兴趣、美学爱好和语言习惯,并且为他们所熟悉、欣赏,听起来感到亲切。比如,在叙述时是采用理性诉求还是以情感人,在语言表达上是要高雅一点还是通俗一点,语言风格表现的含蓄深邃还是浅显直白等,都要针对不同的受众对象而定,这就是语言风格的对象化。

请看美国一份针对一般大众的衬衫杂志广告文案:

---

① 胡晓芸:《广告文案写作》,浙江大学出版社 2000 年版,第 231 页。

穿哈特威衬衫的男人

美国人最后终于开始体会到，买一套好的西装而内穿一件大量生产的廉价衬衫会毁坏整个效果，实在是一件愚蠢的事。因此在这个阶层的人群中，哈特威衬衫就开始流行了。首先，哈特威衬衫很耐穿——这是多年的事了。其次，因为哈特威剪裁——低斜度及"为顾客定制的"——衣领，使得您看起来更年轻、更高贵。整件衬衣不惜工本的剪裁，因而使您更为"舒适"。下摆很长，可深入您的裤腰。纽扣是用珍珠母做成的——非常大，也非常有男子气。甚至在缝纫上也存在着一种南北战争前的高雅。最重要的是哈特威使用从世界各地进口的最有名的布匹来缝制他们的衬衫——从英国来的棉毛混纺的斜纹布，从苏格兰奥斯特拉德地方来的毛织波纹绸，从西印度群岛来的海岛棉，从印度来的手织绸，从英格兰曼彻斯特来的宽幅细毛布，从巴黎来的亚麻细布，穿上这么完美风格的衬衫，会使您得到众多的内心满足。哈特威衬衫是缅因州渥特威城的一个小公司里的手艺人缝制的。他们老老小小在那里已工作了整整114年。您如果想在离您最近的店家买到哈特威衬衫，请写张明信片到"G. F. 哈特威"缅因州，渥特威城，即复。[①]

这则服装广告以十分诚恳的语气一一列举了哈特威衬衫的优点，仿佛是一位和蔼可亲的老师傅在向自己的客户介绍产品，语言通俗易懂，且极具亲和力。该杂志广告文案中的文字相对长了点，但没有一般产品介绍时那种让人听起来枯燥乏味的感觉，给人一种很强的信赖感，比较容易引起有意购买衬衫的顾客的注意与阅读。此广告文案新颖、独特，富有新意的特点，增强了读者对产品的信赖感，从而达到了广告宣传的目的。

电脑作为高科技的产品，在日常生活中已经受到越来越广泛的利用，甚至成为越来越多的家庭中必备的家电产品，针对家用电脑市场，戴尔为台式机推出了这样一则广告：

海量存储，妈妈的影集 / 高速数据传输，爸爸的影音工作室 / 千兆以太网卡，我的在线课堂 / 幸福家庭各得其所，就在戴尔。[②]

---

① 万秀风、高金康：《广告文案写作》，上海财经大学出版社2005年版。

② 《读者》2008年第21期。

目前,关于电脑的广告非常多,有的把目标锁定在受众是否易于接受的价格上,比如我们熟悉的电视广告,一个人在画面上高喊"3880,神舟笔记本拿回家!"再比如像印刷媒体广告中常见的关于电脑产品的专业化介绍,硬盘和内存的大小、显卡独立等,虽然越来越多的人在购买电脑时要考虑硬盘、内存、处理器等问题,但还是将一部分的消费群体拒之门外。戴尔台式机的广告妙处就在于让一个小学生来说话,运用排比句式,在列出产品优点的同时,也告知人们戴尔电脑给每一个家庭成员带来的好处和利益,加之儿童真实可信的话语,很多人即使不懂存储、以太网卡,也会有意要去购买这样一台让幸福的家庭各得其所的电脑。此广告不失为一个成功案例。

(二)个性化

语言的表达是广告创意和信息内容的体现。语言风格的个性化,是指杂志广告文案的语言要体现出广告信息的个性化特征,并与目标受众的个性心理相吻合,使人感到新鲜、独特、不落俗套,读之令人耳目一新。如此,才能使杂志的目标受众乐于接受,并深受影响。比如像下面这则"山东肥城桃"初到香港时在杂志上做的广告:

> 我叫肥城桃,这次来香港,还是生平第一次。所以也难怪各位看见我就直叫"啊呀"了!(谁叫我生得那么大得惊人呢)在咱们家乡——山东,我可是早与莱阳梨、香蕉、苹果齐名了。人们只要一提起山东水果的三绝,总不会忘记提到我的小名的。我所以迟迟不出闺门一步,并不是因为我架子大,更不是因为我见不得人像——丑怪,恰恰相反,我生得一点也不丑,不是说大话,可能比莱阳梨好看得多哩。就是比香甜吧,我也不比它们两位差。讲内在呢,在某些方面,我还比它们强得多,什么维生素A、维生素B、维生素C……我都有,而且很丰富。只有一样,我始终没法跟它们比,那就是我生来身子(皮)单薄,而且越到好吃的时候,皮越加薄,汁更多,谁只要把手指儿一挑,我就完蛋——汁就会流个涓滴不剩……[①]

此广告让人初次看到时就有一种耳目一新的感觉,不同于其他广告介绍产品时的烦冗乏味的罗列,它以第一人称形式让产品作了自我介绍,口若悬河,活像一

① 万秀风、高金康:《广告文案写作》,上海财经大学出版社2005年版。

个胖妞儿操着一口山东腔向人细诉身世，展尽自己可爱之处，同时又没有贬低他人、自吹自擂的语气，让人读起来觉得真实亲切。读罢此文，一个皮薄、香甜、汁浓的鲜桃形象顿时飘荡在人的脑海中，勾起人们的食欲。这则广告的最成功之处就在于以第一人称介绍商品，通过别致、个性化的语言，增强了受众对产品的认可。

再看《读者》2008 年第 21 期中的一则广告文案：

每个人都有率真的一面/不愿意伪装，不愿意勉强/我，要做真实的自我/披上一件夹克/简洁、硬朗/一个率真的我/立刻出现在你面前

此广告是海澜之家发布的男夹克的广告，在“率真，自我！”两个醒目的红色大字下出现的正文，只有简短的几十个字，借一个男士，抑或是一个消费者的口气说话，表达想做真实的自我的一个决心，然后引出海澜之家的夹克，使男士们看到，那样的一款夹克，可以展现一个率真的自我。再结合身穿此款服饰的模特儿对比，广告的效果立刻显得与众不同，摆脱了人们厌烦的那种由商家机械地介绍产品的款式、价钱、质量等，满足了消费者渴望被认同的心理，从而使产品更容易为受众所接受。

（三）专业化

杂志广告的目标受众群体均有一定的专业素养和文化水平，因而，那些专业性强的商品广告最好应该刊在专业杂志上，采用专业化的语言风格，这样容易为专业目标受众所理解，不仅可以节省很多文字，而且有利于广告的有的放矢，增强广告效果。比如，在电影杂志上做影视广告，在体育杂志上做体育用品广告，在妇女杂志上做化妆品或服装广告，在医学杂志上做医疗器械和药品广告等，广告文案的语言均可选用相应的专业术语和专业化的语言风格，从而以短小的文案传达出大量信息。

下面是《中国广告》杂志上的一则广告文案：

广告标题：137 米宽静电写真创作广告作品

广告正文：两年以上颜色的保质 / 大小幅面都不局限 / 每平方英寸 400pi / 达到使您意想不到的色彩 / 令您满意的价格 / 让客户高兴的效果

广告口号：用心自己选择[①]

① 胡晓芸：《广告文案写作》，浙江大学出版社 2000 年版，第 232 页。

《中国广告》杂志的受众是广告领域的研究者、教学者、广告公司或企业等单位的广告工作者，这些特定的受众，对广告专业的专门化问题，有一定的研究和了解，因此在该杂志上进行广告文案写作，就可以较少顾虑受众的专业化程度问题，大胆采用具有专业化倾向的语言。

再看下面关于 NIKE 鞋的广告：

正文：飞将军的美誉，米高佐敦当之无愧，在球场上，他仿佛不受地心吸引力的影响，腾空飞跃，身轻如燕，挥洒自如。

为了充分发挥球技，米高佐敦对球鞋的要求极为严格，所以，NIKE 特别为这位美国职业篮球天皇巨星设计了 AIRIORODAN。

AIRIORODAN 的卓越设计如专利的空气动力垫和螺旋形外底，为米高佐敦的腾空弹跳，快速进退和矫捷转向提供最佳缓冲保护、高度的反弹力、牵引力和稳定功能；质料柔韧适中，穿着倍感舒适；鞋款设计别出心裁，更兼配合美国流行颜色组合，令 AIRIORODAN 成为时兴标志，日常穿着，朝气蓬勃，活力十足。

阁下对运动鞋的要求，与米高佐敦同样严格，自然懂得选择 NIKE，请到各大百货公司选购。

懂得运动的人士，会更加欣赏 NIKE。①

此广告适宜选择体育杂志，开始时对明星使用此款鞋及效果进行描述，对于体育专业的人士或运动爱好者有很大的号召力，特别是崇拜明星的人，接着从消费者利益点出发，告诉人们运动鞋的特别设计和高品质。为鼓励消费者消费，广告抬高消费者，并赞美消费者所作出的明智选择，“阁下对运动鞋的要求，与米高佐敦同样严格，自然懂得选择 NIKE”，“懂得运动”才懂得“更加欣赏”等，同时不忘鼓励消费者去购买。这则广告通过体育杂志进行宣传，广告效果一定能够达到最佳状态，反之，如果将其放在其他杂志上，宣传效果就会大大减弱，不利于产品顺利打开消费市场。

---

① 马中红：《广告文案创意新论》，上海三联书店 2006 年，第 142 页。

二、杂志广告的各种制式及其文案写作

杂志有不同的开本，在尺寸大小和比例上有所不同。杂志广告的制式就是广告作品在不同开本的杂志中所占的各种版面和版位。一般来说，杂志广告的版位通常有全页、半页、四分之一页、跨版或多页专辑、指定版位（如封面、封底、封二、目录对页）等。杂志广告的不同制式，直接关系到广告效果。因为制式不同，广告的注意值或阅读率是不一样的。据调查和科学验证，不同版面引起的注意值如下：

封面 100％　　封底 100％　　封二 90％　　封三 90％

扉页 90％　　底扉 85％　　正中内页 85％　　内页 50％[①]

而在同一版面中，读者注意值是大比小高，上比下高，横排版左比右高，竖排版右比左高。

在设计处理上，杂志广告可有出血和不出血两种处理方式，出血版面是指广告作品用尽整个版面，不出血的版面是广告作品在其四周留有空间，只用版面内的空间。出血广告作品可以给人以画面突破版面的空间而向外扩展的感觉，有不尽的想象余地。图文结合是杂志广告最大的特点，以杂志广告媒体所具有的特点为前提，杂志广告一般都将吸引受众的任务和形式的体现交给了画面，而广告文案的任务，是将画面中的信息内容作一些必要的、理性的提示和感性的、附加值的升华。[②]因为杂志媒体的版面尺寸有限，不可能容纳太多的文字，广告文案就必须尽量以较少或最少的文字来表现最深广的内容。版式的不同，使得文案的写作也有所不同，在各种制式的广告文案写作中就要加以注意并区别处置。

（一）内页各制式的广告文案

全页、半页、四分之一页、跨版，一般是安排在杂志内芯中的某个固定或不固定的页码或彩色插页，可以统称为内页版式。[③] 这种版式的广告意味十分明显，因此，在制作广告时应充分考虑如何使自己从相邻的广告单元中脱颖而出，以引起更多人的注意和阅读。这类广告文案在写作时应注意以下几点：

1. 着重突出画面的视觉冲击力，文案以点睛之笔升华主题

借助于杂志媒体特有的制作精美、重读率高、时效性长等特点，内页各制式广告应充分发挥画面的艺术表现力，信息内容可几乎全部通过画面来体现，文案则少

---

① http://student.zjzk.cn/course_ware/web－waxz/j/index_j.htm

② 胡晓芸：《广告文案写作》，浙江大学出版社 2000 年版，第 233 页。

③ http://wenku.baidu.com/view/3ac52f3e0912a216147929a4.html

而精，只起画龙点睛的作用，使广告给人以含蓄、深邃之美感。

图 6—1

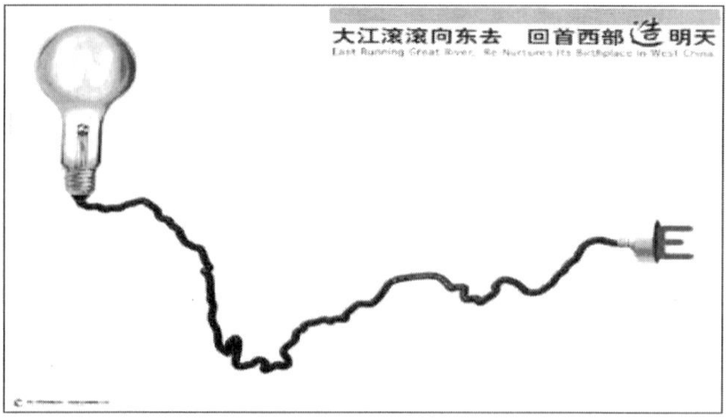

图 6—2

图 6—1 是一则公益广告，属于杂志的全页制式。画面以中国传统的红色为底，上面有一个大大的黑色“国”字，在国字的一点处，别具匠心地放上了一幅台湾地图，十分醒目，形象地体现了台湾与祖国密不可分的血缘关系，突出了爱国主题。此广告充分发挥出了画面视觉冲击力，文案只有一句“台湾从来就是我国领土不可分割的一部分”，少而精的十几个文字，却是画面的重要组成部分，起到了画龙点睛的作用。

图 6—2 是一则关于西部大开发广告，属于杂志的半页制式。其突出特点是：画面十分简单，却非常醒目，色彩搭配和谐，极富象征意义。蓝色的导线左高右低，弯弯曲曲，有如长江大河，汹涌澎湃、滚滚东流；左侧闪亮的黄色灯泡中用白色英文字“W”代表西部（英文 WEST 的字头），使人联想到西部未来光辉灿烂的前景；导线连接的右侧红色插头是英文字母“E”（EAST 的字头），代表东部，形象地体现了西部的开发离不开东部及全国的支援，东部是西部的坚强后盾，动力的源泉。信息主题全部通过画面体现出来。文案只是一句简洁的广告语：“大江滚滚向东流，回首西部造明天”，进一步深化了画面的含义和主题，既含蓄又深刻。

2. 图文结合，充分发挥文图并茂的视觉效果

图文结合广告文案图要以色彩鲜明、形象逼真的画面塑造品牌形象，文案要用言简意赅的语言对画面信息作简短解释、提示或说明，并成为画面重要组成部分（文在图中）。两者相辅相成，相得益彰。

图 6—3 是 ERICSSON 手机杂志广告，画面中一男子用手捂着自己的心脏部

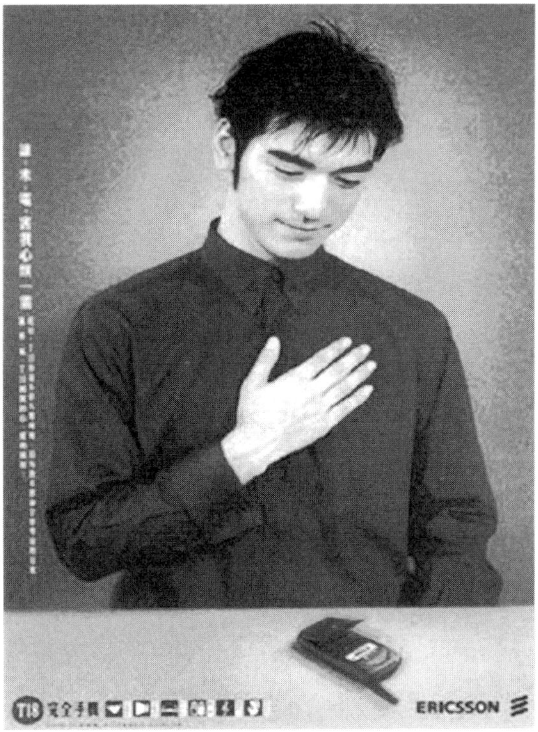

图 6—3

位，低头看面前的一部手机，从图画下面所写可以知道这是一款 ERICSSON 手机，左边纵向写有“谁来电害我心头一震”。如果没有文字，单看画面我们很难准确把握其用意，男子究竟是怎么了？为何捂住胸口？但正是靠着简洁的文案把男子的心理和手机联系在一起，关键性地阐释了画面内涵，强调了手机的品牌形象以及给男子带来的情绪变化。文案与画面巧妙结合，共同构成视觉形象，缺一不可。

再比如图 6—4 是龙井茶杂志广告，画面上半部分是一个醒目的用毛笔书写的“品”字，下半部分是三个摆放有序的茶碗，因为有上半部分的衬托，很明显地看出三个茶碗像一个“品”字，两者之间横有一句“请品一品龙井茶”，并以茶色为底色，又俨如“一”字。简短的文案，结合图画，突出了龙井茶的品牌形象“一品”，同时又对受众做出诚挚的邀请，“品一品”，达到一语双关的效果。文案与画面形成极为恰当的搭配，进一步完善了视觉形象，失其一则改其意，这则广告图文并茂，非常精辟。

图 6－4

3. 大标题，详文案，以杰出的创意和不同诉求形式抓住受众的注意力

杂志广告除了图文配合外，对有些信息内容也可以全凭文案进行传播。如招生、招聘、求职等广告，应以醒目大标题吸引受众注意，再以较为详细的文案满足目标受众求翔求实、急于实践的心理。诉求形式不限，以符合杂志媒体特点和杂志特定受众群体文化素养为标准。

例如《青年文摘》2010 年第 2 期的一则内页广告：

标题：携手诺华，成就健康事业

正文：实现承诺是我们的愿望，不断创新是我们的动力。在诺华，每一个挑战，都是一次机会。

作为全球 500 强之一，诺华是医药行业的领跑者，拥有极具活力的生产线。我们在医药产品领域的不断创新，成就了不同的人才，带来遥遥领先的业绩。仅过去一年，超过 17％的销售额被投入医药开发，更有 152 个新药项目正在进行。正是如此，我们不仅引领医药产品的研发，更有能力带领人才不断向前。这是我们对健康、对社会的承诺，也是对每一个员工未来的承诺。

作为医药行业备受青睐的雇主，诺华曾得到包括CCTV、《财富》、《道德村》等国内外知名媒体的众多奖项。我们不仅为雇员提供无限的发展空间，更让其拥有一份受人尊敬的职业，在成就事业的同时，造福生命。

现在，诺华中国正在寻找致力于投身人类健康事业的人才。你是否富有激情并向往成功？请立刻加入，与我们一道向美好明天靠近。

欲了解更多诺华中国的招聘详情，请浏览

careers. novartist. com. cn/20

此广告属于招聘类广告，在杂志中文案占用了下半页，上半页是一片向日葵，其中一棵长得特别高，从众多的向日葵中脱颖而出，旁边写有"成长，无止境"。虽然采用了详细的文案创作广告，但同时也结合了图画。由于《青年文摘》的阅读者大都是青年人，很多人对此杂志爱不释手，此广告选择这一杂志恰到好处，可吸引阅读者在欣赏美文中停下来注意广告，这样就为正处于事业起步中的人提供了又一个平台，也使一些困扰于找工作的人多了份机遇。文案中诺华对自己的业绩作了详细介绍，向雇员作出了承诺，并号召有意应聘者，最后告知招聘详情的浏览网址，内容详尽且不显得烦琐。找工作的人读罢此文案心里应该会得到满足和安慰，去应聘的倾向性也较大。由于杂志媒体所具有的优势，广告的宣传效果显而易见。

下面是《读者》2009年第19期的一则内页广告：

标题：我需要你时，你总在我身旁；

　　　你需要我时，我却在远方。

正文：

当我刚刚站稳时，就迫不及待地想自己走，不再眷恋你的怀抱。

当隔壁的孩子允许我和他们一起去捣蛋，就没有人天天缠着你讲故事。

当我发现外面的世界并非是你说的那样，一直崇拜你的我，就开始很少跟你说话。

当我牵起心爱女孩的手，就再也没有牵过你的手。

当我忙碌在无休止的应酬中，就再没时间听你的唠叨。

……

当我开始懂得你的爱，你却已经老了。

曾经我需要你时，你总在我身旁；现在你需要我时，我却在远方。

我依然无法时刻陪在你身旁，但你可以随时听到我的声音。

就用我送给你的金立 V200 吧，打给我。随时随地。

此广告采用了大标题以引起受众的注意，加上强烈的感情诉说，促使读者会继续阅读下去，从而通过文案对广告意图有深刻的认识。这则文案的突出特点在于，从一个做儿子的角度出发，采用一连串的排比，诉说对母亲的逐渐理解和感激，天下父母都有同样的心，对子女辛劳一生却不图回报，这样的诉求方式很容易引起读者的共鸣。产品的形象被凸显出来，一部金立手机，可以尽一份对父母的孝心。详尽的文案，尽管只配以产品的图案，仍将广告的效果达到最佳。

4. 各种较小版面的分类广告，要以引人注目的标题脱颖而出

目前我们常见的小广告，除了品牌名称或企业形象标志及随文外，别无其他，文案写作十分简单，比较容易把握。

如图 6—5 选自《广告导报》2001 年第 8 期的广告。本页集中刊登的多幅小广告，创意十分巧妙，在有限的小空间内，只展示了品牌的名称和企业形象标志，让人一目了然，这样既为众多企业、产品做了宣传，以引起客户的注意，又宣传了庚午影视自己的广告制作业绩，同时利用中间的空位来吸引新客户，可谓一举三得。

（二）特殊页面广告文案

像封面、封底、封二、封三、目录对页等特殊版式页面，一般都是属于指定版面，可称之为特殊页面版式。

1. 封面和封底

封面和封底的印刷广告，因其位置显著，注意值最高，效果也最好，因而对广告的版面设计和文案写作有特殊要求。

封面广告应以精美的画面吸引受众，画面信息应与印刷的专业性有一定的内在联系，并具有审美价值，使人在情感愉悦中接受信息。文案只能以品牌或广告名称、简洁凝练的广告语形式出现。

封底与封面同样重要，也应以图形为主，文案为辅。文案语言不仅要考虑杂志的特定受众，而且要考虑杂志受众以外无意注意的其他受众，淡化专业性，更接近于大众化。

封面和封底这两种版式广告在杂志广告中处于最重要的位置，在文案的处理

图 6—5

上有不同于其他版面的地方。一般来说，封面广告基本以图形为主，强化视觉冲击力，文案最多只能表现品牌名称或是用简明的广告口号来凸显品牌形象。封底广告的要求与封面大致相同，但是可以根据需要适当增加一定的说明文案，值得注意的是，说明性文案应考虑到在目标受众明确产品主题的前提下尽量通俗化，文字应控制在30字以内，这样方能更好地为更大范围内的受众所接受。

2. 封二、封三和目录对页

封二、封三和目录对页印刷广告，受众的注意力仅次于封面和封底，高于内页各制式，也是很重要的版面形式。其广告多采取图文并茂的形式加以表现，而且广告文案在其中的作用尤为重要。适于平面广告的各种文体、表现形式和表现手段，均可针对特定目标受众运用于此文案写作中。封二、封三、目录对页虽然处于杂志的内页，但是因其独特的位置而具有较高的注目率。由于翻阅杂志的读者大多数都是目标受众，具有一定的文化素养和专业知识，因此封二、封三、目录对页广告文案可以占据较多位置，并以多种写作手法来进行广告诉求。

本节思考题

1. 你如何评价封面广告的视觉冲击力。
2. 图文结合诉说广告信息时应注意什么？

第三节　杂志广告文案写作(下)

一、杂志广告文案写作中需要注意的问题

杂志广告因为其得天独厚的条件，越来越受到广告主和广告公司的重视。在杂志广告文案写作过程中，为了使广告更好地发挥宣传效果，除了充分利用杂志广告的优点外，还要注意以下几方面问题。

(一)图片和文案的搭配要合理得当

一般来说，杂志广告中的标题其字体要大一些，正文内容应根据广告信息而灵活掌握。与报纸广告比，图片和文案是杂志广告重要的表述手段，由于杂志自身的特点(印刷质量高、纸张质量好等)，图片则更多地承担了传递产品形象与相关信息的任务，但是如果图片没有很好的文案作解说，其信息内涵就不容易使读者理解，

甚至可能会造成不必要的误导。[①] 同理，如果杂志中出现了过多过密的文案，则失去了杂志自身的特点，不能充分发挥杂志媒体的优越性。因而，在实践运作中要根据产品信息特点而灵活把握。

（二）语言要符合杂志读者的品位和文化素养

目前我国的杂志可分为专业性杂志、综合性杂志和休闲性杂志三种类型。专业性杂志的读者知识水平和文化素养都较高，在这类杂志上做广告时，语言要表现得典雅、庄重一些，具有一定的专业性，切忌庸俗、花哨、无文化品位的内容充斥版面。综合性杂志涉及面较广，读者成分复杂，在这类杂志上做广告要考虑让不同层次的读者都能读懂文案，并善于把握不同读者的共同利益点。休闲性杂志阅读面较广，这类杂志或以热门话题吸引人，或以独特风格吸引人，在这类杂志上做广告语言要通俗易懂，并且使广告语有一种亲和力，缩短和读者之间的距离。

例如三菱汽车在《中国民航》1998 年第 2 期所做的杂志广告：

不仅仅是想去哪里，重要的是如何到达

对于那些想走自己道路的人

全新——三菱 GALANT

以驾驭者的气派驾驭全新三菱 GALANT，那才真正是你自己的气派。既豪华新潮，又宽敞实用。优雅大方、考虑周全的工程设计不仅强调效率，而且珍视感觉和享受。高级的并联悬挂装置，激动人心的马力范围，其中包括丝绸般光滑平稳的 2.0 立升 ECL 多点喷油汽油发动机，使得你的操作不费吹灰之力。

请驾驭全新三菱 GALANT，去体味运输与满足的不同吧。

驰骋于三菱之路

《中国民航》是供乘坐飞机的人阅读的，作为消遣性的读物，其阅读对象大都是高收入、高学历的消费层，所以采用典雅高贵的语言风格，塑造了三菱汽车的高品位、高档次形象。整篇文案写得很有针对性，与阅读者的层次、品位极为相符。

（三）内容详尽具体，讲求实效

由于杂志这一媒体与报纸相比，具有更高的精读率和传阅率，所以，一般而言，

---

① 百度空间。

杂志广告在内容上比报纸广告更加详尽具体。但是详尽具体不等于啰唆，在文案写作中要摒弃空话、废话和套话，把话说到点子上，也就是要讲求广告实效。

比如《读者》1997 年第 4 期刊登的力士美容洁面乳广告：

展现生动美丽的一面

谁会喜欢木头娃娃那种硬绷绷、毫无生气的感觉呢？

人人都渴望拥有一张生动娇柔的面孔。全新的力士美容洁面乳，蕴涵天然成分，配方纯净温和，为你缔造娇颜，让你真正拥有生动娇柔的面容。

力士美容洁面乳，真正彻底洁净，而无须担心碱性成分刺激面部的娇嫩肌肤，并能有效促进皮肤的新陈代谢，使皮肤润泽而富有弹性。

均衡型：• 含天然芦荟精华，纯净温和，能有效去除分泌过剩的油脂。
• 保持皮肤爽洁舒适，柔软细润。

保湿型：• 含天然小麦胚芽油，营养滋润，保证面部皮肤特有的水分不流失。
• 使皮肤幼滑娇嫩，富有弹性。

全新力士美容洁面乳，给你面部前所未有的轻柔呵护！并展现生动美丽的一面，使你更有自信！

文案首先介绍了力士美容洁面乳的功效，然后又详细介绍了产品的两种类型（均衡型和保湿型），最后向消费者承诺产品可以“展现生动美丽的一面”。文案内容详尽具体，切中要害，牢牢抓住了消费者的爱美心理。

相反，下面这则杂志广告则显得有些不得要领，缺乏实效：

我厂坐落在海滨城市——青岛市郊，交通方便，青岛栈桥、崂山，风景宜人，是全国闻名的旅游避暑胜地。

我厂制造塑料机械已有近二十年历史，技术力量雄厚，设备精良，工艺先进，产品质量精湛，在国内享有盛誉，畅销全国 27 个省、市、自治区。

一个制造塑料机械的企业在广告中大谈“风景宜人”、“避暑胜地”，显然和所要表达的主题相去甚远，容易使人误认为是旅游广告，这就不可能起到有效的广告宣传作用。离题千里是广告文案创作之大忌。

如果说报纸广告文案更强调语言的新颖独特和冲击力的话，那么杂志广告文案则更强调语言的实在、具体。

（四）将理性诉求和感性诉求推向极致

杂志广告文案有两种写作策略，一是利用其精读率高、容易保存的特点，进行详尽的叙述和论证，将理性诉求推向极致。二是利用其印刷精美的特点，以优美精致的画面抓住读者的眼球，并配以情绪化、个性化的文案语言文字，将感性诉求细腻化。

比如上文中的力士洁面乳广告文案便采用了理性诉求的形式。化妆品在电视广告中大都因精美的动态画面和产品的真实再现而吸引受众，从而将感性诉求最佳化。但是在杂志广告中则要采用理性诉求的方式来诉说此类产品，如此方可得到读者认同。

像下面一则摘自《读者》2010年第4期的封面广告文案：

> 标题：汉王电纸书 您的随身图书馆
>
> 正文：像书一样不伤眼
>
> 采用电子墨水显示技术，无辐射，不伤眼，字体大小可调节。低功耗，一次充电可用15天。
>
> 像纸笔一样能手写
>
> 可通过电磁笔在书本内容上直接圈阅、批注；支持关键字词的检索与查询，只需输入关键字，所需内容瞬间呈现。
>
> 像图书馆一样万卷书
>
> 已随机预装上千本正版图书，还能从网上无限下载更新，真正实现“读无止境”。

文案用非常感觉化的语言对汉王电纸书的功用进行了介绍，将其优点全部呈现给受众，“不伤眼”、“能手写”的“万卷书”等，暗示消费者这一产品确实可成为你的“随身图书馆”，这样的广告语言文字确实能够打动那些潜在消费者的心。

二、杂志广告与报纸广告文案写作的异同

同为四大广告媒体之一的杂志和报纸，因其都属于平面印刷媒体而有着可以

互补的相同之处，杂志广告在某些方面不如报纸广告，但又在某些方面显示出其独特优势。作为广告的承载与宣传媒体，二者都在不断的改进与实践中，更好地服务于广告业和市场经济。广告业主应该恰当合理地取之精华、去其糟粕，发挥出广告的最佳效益。

现代造纸和印刷业的发展，为杂志和报纸寻求更佳的立身之地提供了充分条件。可以说杂志和报纸都是图文并用的传播媒体，但二者的侧重点实际上还是有所不同的。随着市场竞争的日趋激烈，杂志广告文案中越来越多地倾向于对图像的运用，文案则逐渐倾向于精简（当然有时也不尽如此），杂志印刷的精良品质和精密度极高的印刷效果，使其越来越受到读者的有意关注，这其中主要是图像在视觉上产生的吸引力。为了更好地发挥视觉图像的艺术水平，刊登在杂志上的广告就要充分利用这一特点，选择有较强冲击力的视觉图像，将广告的意图尽量通过视觉语言表达出来，文案虽然也不可或缺，但其内容无论多少都是为图像服务的，起一个解释说明的作用，使其在对精美图片的欣赏过程中通过文案的补充加深对产品的理解和印象。

相比之下，报纸则有所不同。作为另一种专门传递信息的大众传播媒体，报纸的首要传播元素则是文字。因此，报纸广告则将更多的精力付诸文案，在表现内容、重点以至版面设计等方面都要有较新的创意，并且要用文字来强调产品的特点，以吸引消费者的注意和购买。其中，图像的运用则只是对文字的衬托，最初的报纸是只有文字没有图像的，后来"从纯文字传播到加入黑白插图、套红印刷，从黑白摄影到现在的彩版技术运用，呈梯级演变"[①]，使得报纸广告有了新的突破和较大的改进与完善。图像的使用，不但为信息的传播提供了更多的表现渠道，而且增加了报纸的表现元素，加之详尽的文字说明，图文共赏，从而使读者更易于接收和理解信息。尽管如此，图像在报纸广告中的运用仍不会超越文字而居于主要位置，文字仍然是报纸最主要的传播元素。

作为杂志来讲，一本杂志在手，不一定所有的人都能很顺利地阅读与理解其中的内容，有的甚至不知所云，这是由杂志的专业性特点决定的，分门别类的杂志针对的读者群是有限的，这就缩小了受众的范围。而报纸在此方面却显出了优势，以传递信息为主的报纸，只要受众有一定的识字阅读能力，便可进行阅读并获取信息。相对于杂志，报纸不具备明显的专业性，几乎所有的报纸都可有共同的受众。

---

① 江波：《广告心理新论》，暨南大学出版社 2002 年版，第 247 页。

本节思考题

1. 杂志广告与报纸广告文案的异同点有哪些?
2. 就教材中所举例子试着写一篇广告文案。
3. 你对杂志广告文案写作有什么看法?

第七章　网络广告文案写作

本章重点提示：本章的学习中应重点掌握各种网络媒体的传播特性。

本章难点提示：如何恰当地运用文案写作技巧撰写网络广告文案则是本章的难点。

第一节　概述

世界上最早的互联网，起源于1968年美国国防部高级研究计划局（ARPA）主持研制的用于支持军事研究的计算机实验网ARPANET。ARPANET建网的初衷并不是要将其作为一个新兴媒体传播信息之用，而是旨在帮助那些为美国军方工作的研究人员通过计算机相互交换信息。它的设计与其目的实现均是基于这样一种主导思想：网络要能够经得住故障的考验而持续维持正常工作，当网络的一部分因受敌方攻击而失去作用时，网络的其他部分仍能维持正常通信。这就是美国科研人员研究互联网的宗旨。正是因为其目的单一，因而最初研制成的ARPANET，也就只有四台主机在联网运行。

到了1985年，在美国政府的帮助下，互联网开始被运用到民间的通信业中。美国国家科学基金（NSF）在这一年组建了第一个网络，并命名为NFSNET。伴着TCP/IP协议的成长，NFSNET在1986年建成后取代ARPANET成为Internet的主干网。他们把最后使用TCP/IP支持的NFSNET网叫做Internet，即当今世界最大的计算机互联网。

再往后，随着个人电脑的逐渐普及和互联网技术的发展，互联网将千家万户连接起来，形成全国以至全球大联网，并以其特有的交互性传播形式，被称为继报纸、广播、电视、杂志之后的"第五媒体"。就拿我们国内来讲，互联网已经成为仅在手机媒体之后的第二大传播媒体，据第二十次中国互联网发展报告统计，我国的网民总数已高达 4.57 亿人。互联网的发展极大地改变着人们的生活，同时也对传统广告媒体产生着深远影响。

网络广告是指利用国际互联网这一载体通过图文或多媒体方式发布旨在推广产品、服务或站点的信息传播活动，是一种由广告主自行或者委托他人设计、制作，在网络上发布的有偿信息传播。网络广告是采用电子多媒体技术设计制作，利用通信网络作为广告发布平台并通过网络传播广告信息的媒体形式。其具体操作方式包括注册独立域名，建立公司主页，在各网络站点做各种尺寸的广告及图文链接，登录各大搜索引擎，在 BBS 电子公告板上直接发布广告信息，通过电子邮件给目标消费者发送广告信息，在提供博客服务的网站上开设公司博客等，它具有网络媒体所独具的互动性强的传播属性。

学术界一般认为，1994 年 10 月 14 日，美国《Hot Wired》杂志网络版在其网站上发布的旗帜广告为世界上第一条网络广告。从此这一广告形式以其强大的生命力出现在广告传播活动中，同时也让网络开发商与服务商看到了一条前景光明的道路。继其之后，许多传统媒体如美国有线电视网(CNN)、《华尔街日报》、《纽约时报》等传统媒体，也纷纷建立自己的网站，并在刊登自由信息的同时，在互联网这一传播平台上经营广告。网络广告传播——这一新型的广告传播模式正式诞生。

1997 年，我国网络广告业实现了零的突破，第一个商业性网络广告出现在 1997 年 3 月的 Chinabyte 上，这是一条 Intel CPU 的 468×60 像素动画旗帜广告。1999 年 7 月，由中华网筹划并在上海召开的全国互联网广告营销会议则是我国第一次规模较大的网络广告营销沟通会。

迄今为止，中国的网络发展状况仍然是处于普及期和快速增长期的发展阶段。据最新的《2010 年中国互联网调查报告》中的数字显示，2010 年中国互联网上网人数高达 4.57 亿人，其中宽带上网达 4.50 亿人，互联网普及率达到 34.3%。15～40 岁的人在过去一年中使用互联网的比例占了 62.7%。这样巨大的媒体接触人群以及充满活力的年龄构成无不显示着互联网这一领域将会越做越大。网络广告收入的增长速度更是令人吃惊，据相关研究显示，2010 年中国网络广告(主要指网络品牌广告，不含文字链接与部分定向类广告)市场规模达 148 亿元，同比增长 58.8%。[①]

网络广告(Web Ads)是一种新兴的广告形式,它依托国际互联网并随着互联网的迅速普及逐渐为人们所熟悉。据美国著名传媒研究者霍金斯的定义,网络广告就是电子广告,即通过电子信息服务传播给消费者的广告。中国广告商情网(www.a.com.cn)将网络广告界定为在互联网上传播、发布的广告,其广告形式、收费模式等都与传统广告有所差别。实际上,网络广告就是以互联网为媒体发布和传播的商业广告,套用广告的一般定义,也可以说,网络广告是确定的广告主以付费的方式运用互联网媒体对公众进行劝说的一种信息传播活动。[②]

由于网络的互动性和网民对于消息接收的自主性,使得网络信息泛滥、空间无限延伸,使得仅靠外在推动力较难长期地将某一消息置于最显眼的位置,即使做到了,也不等于就能受到关注。“因为各种消息的登记和优先程度都是由参与其中的每个网络使用者所共同赋予的,每个人都有机会决定将怎样的消息扼杀或者为延长它的传播渠道和时效作出自己的努力,甚至可以在他人获得的信息基础上加入自己新的创造,然后再继续在网间流传,利用各种转载和链接,完成真正的互动传播。”

由于互联网是网络这一新媒体的总代称词,在实际的信息传播尤其是广告信息的传播实践中,往往商家或生产企业只是选定互联网中的某一具体传播平台来传播其广告信息,比如像博客、播客、BBS、富媒体、流媒体等,也就是说互联网就像一棵枝叶茂盛的大树,博客、BBS、富媒体等则是这棵大树上分出的一个个枝杈。因此,我们必须对这些枝杈有一个全面了解与把握,方才能够得心应手地为客户撰写各种广告文案,并取得预期广告传播效果。下面逐一作一番分析探讨。

一、博客

博客(Blog)的原意是“航海日志”,后指任何类型的流水记录。而 Weblog,是网络上的一种流水记录形式,简称“网络日志”。一个 Blog 是一个网页,由按照时间排列的日志组成,用户通过申请自己的站点后自主发表日志,也可以通过链接或直接输入地址阅读他人的日志。可见,博客是个人思想、观点、知识等信息通过互联网进行发布、传播和共享的一种媒体。

---

① 《中国广告》2010 年第 3 期。

② 李兵:《论网络广告的特点与形式》,《商业研究》2002 年第 1 期(上半月版),总第 237 期。

博客进入国内的时间不算太久，目前主要的中文博客网站有 blogcn、blogbus 等，而各大门户网站如新浪、搜狐、雅虎中国等也看准了这块巨大的蛋糕，纷纷进入这一市场，为更好地开发这一新平台的广告价值做好了铺垫。其他类型的还有诸如微软公司的 MSN Space，腾讯公司的 QQ 空间，百度公司的百度空间等。其中，MSN Space 和 QQ 空间将即时通信工具与博客联系起来，具有新颖别致的传播特色。这些博客大都注册简单，使用方便，模板丰富，因而用户数量也比较多，从而使更新、评论的氛围比较积极，形成了一种传播圈子和一定的气候，占据了国内博客受众群体的绝大多数。

由于博客的传播特征是以个人为中心的信息表达和传播，因而它具有自主性、个性化、分众化等特征。作为互联网的新锐势力，其发展速度和传播优势备受关注。特别是在注重分众传播、互动体验营销以及公关的后广告时代，博客所蕴涵的广告传播价值被许多专家和业内人士所看好。

个人博客通常是指发表或张贴个人生活中的事情点滴和自己的兴趣爱好，并通过这种方式把个人的思想、知识以及新近获知的信息与他人分享、交流，同时又能通过跟帖和网络链接等方式结识到更多志趣相投的朋友。这就是说，博客实际上是一个用个性化的内容来聚敛人气的网络平台。

也许正是因为这些，其发展速度才极为神速。据中国互联网信息中心 2010 年网络发展状况统计报告显示，在中国的网民中，经常使用“博客”的已经占到 10.5%。艾瑞市场咨询的统计则显示，中国“博客”用户已由 2003 年的 20 万户增长至 2009 年的 1180 万户。

（一）个人博客与博客圈

作为单一的个人博客其本身并不具备成为一个广告投放平台所必备的要素，因为这种散乱无序的单一性传播很难达到广告预期效果。但是各博客网站陆续推出的博客圈等类似功能，使得在个人博客中表现出特定的个性化兴趣的人能够通过网络找到与自己具有同一群体特征的博客使用者。这样形成的受众圈和资讯圈使得传播路径走向分众化，从而大大提高了广告投放的针对性。通过各种指标特征划分出来的各种自发群体被赋予了各种各样的标签，反映在消费需求上，在某一方面也具有相对应的共同特征，这样一来，不同的广告代理商就能根据产品的特征选择相关联的博客群体投放广告。

由于博客圈所具有的群集性特征，使得广告投放时人们不必再针对单个博客或某一个站点，而是把注意力上升到由这些特性所搭建的网络中的某一平台，即将所有具有某一有效特征的博客通过博客圈子网罗在内，直接到达目标受众，提高传播效率。

另外，由于博客与博客之间建立了便捷的链接，使得相关的信息具有高效率的扩散渠道。这种“多对多”传播所具有的发散性比“一对多”传播更有效率，对于广告商来说，更实际的意义在于能够减少广告费用的浪费。

（二）企业博客与“口碑营销”

随着博客的发展，越来越多的企业开始建立自己的企业博客，企业博客已经成为广为流行的企业网络营销工具。这是一种用较低成本即可建立品牌形象和推广新产品的一个新营销手段，目前已经引起了众多企业的关注，成为线上广告的一个重要补充。较之其他网络营销工具，博客具有更大的自主性，信息量更大，且发布更为灵活。企业通过这一媒体获得更为廉价、更为便捷、互动性更强的传播机会，可以更加广泛地对外发布广告信息，与潜在消费者进行直接有效的沟通，从而提高企业美誉度和产品知名度，或者在发生危机的时候，营造有利于企业的危机应对舆论。

近年来，十分热门的“口碑营销”类似于传播学理论中的“意见领袖”，在意见领袖或者亲朋好友的推荐下，某种信息的传播被自然地认为是更加人性化的运作，因而也就更加容易被信任。作为网络平台上的一种媒体，博客先天具有网络媒体不够权威的弱势，但与大众媒体相比其人性化优势无疑会使受众把对博客作者的信任延续到对在这一平台上发布信息的信任——包括广告。

二、微博

微博网，即微型博客网站（MicroBlog）的简称，是一个基于用户关系的信息分享、传播以及获取平台，用户可以通过 WEB、WAP 以及各种客户端组件个人社区。微博的另一个特点还在于这个“微”字，一般发布的消息只能是简短的一段话，每次只能发送 140 个左右的字符，并实现即时分享。它允许用户将自己的最新动态和想法以短信息的形式发送给手机和个性化网站群，而不仅仅是发送给个人。国际上最早最著名的微博当数美国的 Twitter，根据相关公开数据显示，截至 2010 年 1 月份，该产品在全球已经拥有 7500 万注册用户。目前国内著名的微博有：唠叨网、嘀咕、摄雅图片微博、随心微博、Follow5、新浪微博、大围脖、叽歪、同学网、品品米、茶缸儿等。有人曾指出：在博客、微博两不误的作家和菜头眼里，微博客是信息日益碎片化的必然结果。在 BBS 发帖，在 Blog 写博，门槛儿其实都很高。但是，哪怕是一个没有受过严格中文训练的人，只要会发短信，也就能使用微博客。用它记载自己某一刻的心情，某一瞬的感悟，或者某一条可供分享和收藏的信息。奇妙的是，尽管信息已经高度碎片化，但是它们能自发组织，完成对某个事件的完整报道和传播，也能够记录一个普通人生活中所有的点滴，微博是希望得到关注的人或企业的一种表达方式。

三、播客

近年来，不少视频网站或门户网站的视频频道纷纷出现，视频的剪辑与短片像文字和图片那样在网络上传播、蔓延着。于是，一种新的发布信息、尤其是个人发布信息的站点应运而生，这就是播客。

播客网站与博客相类似，大多都是个人根据自己的兴趣爱好和所能获得的资源，在个人申请的站点和所登录的页面中发布视频信息，这种视频文件往往赋有标签，或直接归入某种题材，便于人们在浩瀚的网络信息海洋中通过关键字进行检索。

目前，依赖个人制作上传的播客作品往往是质量参差不齐，一般的播客内容大都是现成转载发布他人或公司已经制作完成的有特定取向的视频短片，但这并不妨碍播客成为广告投放的新平台。

近年来，随着宽带的普及和视频播客的兴起，传统意义上的文字博客市场成为过去。传播形式更加便捷，创作方式更加简易，加上数码终端产品价格的进一步下降，使得播客替代博客写作成为可能。

在播客上做广告的形式有如下几种：在视频缓冲期内播放某产品或服务的广告、在视频节目播放前插入广告、在视频内容中插入产品图片或文字等。其形式仍有待于进一步开发和拓展。播客本身承载的巨大信息量吸引着众多潜在消费者的目光。在新平台上投放广告可以利用其多媒体技术，为宣传产品和企业提供更多层次的选择。

1968 年，艺术大师安迪·沃霍尔留下了他最为著名的预言之一——“未来每个人都有成名 15 分钟的机会”。他当时认为，随着照相机和电视的普及，普通人成名的壁垒终将被打破，人们将此称为沃霍尔理论。

Web2.0 改变了这一成名游戏的规则，美国的《时代》周刊说，沃霍尔的预言将被改写，新的预言是，在互联网上，每个人都在自己的 15 人小圈子里闻名。

（一）富媒体

富媒体是 Rich Media 的中文翻译，它并不是某一种具体的互联网媒体形式，而是指具有动画、声音、视频和交互性的网络信息传播方法，它包含下列几种常见的形式或者组合：流媒体、声音以及 Flash、Jave、Javscript、Dhtml 等程序设计语言。

富媒体可以应用于各种网络服务中，如网站设计、电子邮件、Banner、Button、弹出式广告插播式广告等。

（二）流媒体

流媒体是指采用流式传输的方式在 Internet 播放的媒体格式。它是指商家用一个视频传送服务器把节目当成数据包发出，传送到网络上。用户通过解压设备对这些数据进行解压后，节目就会像发送前那样显示出来。从媒体的本质属性来看，流媒体实际指的是一种新的媒体传送方式，而非一种新的信息传播平台。

流媒体技术也称流式媒体技术，所谓流媒体技术就是把连续的影像和声音信息经过压缩处理后放在网站服务器，让用户一边下载一边观看、收听，而不要等整个压缩文件下载到自己的计算机上才可以观看的网络传输技术。该技术先在使用者端的计算机上创建一个缓冲区，在播放前预先下一段数据作为缓冲，在网络实际连线速度小于播放所耗的速度时，播放程序就会取用一小段缓冲区内的数据，这样可以避免播放的中断，也使得播放品质得以保证。

流媒体技术不是一种单一的技术，它是网络技术及音视频技术的有机结合。在运用流媒体技术时，音视频文件要采用相应的格式，不同格式的文件需要用不同的播放器软件来播放，流媒体技术为传统媒体在互联网上开辟更广阔的空间提供了可能，广播电视媒体节目的上网更为方便，听众、观众在网上点播节目更为简单，网上音视频直播也将得到广泛运用。

流媒体技术将过去传统媒体的“推”式传播，变为受众的“拉”式传播，受众不再是被动地接受来自广播电视的节目，而是在自己方便的时间来接收自己需要的信息。这将在一定程度上提高受众的地位，使他们在新闻传播中占有主动权，也使他们的需求对新闻媒体的活动产生更为直接的影响。

流媒体技术的广泛运用也将更进一步地模糊广播、电视与网络之间的界限，网络既是广播电视的辅助者与延伸者，也将成为它们的有力竞争者。利用流媒体技术，网络既可提供新的音视节目样式，也将形成新的经营方式，例如收费的点播服务。[①] 基于此，我们既要充分有效地发挥传统媒体的优势，也要充分利用网络媒体的特长，保持媒体间良好的竞争与合作，这无疑是未来网络的发展之路，当然，同样是未来传统媒体的发展之路。

（三）网络广告传播的优劣势

1. 优势

（1）网络广告为多种形式，比如：横幅式、按钮式、弹出式或插入式、赞助式、电子邮件式、游戏互动式等。

（2）新技术的运用。互动性能够减少受众对广告的反感，培养观看兴趣，从而实现广告信息的有效到达。此外，流媒体技术的发展也使得视频、声频相关文件能够在宽带网络中顺畅播出，使得视听结合的动感画面更好地诠释广告产品的特性，给受众留下更深刻印象，这也是网络越来越有力地挑战传统媒体的优势所在。

（3）广告价格相对低廉。在传统媒体如电视、报纸、杂志上做广告的费用一直以来都是比较高的，而网络媒体的广告价格相对较低。对于一般企业而言，在广告预算并不充裕的情况下，这是一个可行性比较高的选择。

（4）广告效果可靠与传统媒体相比，网络广告依靠浏览量，点击量等量化的数据反映广告到达情况，比起传统媒体来要明确和可信得多。

2. 劣势

（1）广告监管问题。尽管有着非常多的优势，但网络广告的劣势也是较明显的。最受关注的应该是网络广告监管问题，由于网络立法滞后，许多新问题、新情况出现之后无法可依的事例层出不穷。

（2）网络的公信力。网络本身的公信力相对其他传统媒体来说较低，再加上无序、虚假信息在网上泛滥并且得不到很好地清除和遏制，使得这一公信力危机迟迟无法得到解决。对于网络广告来说，受上述因素影响，人们对网络广告的信任度自然不会比传统媒体高。而且网络活动的自主性使得网民和企业主的认同程度不高，点击率低，强制性措施等也会引起受众反感。

（3）影响力局限性。网络面向的受众人群毕竟只是集中在经济较为发达地区一定年龄层的人群中，从而无法达到传播影响力最大化的目标。

---

① 《流媒体技术原理》，http://www.nwnu.edu.cn/Article.do_id=478.html，http://blog.csdn.net/marsgongna/archive/2008/12/04/3442247.aspx

本节思考题

1. 网络媒体在未来如何做才能更好地与传统媒体相融合？
2. 谈谈微博和博客的不同点。
3. 你如何看待企业博客与“口碑营销”。
4. 简要叙述一下网络广告传播的优劣势。

第二节　网络广告文案写作

一、网络广告的特点

（一）图文声画俱现

由于网络媒体本身具有视听觉同时再现的传播功能，因而受众通过互联网不仅可以清晰地看到各种各样的画面图片或影视内容，同时可以听到各种各样的声音，受众的两大主要信息接收器官的信息接收作用均可得到一个超强表现，并且可以通过互联网与产品营销方进行即时互动。因而，在网络上做广告就可取得一个与其他各大主流媒体均不一样的广告效果。进入21世纪以后，广告主越来越看好这一新媒体的巨大广告传播效应与传播潜力，纷纷将广告传播的重心移向这一新媒体。

（二）即时互动性

受众不仅能够主动选择广告内容，还可以与商家或生产企业直接讨论，并对产品提出建议，反馈、探讨相关情况。网络营销人员可以为特定目标顾客定做个性化的信息，以达到信息的集中与准确传输。

（三）形式多元化

由于宽带的普及、Flash技术的发展，网络广告越来越呈现出多媒体化的发展趋势，其中最具代表性的就是富媒体广告。富媒体广告能够综合利用Video，Audio，Java以及动画等组合而成的视听觉效果，除了提供在线视频的即时播放之外，内容本身还可以包括网页、图片、超链接等其他资源，与影音同步播出，大大丰富了网络媒体播放的内容与呈现效果。富媒体似乎从它一诞生就独具吸引力，它在形式多样的网络广告中非常醒目，影响力非常大，受众的点击率比传统网络广告高出好几倍。由于可以结合多种广告形式，使得富媒体具有极强的形象表现力，为创意人员提供了很大的想象力发挥空间。富媒体的接触方式不仅能吸引访问者的有意注意力，同时可实现受众与广告的互动。而且富媒体广告能够在内容和地域上定向，通过侦测受众IP等方法，有针对性地发布广告，也便于广告主定向追踪客户的行为。

此外，将富媒体广告发挥得非常出色的代表性新媒体是近两年才兴起的第三代电子杂志。网络杂志内容广泛，涉及时尚娱乐、数码动漫、网游竞技等众多领域。新型网络杂志强调互动性和多媒体，比如介绍音乐内容时，用户通过杂志可以看到歌词、动画，在线收听每首新歌、花絮，以及演唱会视频。在时尚类杂志中，读者可以一边听着美妙的背景音乐，一边360度旋转流行服饰，还可以通过视频窗口感受到时装秀的现场气氛，甚至可以直接与服装设计师进行互动。它并且能针对用户作阅读分析，得到最新信息反馈，从而为内容制作和广告投放提供参考。

（四）受众小众化

在21世纪社会里，大众传播早已经变成"处处是中心，无处是边缘"，信息权力已经分散到了上亿台电脑中，电脑用户不仅接受信息，而且产生信息，它们成分散的中心——不仅仅是阅读、收听和收看的中心，而且也是生产信息和传播信息的中心。网络广告充分利用了这些分散的一个个分支中心，从而形成了独特的"长尾"力量。

综上所述，在这样的网络媒体中从事广告文案写作，就一定要准确把握各类分支媒体的传播特征，从而有针对性地撰写体裁各异的广告文案，将产品或其他商业信息准确有效地传播出去，取得预期广告效果。

二、网络广告的文案撰写方法

（一）横幅式广告(Banners)

又叫"通栏"、"旗帜广告"，是目前全球网络广告的主要传播模式之一。具体是指网络媒体在页面中分割出一定尺寸的画面（视各媒体的版面规划而定）发布广告，因其像一面旗帜，故称为旗帜广告。最常用的广告尺寸是468×60（或80）像素、234×60像素，以JIF、JPG等格式建立的图像文件，定位在网页中，同时还可使用Java等语言使其产生交互性，用Shockwave等插件工具增强其表现力。旗帜广告允许客户用极简练的语言、图片介绍企业的产品或宣传企业形象。为了吸引更多的浏览者注意并点选，旗帜广告通常利用多种多样的艺术形式进行处理，比如做成动画跳动效果，做成霓虹灯闪烁效果等。根据上述特点，横幅式广告文案撰写应尽可能地使用简洁的语言来做画面的解释或特别强调，不能以撰写大量文字的方式试图全面介绍产品，因为那样做只能减弱受众的吸引力和有意注意力，使得所设想的广告传播效果无法实现。比如像广东珠海某企业为其产生的新产品“快乐行MP3”所做的横幅式网络广告就是一个成功案例。该广告的受众注意中心点是由六个不同的画面组合而成的该产品各种性能展示，只是在最后一个画面出现的同时，在其下方配有一句广告文案“快乐行 MP3，不仅仅是价廉的概念”。这一简洁的广告语让受众在欣赏该产品功能展示广告画面的同时，明白其产品的质量正如同一个个画面所展示的那样新颖独特，得到一种使用它可给消费者的生活带来极大的快乐与方便的认同感。

（二）按钮式广告（Buttons ）

按钮式广告也是网络广告中最早和最常见的一种形式，通常是一个链接着某公司的主页或站点的公司标志（Logo），将其定位在网页中，由网络浏览者主动点选。最常用的按钮广告尺寸有四种，即 125×125 像素（方形按钮）、120×90 像素、120×60 像素、88×31 像素，由于尺寸偏小，内容有限，表现手法也较简单。因而在文案撰写时一定要用标语式的语言来告诉受众一个中心诉求点，使得受众立刻明白这将是链接着一家生产什么产品的企业，从而决定是否进入其站点去详细浏览。

（三）插播式广告（Interstitial Ads ）

插播式广告的主要特点是，广告主选择与自己产品相关的网站或栏目，在该网站或栏目出现之前插入一个新的浏览视窗显示广告，在访客登录网页时等待网页下载的空当出现于受众眼前。插播式广告主要分为两种，一种是弹出窗口（Pop-up），出现在该网站的页面上，另一种是背投广告（Pop-under），一般出现在该网站页面窗口之后，尺寸较大。插播式广告的文案撰写同样要根据媒体物的不同形式来灵活操作，弹出窗口式的插播广告文案则不能大幅介绍某产品的各种性能和其他好处，只能是使用极具引诱性的几个字将其产品介绍出去，从而以一种瞬间印象式的传播给受众留下较深的第一印象，等受众的第一印象就要消失时，他如果对这一产品有兴趣，就会再次点击，或者依据前面所得到的产品名称这一信息点，去主动找寻更加详细的产品介绍广告。如果是撰写背投式广告文案，则可以用数个不同的广告语来组成一组产品性能的不同亮点介绍，从而使受众能够在较短的时间内获得对于该产品的较为详尽的信息，有一个较深的品牌印象。

（四）流媒体广告（New Media）

流媒体广告通常出现在网页的页面左侧或右侧，可以自由播放由多媒体技术制作的视频与声频相结合的 Flash 文件。播放画面可以悬浮于所打开的网站页面之上，流媒体广告信息丰富，形式多变，具有强烈的感染力。点击关闭按钮可以隐藏在页面一侧。流媒体广告的写作特点是：广告语短小精练，关键词直奔产品卖点，这样就可给受众留下极具视觉冲击力的第一印象，从而使得受众能将注意力主动集中到这一媒体中，自觉打开相应广告网，认真寻找相关更加详细的广告介绍。比如某书店的流媒体广告语是："走，看这本从未见过的书去！"什么书？还来了个从未见过，受众的好奇心理一下子便被激励起来，于是就开始主动去找寻关于这一广告的更加详尽信息，该书的销售量也就可想而知。再比如像下面这则国外流媒体广告案例亦有着相当的借鉴意义："某葡萄酒公司在 Twitter 上举办了 Twitter Taste Live，共有 5 款雨果葡萄酒分别提供给使用 Twitter 的葡萄酒爱好者品尝。"然后主办方确定一个时间，在 Twitter 上和葡萄酒爱好者进行互动交流，并用视频直播来辅助这次体验活动，加强了活动的直观性。在这里用 Twitter 的形式将品酒会现场搬到网上，只要 Twitter 用户将自己的想法以文字由网站、短信息等发送给订阅者和好友，双方就可及时反馈。与传统的线下体验营销相比，Twitter 体验方式可以使葡萄酒爱好者突破品酒时间、地域、人数的限制，全国甚至全球品酒成为可能，更重要的是来自不同地区的葡萄酒爱好者可进行实时沟通与更加深度的交流。

（五）赞助式广告（Sponsorships）

赞助式广告形式多样，有内容赞助、节目赞助、节日赞助、竞赛和推广式广告（Contests&Promotions）等。广告主可根据自己所感兴趣的网站内容或网站节目进行赞助，或者与网站一起合办他们认为受众感兴趣的时效性网站，如北京奥运会网站、上海世博会网站等，进行网上相关信息的及时发送传播或发布网上推广式广告。赞助式广告文案的写作特点是：应当充分利用这一机会为自己企业生产的产品做广告宣传，因而广告内容应当尽可能地详细，对于产品的性能、价格、售后服役等消费者最为关心的信息作一个详尽诉说，使得消费者得以了解产品的整个情况，从而很快就可下定购买决心。

（六）电子邮件广告（E-mail）

广告主或广告代理机构通过各种途径搜集到目标消费者邮箱，将广告信息以邮件的形式用附件发送到受众的邮箱中。因为可以被无限复制，而且获取邮箱的费用较为低廉，因此广告成本较低，但由于各个邮箱服务提供商都带有垃圾邮件过滤功能，该广告的到达率并不算高。在这种情形下，电子邮件广告文案的撰写要把握以下原则：邮件主题一定要准确、鲜明、生动，同时将企业名称和亲切友好的问候语简要地附在邮件主题的最后，这样当邮件接收者从收件箱中看到该邮件时，尽管一时间会感到突然与意外，乃至产生一丝不满或厌恶的感觉，但是他很快就可从邮件主题中的企业简称和亲切友好的问候语中将不满予以释放，进而打开该邮件。邮件主题的撰写如上所述，但是邮件内容则应是详尽周全，应当把该产品的所有情况都一一用分类法介绍给受众，在具体撰写时应采用应用文体，朴实周详地一一诉说，应杜绝使用华丽夸张的词汇，不要过多使用形容词和程度副词，要设法给受众造成一种货真价实的阅读感觉。

（七）互动游戏式广告（Interactive Games ）

在一段页面游戏开始、中间、结束的时候，广告可随时出现。可以根据广告主的产品要求为之量身定做一个属于自己产品的互动游戏广告。其广告形式多样，例如：圣诞节的互动游戏贺卡，受众在欣赏完整个贺卡之后，广告会作为整个游戏贺卡的结束页面从而带给受众一种言犹未尽的欣赏美感。比如在游戏界面中的扑克牌背面设计赞助商的商标，融信息于乐趣中，使娱乐和广告这两者在受众的接受心理上得到平衡。

由于网络技术的飞速发展，网络广告的表现形式不断翻新。现在有很多大型网站除了使用常见的 Banner 和 Button 外，又有很多新形式被使用，如基于多媒体技术的飞行精灵、幻影跟随、鼠标跟随、浮动层广告、震动的 Button 和下拉式 Banner等，这种传播模式的广告撰写要把握以下原则：所诉求的产品信息应尽量简洁明快，切不可将冗长的文案插入其中，以造成受众的阅读厌恶感。采用口号式广告语告知产品名称即可，不要对产品名称多次显示，以免受众误认为该产品是不是有名不副实之嫌。

（八）博客广告

有关博客的媒体属性已在前面作了介绍，这里只就其文案写作特点再作一番探讨，博客广告的写作特点主要是：普通人开设博客的目的并不是有意要为某一产品做广告宣传，而是想要把自己日常工作和生活中的所见所闻、所感所受与其他人一起分享，但是往往正是在这样的所见所闻过程中，会将博主所见或所使用的产品不经意地介绍给别人，比如像某人在自己博客中讲述的这段：“今天在南锣鼓巷有三大收获。一、吃到了正宗的老北京豌豆黄儿，透着一股刚蒸得捻烂的豌豆的清香，小时候的味道，不像别处卖的甜得糊嘴。二、青海老酸奶，真好喝，醇极了，比我还‘纯’。三、定做了一件衣服，我穿上玉树临风见谁灭谁。”在这段博文中作者无意间介绍了老北京的“豌豆黄儿”、“青海老酸奶”，使得看过这段文字的人立刻记住了这两个产品。

但是，企业家所开设的个人博客其目的和普通人的博客完全不同，因为企业家的博客有一个主要目的，就是要设法能够使得自己企业的信誉度和知名度，通过这样的媒体物得到一种别致的提升效应，从而拉近与消费者的情感距离，获得消费者的好感。因而，在具体操作过程中，企业家应当在博文撰写时运用情感诉求法介绍喜爱你以及喜爱你的企业、产品的那些人想要知道的你自己的相关情况。介绍的语气应尽量亲切，在一种娓娓道来的过程中不经意地把某一产品或商业信息传播出去，使受众在一种无意识状态下获得这一信息。比如像九阳集团总裁的博客中有这样一段博文：“早上七点半起床，把昨天晚上浸好的豆子，倒进九阳豆浆机。我很好奇豆浆到底是怎么做成的，所以安静地在旁边盯着进行的全过程。先是加热，煮沸后稍冷却一下再开始打浆。会反复地打三次，然后再加热，再冷却再加热……”在这一段好似在谈自己早晨起来做早餐的过程中，为九阳豆浆机这一产品做了一次广告。但是这样的广告传播法受众却不会有反感或厌恶感，从而使得看过这段博文的人自然地记住了这一产品。

我们再来看一下李开复在他开的博客中写下的这段隐形广告文案：“微软公司的视窗产品确实是改变人类历史的一项伟大产品。尤其是 1995 年 8 月 24 日，Windows 95 的发布轰动了整个世界。Windows 95 的出现带给使用者一个完整的图形化操作与使用概念，使人在电脑前的工作过程不那么枯燥乏味，使用电脑的经历也开始变得有趣。它的出现被认为是人类科技史上具有里程碑意义的事件。随后，微软在视窗的研发投入力度越来越大。到后来又研发出 Windows 98、Windows 2000、Windows XP，以及后来的 Windows Vista。我有幸参与了微软 Windows Vista 的研发工作。在这个过程中深深地感受到了，我们现在已经使用的微软产品方便、快捷而又智能，但是在科技研发过程中却充满了曲折和困难。尤其是微软的 Windows Vista 系统，从开始酝酿到最后的发布，用了整整 5 年的时间，其间甚至经历过一次完全的推翻重写，这个过程，让微软视窗团队的每一个工程师都曾经充满沮丧和煎熬。也许，无论是历史还是科技，这种曲折都是前进的一个组成部分。2002 年年初，我加入了 Windows Vista 的团队，组建了一个新部门，叫做自然互动服务部……”作者通过一种娓娓道来的语气，为微软公司做了一次免费广告宣传，使人在一种阅读美感中更加了解了微软公司研制出来的各种办公软件。

当然了，作为企业家所开设的博客来讲，其主要功能还是以宣传产品为主，但是这里的宣传则完全不同于通常的广告宣传，而是要在自己的博客里，详尽地解释消费者对于产品，在使用过程中的不满和产品的某些缺陷给消费者造成不便或损失。只有用一种谦虚的态度和勇于承担责任的文案语言，才能获得消费者的认同，从而巩固其对于这一产品的信任。

（九）企业网站广告文案写作

企业家开设的网站其主要目的就是全面详尽地利用这一新媒体宣传、介绍自己的企业和所生产的各类产品，将企业形象与产品特征的详尽资料形象化地、全方位地展示在网络上，让那些已经购买或者说有意购买该企业所生产的产品之客户或消费者、其他受众对于这一企业与产品产生一个较为清晰、深刻的感觉印象，从而扩大企业与产品的社会影响力，提升企业与产品的形象地位。

基于这样的网络宣传定位，那么，企业网站的广告文案写作就需要把握以下要点：①在网站的主页上分设数个不同的宣传类别，比如企业简介、某某产品专栏、生产工艺流程、该产品国际营销专区、国内营销专区、消费者之家、售后服务与投诉专区、科研与最新技术动态等。每一个类别在主页上分别用最能代表本栏目特色的4～9个字来作为栏目标题，使得受众能够一目了然地知道每一种类别的主要宣传内容，从而选择自己感兴趣的类别打开链接仔细阅读。②在各类别主页中，文案撰写时其内容要详细全面，以该主页所要宣传的主打内容为宣传告知重点，采用应用文体写作方法来撰写广告文案。③尽管是需要详细介绍，字数也不能太多，通常情况下分设4～5个版块，每一版块一般撰写300字左右为宜。④在具体撰写时用产品说明书式或者是SIS策划案写作方式撰写之主页的文案内容，这样就能给阅读者一种真诚诉求的心理感觉，这样的感觉可增加其信任，从而对该企业以及该产品逐渐形成一种品牌忠诚度，最终有一个实际购买行动。

以下我们选取几个企业的网站广告内容摘要，以便读者能有一个更加直观的认识。

1. 某杂志网站的主页广告

上帝公平地给了每个人每天三个8小时的时间，第一个8小时大家都在工作，第二个8小时大家都在睡觉，人与人的区别是在第三个8小时创造出来的。那在这8小时里干什么最好？嗯，看书去！知识才能改变命运。

激情，梦想，创富，成功，这是《名人传记与财富人物》的办刊宗旨，有梦想,有创业愿望的读者请关注,本刊“创业故事会”正在进行中!

当然了,上面所述仅仅是本杂志的内容之一,作为一本极具影响力的人物介绍与传播类杂志来讲,用多样化的板块结构与不同类别的人物介绍以及分析探讨名人成功的关键因素等,更是本刊的一大亮点。因此,在这里想借用一句广告语:“更多精彩,就在《名人传记与财富人物》!”

2. 九阳豆浆机企业网站主页广告

九阳豆浆机在国内豆浆机市场已经牢牢占据了第一品牌的位置。九阳豆浆机的官方网站是西拓旗舰店网。西拓网为您提供全新正品九阳豆浆机综合信息。1994 年,九阳第一台全自动家用豆浆机诞生。自己在家里做豆浆,这在以前是不能想象的。

2006 年,九阳商标获中国驰名商标,同年,九阳豆浆机、九阳榨汁机、九阳料理机产品被国家质量监督检验检疫总局评为质量免检产品。2007 年,九阳豆浆机获中国名牌产品,九阳电磁炉获国家免检产品称号。更多精彩尽在九阳豆浆机官方网站。

九阳豆浆机企业的主要产品有:九阳豆浆机、九阳榨汁机、九阳电水壶、九阳电磁炉等。

九阳豆浆机(joyoung)JYD-R12P01:新一代可控硅加热,15 分钟超快制浆,智能温控不煳管,五谷精磨器Ⅲ型,涡流更强劲,精磨更细腻;全密封防水技术,更可靠;刀片采用三叶螺旋粉碎,防热手柄,更安全。

九阳电水壶(joyoung)JYK-315:造型圆润,稳重大方,1.2L 中等容量,特别适合三口之家使用。九阳 JYK-315 优质温控器,三重安全保护,充分保障人机安全,可拆卸式水垢过滤网,水质更纯净。

九阳(joyoung)JYL-6C 榨汁机:静音设计,带温控保护电机,使用寿命更长。食品级塑料,更健康、欧式外观,典雅时尚。双挡速度调节、不锈钢过滤网。时尚单按钮安全开关,可防意外开启。

泡豆时间参考如下:

北方地区 春秋季节 8～16 个小时,夏季 6～10 个小时,冬季 10～16 个小时。

南方地区 春夏季节 5～6 个小时,秋冬季 8～9 个小时。

3. 一汽大众集团网站主页广告

A、Q、R 三大系列共 21 款车型

全新奥迪 A8L 携手 SUVQ7 exclusive concept V12、R8 Spyder 组成强大旗舰阵容

亚洲首发：全新 A8 hybrid 以及两款 e-tron 车型展示未来驱动技术研发成果。

4 月 23 日，一汽—大众奥迪品牌 A、Q、R 三大系列共 21 款车型亮相第十一届北京国际车展。其中，全球首发的全新至尊旗舰轿车奥迪 A8L，携手顶级 SUV Q7 exclusive concept V12 和超级跑车 R8 Spyder 一起组成了强大的旗舰车型阵容，展现了奥迪品牌百年传承的尊贵血统和动感、进取基因。此外，亚洲首发的全新 A8 hybrid 以及两款纯电动车型——四驱版 e-tron 以及 A1 e-tron 也首次向中国观众展示了奥迪在新能源汽车方面的多样化解决方案。

全新一代奥迪 A8L 长 5267 毫米，轴距达 3122 毫米，为后排乘客提供了极为奢华的舒适空间；前脸线条简洁而动感，特有的旋风腰线赋予其优雅大方的车身外观，LED 尾灯组与整体后部风格融为一体，创造了雕塑般的造型艺术效果；可供选配的全 LED 大灯设计，最早在 R8 上首次使用，开创了汽车照明技术的先河，凭借节能、明亮、柔和的照明效果，引领了汽车技术的发展潮流。

12 缸发动机是当代至尊豪华轿车的标准之一。奥迪 A8L W12 搭载的 12 缸发动机经过全面优化和改进，采用了奥迪全球领先的汽油直喷技术，排量升至 6.3 升，最大功率提高到 368 千瓦(500 马力)，在超过 3250 转/分钟的转速下可以输出高达 625 牛/米的峰值扭矩，4.9 秒就可以完成 0～100 公里/小时的加速。凭借着奥迪领先的绿色高效技术优势，W12 发动机的平均油耗仅仅 12 升/百公里，大大低于竞争对手的同等车型，相比上一代油耗降低了 12%。

上述三家企业网站广告文案内容虽然各不相同，但是写作手法则是大同小异，都是运用了写作学中的应用文体写作方式，详尽地介绍了各自的产品或商业服务

的主要特点与产品特征，力图引发受众的最大注意力，从而达到产品或商业信息最大化到达目的。当然了，有的时候也可以在主页中适当加入一些幽默或调侃技法，使受众的情绪能在一种放松的状态下去品味广告内容。

本节思考题

1. 网络媒体广告文案写作的主要特点是什么？
2. 如何在流媒体上进行广告文案写作？
3. 简要叙述应用文体写作的特点。
4. 企业网站广告文案写作的原则有哪些？

第八章 户外广告文案写作

本章重点提示：户外媒体的种类及各类户外媒体的广告传播特点是本章应重点掌握的内容。

本章难点提示：户外媒体广告文字内容述说过多则会导致传播效应降低的根本原因是什么是本章的难点。

第一节 户外媒体简述

户外广告媒体是指安置在户外，使消费者能够及时了解商品名称和特性的广告媒体。户外广告媒体不仅仅是为企业产品做广告，同时更是一座城市现代化的重要人文景观，尤其每到夜晚时分，设置在市区大小街道旁、建筑物顶上色彩鲜艳、奇光异彩的灯箱广告、霓虹灯广告、电子显示屏广告相互争奇斗艳、互亮风采，不仅给城市市容市貌增加了别致风采，而且也给市民带来了一个个迷人的风景享受。

户外广告媒体是一种古老的传播媒体，自从古代人类开始相互间的物物交换时起，就有了户外媒体传播信息的记载。今天，我们给户外媒体所下的定义是：凡是能在露天或公共场所通过固定广告物传播广告信息，达到推销商品目的之媒体都可称为户外广告媒体。在报纸、杂志、广播、电视等大众传媒形式尚未发达时，户外广告媒体是广告信息最有效力的传播媒体。直至今天，户外媒体在所有传播媒体中仍然占据着非常重要的位置，以其独特的传播方式得到许多业界人士的青睐。

世界上最早的户外媒体是在我国内蒙古自治区阴山山脉发现的距今约一万年前的阴山岩画，其上面不但有各类动物、植物图形，而且还有告知性的诉求图画，比如指路的路标、狩猎场地的提示、迁移牧场的告知等，这类岩画明显有着社会公益广告的属性。

国外最早的户外广告媒体出现在古埃及十二王朝时期，是巨大的神庙前立着的方尖形的纪念碑。在古代埃及许多神庙前都立着这种方尖石纪念碑，它是神庙的一种标志物。方尖石碑上刻有复杂的象形文字传播特定信息，因而被认为也是一种古老的户外媒体广告。

公元前6世纪，罗马建立奴隶制共和国，经济繁荣、广告活动增多，闹市和街区出现了招牌和壁报广告。由于街道上四处都竖立着杂乱不堪的招牌，政府就下令一律改用墙壁做广告，临街的房屋都要留出一面墙壁作为广告位置来供张贴广告用。这些早期户外媒体形式在今天的户外广告中仍占有相当大的比例。①

户外广告媒体可分为平面和立体两大类：平面广告有路牌广告、招贴广告、壁墙广告、海报、条幅等。立体广告分为霓虹灯、广告柱以及广告塔、灯箱广告等。下面简要介绍几种常见的户外媒体：

(1)路牌。是最常见的一种户外广告媒体，最初是利用墙壁做广告，用油漆刷在墙上。后来，随着现代城市的发展，这一媒体又有了新的变化，路牌广告专门设置在各种道路旁边，其画面设计更为新颖、视觉冲击力更强。现代路牌广告大多设在人口流量较多的地段，如交通要道口、铁路沿线和风景区。

(2)广告牌。广告牌不仅能为企业产品做宣传，同时也是该城市一道亮丽的风景线。广告牌主要是指张挂在各种建筑物墙壁、建筑物顶部，如写字楼、高级公寓、影院、商场、购物中心等建筑物上面的广告牌。这种广告牌体积较大，产品形象醒目，给人的视觉冲击力较强，因而宣传效果很好，很受企业主的青睐。

(3)招牌。主要是作为店铺的标志，招牌多用于店铺名称，在招牌上题写有文字，招牌一般为长方形，其变化主要在字数、大小及悬挂方式上。

(4)电子显示屏。通过屏幕内部装设的电子管不停变幻灯光来显示各种信息，因为其形式醒目、变幻多样，给人的视觉感觉很特别，因而其信息传递作用非常强。现在，城市里的电子显示屏是企业经常选择的一种户外广告媒体，随着信息时代的到来，计算机多媒体技术的迅猛发展，近年来，大屏幕投影技术的成熟为电子显示屏的发展开辟了一条广阔的发展之路，其应用范围进一步拓展，信息传播方式更加多样化。

(5)交通工具媒体。随着交通的发展变化，汽车、轮船、火车、公交车的车身已

① 文春英：《外国广告发展史》，中国传媒大学出版社2006年版，第226页。

成为户外广告媒体的重要方式，车载电视、车身、车座、扶栏、车票等也都早已成为广告的载体。交通工具广告媒体的受众接触面大，人们在接触这样的媒体时心情较为放松，信息的记忆度较高，因而其宣传效果也被看好。

(6)霓虹灯。霓虹灯广告出现在20世纪初，这一媒体可以安装在铁壳或木质底板上，或装扎在铁框、玻璃框上，悬挂在室内或室外。1910年夏末，在巴黎举办的一次国际汽车展览会上首次挂上了刚发明的霓虹灯广告，立时在参观者中引起了极大兴趣。一年后，巴黎蒙马特林荫大道一家时装店屋顶也安装了一个霓虹灯广告牌，这个招牌是用弯曲成字母形的荧光灯管制作的，此后，霓虹灯广告开始风行世界各地。

(7)大立柱。广告牌置于特设的支撑柱上，以立柱式T形或P形为多，广告装置设立于高速公路、主要交通干道等地方，面向密集的车流和人流。普通使用的尺寸为6m(高)×1.8m(宽)，主要以射灯做照明装备。

户外媒体因为受发布空间和地点的限制，所要传达的信息量有限，强制性较差，很难引起受众的主动关心，因此户外媒体在广告的诉求上应该有的放矢，能简就不繁。有的只能用大字标语强化品牌，有的则可以用图文并茂的形式介绍产品，有的还可以详细诉求以加深理解。这就需要广告人深刻理解广告产品的特性，揣摩受众的接受心态并依户外广告媒体的自身属性而定。

一、我国户外媒体发展史

(一)古代户外媒体

我国户外媒体广告最早可以追溯到远古时代的阴山岩画，主要采用原始的户外媒体形式，起着一种象征与指示的作用。据《列子·黄帝篇》记载，在涿鹿之战时，黄帝将战旗上面示以兽、禽的图案，为上古部族图腾标志，这是历史上已知最早的部族图腾、旗帜广告的记载。随着社会生产力的发展，出现了农业、手工业、畜牧业的社会分工，商业也开始发展起来，广告的商业性越来越浓，户外媒体的形式也比先前丰富了许多，到清代时，户外媒体的发展达到鼎盛时期。媒体形式多种多样，其中包括金榜广告、碑刻和牌楼广告、仪仗广告、匾额、楹联广告、招牌广告、招幌广告、墙体广告等。虽然中国古代广告的发展历史悠久，但中国自给自足的自然经济形态滞留了广告发展的脚步，随着资本主义萌芽的出现和中国近代社会的到来，中国的户外广告媒体才从形式到内容都发生了根本性变化。

（二）近现代户外媒体

1840年鸦片战争爆发，中国自给自足的自然经济格局被打破，西方资本主义经济涌入中国，中国社会进一步殖民地化，随着商品经济规模的扩大，民族工商业和洋商展开了激烈的竞争，中国户外广告媒体形态也随之发生了变化，形式更为多元化，除传统户外媒体形式外，几种现代广告形式也相继出现。随着现代建筑的出现与发展、商业购物环境的改善，大型橱窗广告开始出现，这一广告形式将艺术手法与现代科学技术手段完美结合，此后，在上海又有了霓虹灯广告、灯箱广告、车身广告等从西方引进的户外广告媒体。①

（三）新时期户外媒体的发展

1979年，中国广告业开始恢复，经历几年的探索和发展后，取得了一定的成绩。户外广告正是在这个大背景下，开始全面恢复的。1979年春，北京西单出现了广告墙，后来这道广告墙被人利用专门张贴政治内容（主要是中国进行改革的政治广告），再往后，这道广告墙被北京市政府取缔。这一时期在广告媒体的选择上，户外广告与报纸广告同被列为主要广告形式。当时的著名品牌，如雷达表、西铁城表、精工表、松下电器、雀巢咖啡、白猫洗衣粉、鹅牌衬衫、金星电视等都在大做电视广告的同时将视线投放在户外媒体上。这一时期的户外广告以路牌广告为主，虽然整体水平不高，但在推动树立广告意识、为广告正名的运动中起到了举足轻重的作用。这一时期比较突出的现象是外商户外广告较多。据统计，从1978年至1988年，外商共有35种品牌的商品在广州推出过户外广告，其中以日本商品居多。

有学者曾经指出：这一时期的户外广告随着全国广告业的发展也出现了一些既具争议，也堪称亮点的事件。1993年，长江大桥推出大型立体广告，重庆人民解放碑的七个角也挂起了广告，全国舆论为之哗然。1994年，天安门广场首次出现商业广告，更是引起了沸沸扬扬的争议。1995年，三九药业的广告牌走出国门，亮相于纽约曼哈顿广场，这是中国广告首次出现于国外的户外媒体中。1997年，柯达公司的霓虹灯广告出现在北京长安街邮政大楼，成为当时国内最大的户外广告牌。

户外广告虽然增长速度很快，但其他媒体也同样在高速度地发展着。所以从广告营业额上看，户外广告的营业额占全国广告营业总额的比重反而呈现一个下降趋势。1992年以前，户外广告的营业额基本上能占全国广告营业总额的20%左

---

① 赵琛：《中国广告史》，高等教育出版社2006年版，第168页。

右。但从1992年至1998年，则下降到10%左右。同时，对于户外广告的管理、创作、研究和重视程度也都远远不够，存在许多需要迫切解决的问题。

1999年以后，中国广告业进入了一个相对稳定且发展迅速的时期，国家加大了对广告监管的力度。广告管理的重点之一就是治理违法率居高不下和监控难度较大的广告媒体与商品广告。其中，最大的举动就是这一年6月30日，北京市以欢庆中华人民共和国成立50周年为契机，清理整顿长安街的户外广告。拆除包括长安街邮政大楼屋顶设置的总面积1950多平方米的被称为“亚洲巨无霸”的柯达霓虹灯广告在内的共311块商业广告牌、公益广告牌和阅报栏，这一举措也成为全国性的整治户外广告的信号，此后，全国各地纷纷开始了对户外广告的整治，户外广告也由此变得更加规范，在一个正规的渠道上开始了新的发展。

2001年后，媒体伯乐、TOM、白马广告公司等传媒公司的成功上市，以及大规模收购户外媒体资源的行动，标志着我国户外广告业进入了一个规模发展的新阶段。据研究结果显示，2010年前11个月户外广告投放总额达到395.14亿元，超过2009年投放总额13%，这一数字可明显看出户外广告的巨大发展潜力。

综观户外广告在中国走过的历程和当今在中国发展的态势，可以预计，在未来的经济快速发展时期里，户外广告媒体的发展速度、规模以及样式则会更具有吸引力，广告传播效果也会更明显，基于此，我们对这样一个既古老又年轻的媒体充满了信心。

二、户外媒体的特点

户外广告是一种以流动受众为传递目标的广告媒体，也是最悠久的一种广告形式。今天，城市建设的飞速发展以及高科技手段的广泛运用，使得户外广告的形式也发生了巨大变化。除了古老的路牌媒体外，灯箱、气球、霓虹灯、飞艇、车厢，招贴等各种户外媒体竞相出现，不但给企业产品信息的传播增加了多样化的载体，同时也给其所在的城市增添了一道道亮丽的风景线。近年来，灵活多样、形式新颖的户外广告成为我国广告业继电视、报纸之后的又一重要媒体。许多企业在推广产品时都把户外广告作为首选发布媒体。具体来看，户外媒体主要有以下特点：

（一）优势

(1)位置优越，诉求醒目。户外广告一般都被安放在市区繁华之处，优越的地理位置使得户外广告很容易受到消费者的注目，同时它还能充分利用人们行走、等车、乘车时思绪放松的特点来提高消费者的有意注意率，使人们能在极短的时间内理解并记牢广告诉求内容。

(2)广告费用低。户外媒体由于其单位制作面积所限和制作手段相对简单,因而制作费用较低。此外,安置场所的租用费也较低廉,所以一般企业都乐意采用户外广告媒体宣传自己的产品。

(3)开发余地大。从今天各类媒体的发展现状来看,开发余地最大的当属户外广告媒体。因而如何充分利用当代尖端科学技术来为企业做好户外广告,则是21世纪广告媒体研究的一个很有兴趣的课题。

(二)劣势

(1)限制较多。目前国内各大中小城市对户外广告的设置与管理规定较多,不仅要受工商部门的监督管理,同时还要受到城市市容监察机关的监督。此外,户外广告还经常遇到广告设置地段或建筑物归属权与使用、占用权之间的纠纷,这些问题在一定程度上限制了户外广告的发展。

(2)覆盖面小。由于大多数户外广告的位置固定,覆盖面就不会很大,因此设置户外广告时应特别注意地点的选择。比如广告牌一般应设立在人口密度大、流动性强的地方,像机场、火车站、闹市区等。

(3)效果难以测评。由于户外广告的对象是在户外活动的人,这些人具有流动的性质,因此其接受率很难估计。而且人们总是在走动中接触到该信息的,因此注视时间非常短,甚至只有几分之一秒,这样往往会使户外广告不易于给受众留下较深印象。

本节思考题

1. 户外媒体在传播广告时与其他媒体的主要不同之处是什么?
2. 请举例分析户外媒体的广告传播优势。
3. 霓虹灯广告、灯箱广告为什么同时又是一座城市的一道亮丽风景线?
4. 你如何看待户外媒体的多重管辖问题?

第二节　户外媒体广告文案写作

一、路牌广告媒体文案写作

正如前面所说，路牌是竖立在马路边上、交通要道口，以一种固定的广告牌形式传播信息的广告媒体，因其传播信息时的单位面积较其他媒体要大，所以极为容易引起行人的有意注意力，从而用心去关注广告内容，也就能够取得一种独特的广告效果。比如20世纪80年代末，雀巢咖啡在国内大中城市做了半年户外路牌媒体广告宣传后，居然超出了他们预期广告效果41%，产品在广告同期投放市场后的全年营销业绩超出预期全年营销额77%。仅这一个例子即可看出户外路牌媒体广告宣传的独具效应。具体来讲，户外路牌媒体广告文案写作的特点主要有：文字要简洁明快，尽量使用能够极具代表其宣传产品独具特点的名词组成文案语言，整则广告文案的广告语最多由三行组成，上面两行各自不要超过十五个字。以三行广告语为例，最上一行应是该产品名称，中间一行用一句极具诱惑力的文案语言形容这一产品的某一最能吸引消费者或者说最能打动消费者的产品属性或产品功能，使其于一瞬间就在消费者心中留下一个深刻印象，进而激发起他们的兴趣。最下面一行文字应是对这一产品的生产厂家或经销商、代理商地址、联系方式的介绍。现以恒丰食品工业集团为其生产的雪花牌面粉所做的户外广告为例，具体看一下其写作特点。

这是一块竖立在某机场进入市区时高速公路出口处的路牌广告。共有三行文字。上面一行只有醒目的五个大字"雪花牌面粉"。旁边绘制着这一品牌面粉的彩色外包装袋。中间一行字是"绿色食品、高品质、好口感"。下面一行广告语是"恒丰雪花面粉由恒丰食品工业集团生产，集团地址：内蒙古临河市建设路1号，电话0478—8215678，本市总经销处地址：北京市人民路548号，电话：87617723"。

这块广告牌总共由三行广告文案语组成，上面一行只是产品名称。其主要目的就是配合旁边醒目的产品图案来进一步告知该产品的品牌名称。中间一行由一组形容词汇组合而成一句动听且朴实的广告语，集中诉说该产品的独具特色。面粉是人们日常生活中必需的食品，因而广告语紧紧抓住了消费者最为关心的卫生、安全、无污染的消费心理，特地打出"绿色食品、高品质"的口号，力图拉近产品与消费者的距离，随即再加上三个字补语"好口感"，试图更进一步地激起消费者对这一产品的喜爱:啊! 雪花面粉原来不仅是绿色食品、高品质,而且在食用时还有口感好的特点。消费者就会更加牢固地记住这一产品。最下面一行广告语恰到好处地把雪花面粉生产厂家地址、购买雪花面粉的本市经销地址、联系方式等,详细地告诉了受众,使得接触这则广告的受众或者说消费者可通过这样的广告诉求记住并对这一产品产生一种由衷的认知好感。下一步,恐怕就是要将好感转变成实际购买行动了。

我们再来看几则具有代表性的户外广告文案。美国兰本特制药公司为其研制生产出的止痛片做过这样一则户外路牌广告。在这块巨大的路牌上,同样是由三行文字组成该产品的广告文案。上面一行是"轻松止痛片"直点产品名称,以一种好记且好听的产品名称于一瞬间就拉住了受众的注意力,力图使得接触这则广告的受众先行认识这一药品的具体功效,此外这一药品还用了一个非常有意思的形容词"轻松"。我们知道,人们如果患了头痛病时不仅身体要忍受着很大的痛苦,同时心里面也肯定是烦躁难耐,而这一品牌止痛片不仅可以很轻松地为你解痛,而且在你的意念中先有一种轻松的感觉,用这一感觉来缓解你烦躁的情绪和痛苦的病症。因此,这无疑是一句极具诉求吸引力和情感诱惑力的广告语,既是产品名称、又是广告语,真可谓一词二用,当然更是产品名称的妙用。这样的妙用也可给我们广告人很大的启迪。

中间一行广告文案是:"当你头痛时,它总能最先赶到。"短短的十二个字,就以一种极强的情感诉求给患者,当你头痛的时候,轻松止痛片会最先赶来为你解除病痛。这句广告语打出了"止痛速度最快"这一品牌卖点,这就紧紧抓住了患者在自己生病时最希望的就是服用了某一药品后能够对症下药,药到病除,很快就能去除自己的病痛心理。这样的广告文案自然是切中了患者的心理,当然会引起他们的格外关注并记牢这一药品。

最下面一行广告文案是该药品生产厂家"美国兰本特制药公司",同时亦写上了公司地址和联系方式,这一止痛片路牌广告文案发布一个月后,该药品的销量就超过了预期销量的 60%以上,患者的品牌认知度高达 94%以上。这则户外路牌广告为这家制药厂带来了超凡的营销业绩。

还有像美国曼哈顿制皂公司为其生产的"恨人牌"香皂做的路牌广告,其文案写作也是一个典范案例。该路牌同样安排了三组文字,上面一行字"恨人牌香皂",字的左侧是这一品牌香皂的彩色标志,五个字的品牌名称对这一产品图标再做一个提示,以便更好地引起受众的有意注意力。中间是一句特别亲切的广告语"与你的皮肤相亲相爱”。这是一句极具亲和力的广告文案语言，短短九个字就将原本只是一种洗涤用品通过这句广告语转化成为一种意念中的另类意指，使得这一产品转而成为具有人物形象的代言物，这样的转换自然会引发受众或者说消费者的有意注意力，引发他们的兴趣，从而对这一品牌香皂产生一种本能的好感，这样的好感则肯定会促成其购买行动的实现。最下面是这一生产厂家的地址、本市经销商的地址和联系方式，使人一目了然，广告的目的也就非常容易地得到有效反馈。

美国哥伦布防滑链公司所做的路牌广告也是一则成功案例。这则路牌广告文案同样是由三行文字组成。上面是这一品牌名称“大陆牌汽车专用防滑链”。清晰地把产品名称诉给受众。中间一行广告文案是“装上去容易，取下来简单”。尽管只有十个字，但是这十个字的上下句却把汽车司机那种装防滑链时非常费工费时的情状以及他们害怕麻烦的心理予以有效对应宣传。告诉那些怕麻烦的司机，这种滑链就是针对你们的这一心态对产品进行了技术改进，进而生产出了一种新型的、安装简便、使用方便、拆取容易的汽车专用防滑链，使用这种新型产品防滑链就能够解决司机通常所害怕的那些麻烦工序，安装与使用变得非常容易便捷。这样的诉求自然会引起广大司机对于这一新型产品的极大兴趣，这一品牌防滑链的销量也就不言而喻。

该路牌广告文案的最下面同样是这家防滑链生产厂家的地址、销售地址、联系方式等，那些对这一产品感兴趣的消费者可以方便地记住购买地点和咨询电话，为其日后更加详尽地了解相关情况以及实际购买提供了方便。

二、招贴广告媒体文案写作

招贴广告是指张挂在户外某一固定媒体物上的广告信息。这类广告的主要特点是企业因为自己所生产的产品必须要详细地介绍其性能、功能、价格等相关信息，而其他户外媒体则无法把这些信息详尽地介绍出去。招贴广告因为其自身特性就是能够在其媒体物上详尽地宣传、介绍产品的各类信息，因而，此时他们就会选择运用招贴广告的模式来详细地传递该信息。

招贴广告的传播历史非常久远，早在远古时期人类还没有发明文字以前，当时的人们相互间告知信息时就开始使用招贴物的形式。到了现代社会后，由于这一媒体物有着价格低廉、告知信息详细、受众有意注意力强等特点而继续被产品生产厂家或相关企业看好，成为户外媒体中的一支主力军。

招贴广告文案写作的主要特点有：因为企业就是想要借助这一媒体能够详细

告知产品信息的特点而运用这一媒体物，因而在进行文案写作时就要把握这一宣传主导思想，使用应用文体来从容不迫地、详尽地介绍该产品的种种好处，用详尽的产品信息诉求让受众更多地理解这一产品，进而让他们产生对该产品的兴趣与好感，最终达到产品促销之目的。

在这里需要对应用文体作一简单介绍。什么叫应用文，笔者觉得台湾著名学者张仁青先生对此概念的解释非常清晰，特在这里做一引用。张仁青先生说："人类为合群之动物，固不能离群而独居，而社会每由许多人所组合之一个整体，吾人生存在社会上，每日周遭所接触者，无非人与事。文明日进，人事益繁，欲应付此类繁复之人事，必然有特种文体之产生，以为社会大众所共同遵循、使用，此种文体即所谓应用文。兹为应用文立一明确之界说。""凡个人与个人之间，或机关团体与机关团体之间，或个人与机关团体之间，互相往来所使用之特定形式之文字，而为社会大众所共同遵循、共同使用者，谓之应用文。"

对于应用文体的写作要点，张仁青先生详细阐述道：

> 应用文既不同于一般文章，在形式方面所受之束缚较多，在内容方面所受之限制亦复不少，写作时欲求得心应手，须先明其要点。兹简述如下：
>
> （一）浅显　所谓应用文，顾名思义，系以实用为主。一篇应用文能为人所共喻，则其所负之使命即已完成。故此类文章写作，以浅显为贵。
>
> （二）简洁　应用文有别于美文，亦有别于学术论文，故刻意雕琢，或旁征博引，固非所宜，而冗长散漫，不知剪裁，尤所当戒。苟能以简洁清新之文示人，必能博得对方之良好印象。
>
> （三）明确　应用文字最贵明确，立意措辞，须针对其目标，始克必其能事。凡含糊笼统之字，模棱两可之词应极力避免。
>
> （四）诚实　先哲有云"修辞立其诚"。又云"不诚无物"。诚实之重要性于此可见。
>
> （五）礼貌　应用文有特定之对象，无论对地位高于己者或不如己者，长辈或晚辈，长官或下属，当握管行文之际，应尊重对方地位，注意普通礼貌，婉转而不偏激，客观而不武断，以免引起对方反感。西哲亚里士多德云："对上极谦虚是本分，对平辈谦虚是和善，对下属谦虚是高贵，对所有

人谦虚是安全。”撰写应用文而出以谦恭有礼，则其所得效果，无待蓍卜矣！[①]

依据张仁青先生所述观点可知，应用文不同于一般文章，在形式方面所受之束缚较多，在内容方面所受之限制亦复不少，写作时欲强调浅显，“所谓应用文，顾名思义，系以实用为主。一篇应用文能为人所共喻，则其所负之使命即已完成。故此类文章写作，以浅显为贵”。其实张先生的这番话语也就是对“无技巧就是最高的技巧”的翔实解释。从历史上看，写得最好且可被称为典范之作的应用文实例应是中国古代社会的一则政治类广告文案，这则政治广告文案就是当年诸葛亮写就的《出师表》。在文中，作者以朴实的笔法叙述了自己受先主之恩，当以毕生精力报答的心愿，表达了率众北伐的决心。又对后主的执政提出了几点恳切要求。在特别讲求文藻之美的魏晋南北朝时期，诸葛亮的这篇《出师表》却一反常规文法，用朴实浅显的文体来结构文章，整篇文案看不到一点儿华丽辞藻和夸张技法，但是却留给人一种非常深刻、感人至深的阅读美感。

正是基于这样的认识，笔者认为广告文案的写作尤其是户外广告文案写作更应遵循浅显、朴实这一写作原则，以实用为贵。在实际写作时，应结合应用文体的相关写作特点，以产品或商业信息的诉求点是否清晰地诉诸消费者，产品的品牌特点、功能价格等消费者最为关心的内容是否已经诉说清楚为写作原则。在具体写作时，产品的特点、性能、功能、价格、售后服务等介绍清楚即可，不要故作高深地使用谁也看不懂的古汉语词汇、变异式形容词汇等试图给文案刻意增添所谓的形式美与辞藻美，如果真要这样做那只能是适得其反，造成消费者心理上的不安与厌恶，最终使得广告宣传以失败告结。下面我们再具体看一则户外招贴广告文案实例。

著名的天津“狗不理包子”食品公司曾经撰写过这样一则招贴广告文案：“饭店做包子，通常用的是大发面，天津狗不理包子却是半发面，这样蒸出来的包子，皮薄有咬头，还显得馅儿大。蒸包子火候不当，就会出现塌帮、掉底、跑油等坏现象。狗不理包子经过反复试验，避免了上述缺陷。为了保持包子的造型美观，每个狗不理包子有十八个褶或二十个褶不等，疏密适中，看上去就像一朵白菊花。”整则广告文案用浅显、朴实并且有着优美文学色彩的笔法介绍了这一有着上百年历史的天津

① 张仁青编著：《应用文》，台北文史哲出版社 1994 年版，第 1～7 页。

"狗不理包子"所独具的特点，将这一食品的制作方法、制作过程翔实地告诉了消费者，使得消费者通过这种详尽的介绍知道了天津"狗不理包子"与其他同类食品的诸多不同好处，从而使其对包子这一大众化食品有一种全新的认识感，这样的认识感正是能引发消费者消费欲望的主要动因，那么，天津"狗不理包子"在广告接受者心中的品牌印象也就不言而喻。

三、其他户外媒体广告文案写作

（一）车身广告文案写作

车身广告文案写作主要是指写在公交车车身上的广告语，其目的一方面是对企业产品做一次文字告知，另一方面则是对车身上绘制的平面广告图像做一个文字解释。基于这一诉求目的，车身广告文案写作时就一定要把握住言简意赅这一特点，尽量选用最能体现出产品特征的特定名词做中心语，同时可配有不超过五个字的形容词汇做补充。在现代广告实践中，企业常常喜欢使用诗歌式文案语言表述其产品，由于诗歌具有对仗、押韵等特点，就很容易吸引路人的注意力，从而记住广告所诉诸的产品。比如金川啤酒在某市公交车车身上做的广告："天下保健第一啤，矿泉佳酿疗效奇。"文案采用了七言诗体式，上下对仗工整、言简意赅，形象化地传达出这一品牌啤酒具有保健、健体效果的产品卖点。再比如蒙牛集团在车身上做的广告语："每天一斤奶，强壮中国人。"广告语把蒙牛牛奶与强健中国人体质连接在一起，借助打民族品牌卖点来凸显蒙牛企业的爱国情感，可谓一举两得。伊利集团在某市车身上做的广告："自然好牛奶，伊利进世博。"广告语直打在上海举行的世界博览会这一宣传卖点，借助上海世界博览会反衬伊利牛奶的品牌形象，文案巧妙地使用了借意衬托广告写作技法。

但是，需要注意的是，在撰写车身广告文案时，绝对不可只求广告语新颖独特而弄成一种让人莫名其妙的广告语，造成受众心理上的反感与不快。比如森林狼牌地板在车身上涂写的广告语"引狼入室"就是一例。该条广告语原本是想要借助"引狼入室"这句成语并赋予其一个新意，打算装潢家居的消费者应当把森林狼牌木地板选购回家。但是，文案撰写者却连这条成语的原创意思都没弄懂，这条成语从被人创作出来到今天已经使用了许许多多个年头了，只要是识字的人都知道其意思是自己做事不小心，于一种无意识中本能地把坏人带回了家，或者说主动地将坏人引入自己的生活圈子，从而给自己带去了无尽的麻烦。既然这一成语的上述原创意思已经是家喻户晓，人尽皆知，那你突然间又将这一明显是一个贬义成语硬性地套进你的产品中，还想让消费者引狼入室，你这不是在自作多情、自我感觉良好吗！而那些看到这条广告语的受众其第一感觉就是极度不舒服，心中立马会涌上厌烦感，在这个人人都变得极为自私的社会里，防范还防范不过来，你竟然还要让我引狼入室？你这是安的什么心？这样的宣传无疑会适得其反，造成广告宣传的失败。另外像某家具厂为其生产的家具做了一则车身广告，其广告文案是“触木惊馨”。广告语原本是想借助“触目惊心”这句成语而赋予它一个新意，就是触及我厂生产的家具会有一种温馨的感觉。但是该成语的原本意思恰好与创意者的美好设想相反，这本是一条贬义，意指非常鲜明的成语，是指那些能引起人类震撼极为强烈的坏事情被人们真的看到后其内心的震惊与不安感。将这样的已经被凝固的意指硬要赋予其新意，可能吗？要知道，广告受众并不是汉语学家，能够很容易地解读出广告语中所蕴涵的某种新意。这条广告语当然不可能为企业带来所想象的传播效应。

还有像大连市有一家有名的生肉食品企业，叫础明食品公司。为了能够凸显该公司所屠宰的猪肉是市民所放心的食肉，企业在车身做广告时涂写的广告语是“础明绿肉”。撰写者原本是想将绿色食品概念引入其中，使消费者认识到础明公司所屠宰的猪肉绝对是货真价实，值得依赖。但是，把“绿”字用在肉上，绿和肉连在一起就会给人一种反其原创意图的感觉，消费者的意念中就会产生一种肉如果发绿了，还能称得上是新鲜肉吗的疑问，肉如果成了绿肉还能吃吗？这样的画蛇添足只能是造成广告宣传的失败。后来，该企业发现了这一问题的结症所在，便将其做广告的所有汽车车身广告语全改成了“础明鲜肉”。尽管只是一字之差，但是在消费者的接受意念中却完全是两个截然不同的感觉，新鲜的肉当然是我们最想要的猪肉了，这样的广告诉求自然会激发起消费者的有意注意力与对础明肉食的兴趣，进而方会引发他们的实际购买行动，同时也可抵消此前“础明绿肉”留给消费者的不舒服感觉。

（二）店铺招牌

店铺招牌是指商家在其店铺门口张挂或立起一块该店铺名称或产品名称的广告招牌，以告知店家名称或产品名称的方式来做广告宣传的一种信息传播媒体物。因为店铺招牌就是想要把店铺的名称或产品的名称诉诸出去，因而在文案写作上字数必须要少之又少，只需三五个字就能把这家店铺醒目地告知给受众，这样才能让受众不但记得住，而且能够记得牢。一般来讲，撰写这种文案时可直接把店铺名字用不同的美术字体书写或运用现代平面设计手段印制在招牌上，同时也可创意出一句字数不多但又能贴切地传达出商家特征或产品形象的广告语印制在招牌上，用一种生动别致的诉求让受众记住该店家。比如像“同仁堂”、“都一处”、“东来顺”等就是将其店铺名称直接书写于店铺门口招牌上。而“王麻子剪刀”、“李老实日用百货商店”、“屠夫老张肉店”等却是同时把店铺名称和产品名称全写在招牌上，以其能引起路人的更多关注。“招商银行”、“新玛特超市”、“国美电器”等则是将已经牢固竖立在消费者脑海中的、显赫的企业名称与经营类属设计在招牌上，使得人们对这一商家有一种油然而生的崇敬感与信赖之情。

（三）灯箱、霓虹灯

灯箱与霓虹灯广告媒体物主要是靠媒体物本身所具有的光色变化与形象感来吸引路人的有意注意力，从而取得预期广告传播效果的一种广告媒体。它的主要传播效应是在夜晚，尤其是霓虹灯广告，全凭夜晚的黑暗才能显示出其存在的价值与传播效果，因而这两种媒体物也是以其光色的变化与图形的诱人来引起人们的特别关注，配置在灯箱与霓虹灯上面的文字和前面所讲的店铺招牌一样，也是要用最少的字数将其企业或产品名称诉诸出去即可，绝对不可用大篇幅的文章详尽地讲述某企业或某产品的详细情况，最多也只能够将某企业、某产品配以一两句赞美式的形容词，组成一小段广告诗或广告句式，以一种更加形象化的方式宣传这一企业或产品形象。比如《新周刊》所做的灯箱广告语是：“《新周刊》是本了不起的杂志。”广告语中只加了“了不起”的三字形容词，力图用夸饰技法告诉受众该杂志的独具之处。一汽集团生产的宝莱轿车的灯箱广告语是“传承经典，超越经典，新宝莱，向上人生路”。用一种排比句式告知消费者，新款宝莱轿车的不凡品质，使消费者能够在接受这一信息的同时，心里生成一种对新款式宝莱轿车的期盼感。再有像某水果店的灯箱广告语“我们批发健康”，则干脆另辟一径，直打水果是一种能够使人更加健康的食品这一卖点，试图使人们在刚一接触到这一广告信息的瞬间，就有一种心理上的愉悦感与认同感，并可将这一好感度予以放大与升华，从而走进这家店铺购买水果。所举例子之外，像某出租公司灯箱广告“除了人以外，我们出租一切”，某复印机灯箱广告“除了钞票，承印一切”，均是极具创意力与诉求感染力的广告语，这样的广告语当然会获得消费者的好感与喜爱。

（四）对联

对联广告是所有广告文案中最具文学色彩的一种文案，其主要特点就是要将原本是朴实的、浅显的广告语创意成具有诗歌韵律美的对联形式，在创作中特别注重对仗、对偶等修辞手法的使用，力图调动起所有修辞式将形象化的信息传播给受众，使他们在接受某一信息的同时，心情上同时获得一种愉悦的审美享受。

对联广告早在古代社会就已经被商家广为使用，一般是在其店铺门口两边张贴一副字数相等的对联，运用诗歌句式将店铺经营特色或产品特色诉求出去，以取得预期广告效应。到了现代社会，这一广告模式由于创作简单、形象感强、易于记忆等特点而仍然作为商家信息传播的一个主要手段。具体来讲，对联广告写作时要把握汉语修辞中的各种修辞格的不同特点，结合产品或企业、商家形象的具体特征进行创作，要把押韵、对偶、排比等修辞格予以巧妙运用，创作出一副朗朗上口的对联，引起消费者的有意注意力。下面我们具体看几副经典对联广告文案。

某理发店的对联广告："虽然毫末技艺，却是顶上功夫。"上联"毫末"与下联"顶上"相对，明面意思一个是下末端，另一个是高顶上，分别象征着两端之别，而暗中意思则表示理发尽管许多年来一直被人们认为是一种下等职业，但这一职业所练就的却是在人的头顶上做文章，将这一职业实际所蕴涵的崇高之意通过一种极为形象化的手法诉诸出来。

再看某素菜馆广告对联："进门都是清流客，入座原非大嚼人。"上联中的"进门"与下联的"入座"相对，两词词性相近，属于宽对；"清流客"与"大嚼人"相对，喻示来此吃饭的客人并非粗俗之人，将客人身份的尊贵形象地表现了出来。

还有像某肉店广告："斤两不失一刀准，肥瘦可匀千客夸。"同样巧妙地运用了对仗技法，将这家肉店诚信经营、随客挑选，并且得到许多消费者的称赞等肉店良好的卖点形象有趣地告诉了消费者。

另外像某小吃店的对联广告："几盘饭菜知客味，十分热情暖人心。"某白酒厂对联广告："若无开坛人，岂能醉三家。" 华伦天奴西服对联广告："时间成就经典，岁月铸造永恒。"等等，这些都是巧妙运用了对仗、对偶等诗歌写作技法的广告文案佳作。

综上所述，巧妙地掌握写作技法中的相关技法和汉语修辞中不同修辞格的用法，从事对联广告写作，则既可将相关信息形象化地诉求给受众，使广告受众了解某一产品或商业信息，同时更能让广大受众通过对该对联的阅读而获得一种精神上的审美愉悦感，满足人们的精神文化需求。

本节思考题

1. 你如何看待户外广告文案写作的不同特点？
2. 路牌广告文案写作的要点有哪些？
3. 举例说明招贴广告文案写作的特点。
4. 举例论述对联广告文案的信息传播作用与精神文化作用。

第九章　其他媒体广告文案写作

本章重点提示：本章中所涉及的其他媒体的传播特点与文案写作特点是本章应重点掌握的内容。

本章难点提示：手机媒体在3G技术推动下其信息传播发生了巨大变化，如何把握这一变化对于文案写作的不同要求点是本章的难点。

第一节　手机媒体广告文案写作

一、手机媒体的信息传播特点

手机媒体的出现，在相当程度上改变了人们接收信息的传统途径与方式，由于这一媒体能够以一种全新的、极为方便的媒体形态物传送与接收信息，再加上3G技术在手机媒体中被正式运用，使得人们不得不重新去认识长期以来一直为人类传播信息的各种固有媒体的自身属性与信息传播定位点。

我们知道，手机媒体自身的首要特点就是其强大的兼容性，手机首先以一个跨媒体的形式为人类传播各种信息，这就使得手机作为一种传播工具集中了众多其他接收终端或者播出终端的功能。现在最新的手机不仅能收发消息、上网浏览，还可以传递文本、声音、游戏、图像视频、动画等。随着3G技术的进一步推进，短信发送的内容完全可以与小型杂志媲美，并且具备了随时更新、及时交互的信息互享特点。由于手机媒体高度的媒体兼容性、人际交互传播的广泛性和有效性，已经为整个传媒业、网络业、电信业、广播电视业带来了新的巨大财富。手机与其他媒体的联手使其成为大众传播媒体系统中一个经济便捷的个人化信息接收终端。

其次，手机具有非常个性化特点。因为手机的拥有者是以个人的形态存在着，使得手机这一工具具有各种各样个性化服务功能。人们在购买手机时是根据自己的需求去选购具有不同信息传送功能的产品，在使用时也是按照自己喜欢的方式接收与发送信息。不同的人对信息的接收与传送有不同的喜好，而这种不同喜好常常只能是通过手机媒体才能得到满足。这样一来，作为人际交往常用媒体工具的手机也就具有其他大众媒体无法涉及的个性化特征。

同时，手机又是受众主动使用的工具，因而在传播信息的过程中，无处不体现着使用者的主动性。尤其是在转发广告信息时，由于受众的主动性特点，使其形成良好的媒体口碑，为广告传播增添了人性化的魅力。

此外，非常重要的一点是，手机如同网络一样，也是可以实现实时信息交互的媒体。人们在收到信息之后，手机使用者可以及时对这一信息作出反馈。对于一则广告来讲，消费者可以使用移动电话、短信、邮件、登录网站等形式向广告商作出及时回应。甚至还会将某一广告信息转发给自己的朋友，形成所谓病毒式信息传播。对于广告主来说，这种即时的信息反馈就是最宝贵的市场需求资料，通过这样的反馈，企业可以及时地掌握有效的数据，为下一步广告计划做好准备。

最后一点，手机广告能够在正确的地点和时间锁定目标用户，在预先定位的基础上，广告主可以选择用户感兴趣，或者能够满足用户当前需要的信息发送出去，并可确保消费者所接收的就是他想要的信息。通过对广告的成功定位，广告主就可获得较高的广告阅读率，最终取得预期广告传播效果。

1. 手机媒体传播广告信息时的优势

（1）直达个人，干扰小。由于手机广告是由商家直接到达每一个手机使用者，因而中间所受的干扰很小，能够最大限度地保证信息以原貌呈现在受众面前，达到最佳传播效果。

（2）可形成人际传播网。传播学理论认为，人际传播在所有传播模式中是最有效果的一种传播模式，而手机则是天然的人际传播网，它所具有的人性化、个性化特征使它先天地比大众化的传统媒体更具亲和力和说服力，并有可能形成当前很被商家看好的“病毒营销”。

（3）定位准确。从技术上说，手机能够完全做到全球定位，广告主可以任意选择在何时何地对何类受众发布广告信息，并能够使广告信息精确到达。

（4）复制、群发信息简便易操作。手机短信的复制和群发功能简便易行，而且是人们在日常生活中经常使用到的，如果受众对某一广告信息有兴趣，甚至想要推荐给他人，是可以轻易实现相互主动传播的。

(5)空间拓展前景广阔。手机可以整合其他各种媒体，与传统媒体的功能互相连接，随着3G技术的成熟和推广，手机电视的应用，宽带服务费的调整，手机的各个使用空间都会得到拓展和延伸。

2.手机媒体传播广告信息时的劣势

(1)形式单一。现阶段手机广告最主要的形式还是短信广告，且以垃圾信息居多。随着短信广告的发展，彩铃、彩信等内容生动，表现形式较丰富的广告必将出现，但与电视广告和网络广告相比则仍显单调。

(2)手机广告的市场认知度和市场接受度较低。许多人直接将手机广告等同于垃圾短信或骚扰短信。

(3)费用问题。手机广告的真正发展必须依靠网络。而高昂的手机上网费用和3G技术全面推广的迟缓，使得手机广告目前仍然被局限在短信广告上，其主要传播功能并不能充分得到发展。

(4)技术问题。3G作为一个口号已经喊了很多年，但真正意义上的推广却一直延后，对于手机广告的发展来说，不能不算是一种损失。

二、手机媒体广告文案写作特点

手机广告媒体目前常见的广告传播模式主要还是短信传播，彩信、视频广告仍然未能得到大范围的推广，因此，手机广告文案写作时就同样要使用应用文体式，浅显、朴实地诉诸出产品中某一最具代表性的信息即可。在撰写时应以产品中某一最具代表性的特点介绍为主要内容，以一点带动其他，受众通过对这一独特信息的获得，进而产生一种连带兴趣，就会主动地去关注该产品的其他信息。绝对不可在广告文案中长篇累牍讲述该产品的种种好处，从而引发受众的反感。下面我们具体看几个不同的案例。

某市海天房地产公司为其新开盘的海景三期所做的售楼短信广告文案如下："上星期在本市电视台播出的海天房地产公司新建海景三期楼盘销售广告中委托本手机号通知具体销售时间，现通知如下，本月11号上午8点正式开始销售海景三期，售楼地址：滨海路127号，明月大酒店旁边。售楼电话：82156578。"这条短信广告开头先告诉信息接收者，这是已经在电视上做过的一则广告，并且在电视上曾经打出过委托发短信的手机号码，所以先向受众交代清楚这不是垃圾短信，接着说明为什么要发这条短信，是因为具体售楼时间已经确定下来，特地告诉想要购楼者一个更加详细的信息。整条广告由于已经将受众最为反感的垃圾短信做了一个巧妙处理，因而信息接收者就不会在看短信时产生反感或不信的心理，反而容易对这一信息产生兴趣，如果是那些正好准备购买这一楼盘的消费者，那他肯定还会回复短信者，进一步落实一下，从而为实际购买提前做好准备。据随后的市场调查数据显示，有47%的接收者打开了该短信，虽然不到50%，但是其中另有21%的接收者向朋友、亲戚或熟人转发了这条短信。因而这条短信广告无疑取得了预期效果。

某市一家大型商场曾经发送过这样一条短信广告："本商场已在市电视台晚8点黄金时段做过月底大促销电视广告，现再次通过手机短信方式通知各位上帝顾客，请于本月29号至31号这三天时间内惠顾本商场选购你中意的商品，并将举行现场抽奖。"该短信广告同上一条短信一样，先行告诉受众，这不是一条垃圾短信，而是电视台已经做过的商场促销活动广告的具体时间的再次告知。这应是一条属于善意的再次提醒，广告语中特地称呼顾客为上帝，这样的诉求方式自然不会引起接收者的反感，反而会激励起他们的消费兴趣和消费欲望，最终导致购买行动的完成。

而另有一条短信广告却是这样撰写其文案的："本店现有大量降价商品急于出售，价格低但质量上乘，希望顾客火速前来购买。过期不候。地址：中山路118号。"这条短信一来没有介绍清楚这是一家经销什么商品的商店，二来没有说清降价活动从什么时间开始，到什么时候结束。再者还加上了一个给人情感上不太舒服的"火速前来"四字，让人觉得买东西又不是救火，还非得火速前来？最后一个疑问就是这条短信是不是真的是那家商店发出来的？接收者在这样一种不太相信的心理作用下，通常都会不予理睬，更不会向别的熟人转发。这样的广告宣传也就不会取得应有效果。

除了上面所作分析之外，另外需要注意的是，由于手机短信在发送时不能够像网络媒体中的电子邮件传播那样，可以在邮件主题中标注清楚其产品要点或信息要点，使得邮件接收者可以快速地决定是否打开该邮件。而手机短信的接收者在接收到某一短信时由于无法在打开该短信之前有一个对信息内容的大概了解，所以当他们的思维定式中发现这一短信的发送者是一个陌生号码时，就很容易将这一短信认为是垃圾短信，从而不等打开就先选择删除，造成信息传播的失败。针对这一情形，广告发送方就得事先通过其他媒体或手机3G技术将该企业准备传播的某条广告短信的发送手机号码告诉预定地域的预定目标消费者群体，使受众先在心中存留这一发送信息的手机号，从而不至于出现还未等打开就先删除该短信现象的发生。

本节思考题

1. 手机媒体的发展速度为什么会如此之快，它与其他媒体相比具有哪些不同特点？

2. 简要叙述一下 3G 技术。

3. 手机短信广告文案写作要点有哪些？

第二节 其他媒体广告文案写作

一、电影媒体

电影广告媒体主要是利用电影媒体为其产品进行广告宣传。具体运作方式是在电影放映前或影片中间、结尾插入一段广告，向观众传播商品信息。由于其传播工具一是依靠电影影片，二是在电影院这一固定场地，因此，这一传播媒体被称为电影广告媒体。

据相关资料显示，电影广告媒体最早起源于美国，20 世纪 50 年代，美国一些电影院每当放映电影前在等候观众入场的时候，总会向先进场的观众售卖一些小食品，再后来，电影院就有意在银幕上打出电影院所出售的商品名字，以吸引更多观众去买这些小商品。这一传播方式渐渐引起了美国一些商家的注意，他们就和电影制片厂联系，在制作电影拷贝时设法在中间或者开头、结尾编辑一段产品广告，为产品做一个广告传播，电影广告媒体所独具的传播效应正式被认可。

电影广告媒体对于广告信息的传播有着其他媒体所不具备的优势，首先是受众注意力较为集中，因为观众来到电影院看电影时其精神状态原本就很为放松，因而注意力较通过其他媒体接受广告信息时更为集中，广告信息的记忆度更牢，对产品的印象也会更加深刻。

其次，由于电影是被投放在银幕上传播给受众的，银幕的尺寸要比电视屏幕大出许多倍，因而其产品形象也就要比电视屏幕更加突出，产品的诸多好处就会更加清晰地展示给观众。作为观众来讲，这样的播放形式也是他们乐于接受的，对广告的信任度就会比电视及其他媒体高，因而，广告效果也会更好。

但是，电影广告媒体在传播广告信息时也有其劣势，主要一点是其传播范围较小，只有来到电影院看电影的观众才会接触到该广告信息，尤其是在当今社会，人们早已从过去狂热地去电影院看电影改变成待在家里看电视，由于娱乐方式的变化，使得电影院里的观众越来越少，过去一场电影如果只卖出一二百张票时就要给观众退票，电影院管理者就会觉得观众太少，经济上不划算。但是现在如果一场电影能卖出一二百张票时，电影院老板就会偷着乐上好几天。另外一点则是，过去看一场电影只需花上一二角钱，现在一张普通电影票早已涨价到了几十元钱，对于许多每月只挣不到一千块钱的人来讲，他们也就只能待在家里看电视，没有经济能力去看电影，所以电影广告的传播范围就会进一步缩小，广告影响力也就会更低，这亦是电影媒体广告今后在发展中所要重点解决的一个问题。

电影媒体的广告传播模式除了上面所说之外，还有在电影院内的观众休息大厅、售票大厅等公共场所设置电子显示屏、广告牌、宣传画等方式所进行的广告宣传，这种将电影院这一公共场所充分利用起来做广告的方式，因为其主体建筑物仍然是电影院，因而也应算作电影院媒体部分。

二、电影媒体广告文案写作特点

电影广告媒体文案写作特点主要和电视广告文案写作特点一样，以影视广告画面解说词为主，将创意人员创意出的、准备在电影放映过程中插入的影视广告画面，每一个效果图配有相应解说文字，其具体写作方法因为与前面分析过的电视广告文案写作技法相同，在这里就不做重复说明。但是这里需要注意的是，电影广告和电视广告最大不同就是插入时间不能过长，最多不得超过 30 秒钟，超过这一时间段，观众就会因为心理上的被延误看电影而产生反感与抵触情绪，从而导致广告宣传失败。

在撰写文案为广告画面配写解说词时，要根据产品的不同卖点或详细、或简洁地说明该产品的独具好处，努力使观众喜爱这一产品的广告诉求。语言要由浅显的语句组成，介绍清楚画面意思即可。在撰写画外音时，则需根据产品特性而定，有时可以借助一些形容词汇来加强广告画面的气势，给观众一种别致的画面形象冲击力，从而对这一产品留下较深印象。但是在使用形容词或者程度副词时需注意，不可使用过多，也不能重复使用多次，如果硬要这样做的话，就会给观众一种强行推销产品的心理感觉，观众反而会不相信这一产品的独具好处。同时，这种人为的强力造势也会冲淡观众对于影片故事情节已经留存于脑海中的印象，使观众会生成一种本能上的抵制情绪，这种抵制情绪不但达不到所预期的广告传播效果，而且会导致广告传播的无效而返。

三、传真机广告文案写作

传真机广告是以传真机作为媒体，以通信传真的方式将所要告知的产品信息传送给目标消费者的一种广告运作模式。这一广告媒体20世纪70年代起在西方一些经济发达国家很为流行，后来传到了亚洲，台湾和香港地区曾经一度是传真机广告非常流行的地区，到了20世纪80年代，台湾、香港地区各企业和公务机关就已经普及了传真机，很多高层管理人员在家中也安有传真机。因此，不少企业就利用这一媒体来传播自己企业的产品信息，这一媒体由于具有传播目标明确，保密性强、传播速度快、信息量大等优点，很快就受到了企业界的喜爱，传真广告在商业上的运用越来越广泛。

但是这一媒体在传播广告信息时也有其不利之处。首先，这是一种典型的一对一传播模式，信息传播到达范围较小，因而广告影响力不明显。其次，由于是向对方传播广告信息，而传播者往往在事先并不熟悉接收者，所以接收者当收到这样的广告信息时就会有一种莫名其妙的感觉，怎么我家的传真号会被这家企业知道？于是就会对产品留有一个不舒服的第一印象，这样的印象在很大程度上会抵消其对产品的应有感觉。因此，企业在运用这一传播媒体传播其产品广告时应格外注意。

（一）传真机广告文案写作特点

传真机广告主要是以文字结构而成，产品画面在整个广告中所占位置和所想要起到的作用并不明显，大多数传真机广告都没有产品画面，而少数产品虽然配有产品画面，但也只是起到一个辅助说明的作用。因此，传真机广告文案写作的重点，在整个文案的文风、语言叙述、产品介绍等方面，具体写作时同样应以一种浅显、朴实的语言结构整个文案，切不可使用华丽的辞藻刻意赞美该产品的诸多好处，如果硬要这样做就会给受众一种华而不实的心理感觉。

同时，在文案撰写中要借助产品说明书的样式以内容类别来分别介绍这一产品，可将产品划分为性能、功效、使用方法、价格、联系方式等几大块分别撰写，每段不要超过120字，总字数应控制在700字以内为佳。字数太多就会引发受众的不耐烦情绪，从而不再往下看广告内容，广告传播预期效果自然无法达到。

在撰写传真机广告文案时还应注意，因为这是一种在没有事先打招呼的情形下就突然向陌生人发送传真广告的硬性传播行为，因而一定要在广告中用一段抱歉的话语作一解释、致歉，希望对方谅解。

下面具体分析一个传真机广告文案实例。这是珠海某企业生产的罗西尼手表传真机广告文案：

尊敬的客户您好，很抱歉在没有征得您的同意的情况下就冒昧给您发去传真，敬请谅解。我公司生产的罗西尼手表在追求个性的基础上始终坚持“质量第一”的原则，罗西尼产品质量完全符合国家标准，并在1996年6月顺利通过ISO 9001国际质量保证体系的认证，从而在质量管理上与国际先进标准接轨。下面是我们公司产品的具体情况介绍：

产品价格

公司的产品以高档石英表为主，价位分别是400～4000元。罗西尼表作为国产四大名表之一，在国产同类产品中价格档次偏高，但与国外名牌产品比较起来，则属于中档产品。罗西尼表的中档产品比起高档产品来，在质量上并不逊色。罗西尼表的中档产品的价格对绝大部分工薪阶层人士是可以接受的，高档产品的价格虽然偏高，但与产品本身的成本大体相符，也满足了社会上层人士用高档产品显示身份的消费需求，相对这部分消费者，罗西尼的价格也是在合理的范围之内。

产品材质

罗西尼表业推出了铜壳、不锈钢、硬质合金钢、陶瓷四个材质系列的手表。作为国产品牌的领军者，罗西尼在外观设计及材质上都已达到国内领先水平。作为消费者对钨刚合金的手表认同度较高。

产品外观与包装

与重视质量一样，公司也十分重视产品的款式和外观，注重简洁、高贵、典雅、流畅的罗西尼风格的表达，这与产品的高品位的形象和合适的价格档次对等。独特的外观使罗西尼表在货架上众多的钟表品种中脱颖而出，成为众多消费者的首选。这是因为创业初期，公司就引进瑞士全套加工镀金表壳设备和加工工艺，依靠先进的技术，生产高档表壳与国内外成表配套，并在国内首创了异型防水表壳，成为国内生产高档表壳的龙头企业。罗西尼创立以来共开发设计出近500种手表款式，取得了51件手表外观设计专利，1件实用新型专利。这些产品融入罗西尼人高尚、典雅的设计理念，在钟表销售市场上受到消费者的普遍欢迎。

以上对本产品的介绍有些冗长，但是我们相信这样的介绍是有必要的,因为如同喜欢一个人一样,首先必须对这个人有一个深入了解之后,才能作出喜欢与否的判断。希望您能喜欢我们,希望您能和我们联系。再一次表示感谢。

公司地址:广东省珠海市某某路某某号

联系电话:××××××××

这则广告文案内容虽然有些过于冗长,但是创作者在一开头就先以一种非常谦和的语气对于冒昧地发送传真广告表示了真诚的道歉,这一很有礼貌的道歉语言可化解对方的不满情绪,同时能将其从不满的状态中拉回到对于这一广告文案的关注之中。接下来,广告文案从罗西尼手表的产品价格、产品材质、生产工艺、产品外观与包装等消费者最为关注点一一予以介绍。文案中所使用的语言全是非常浅显的应用文体语式,虽然偶然间会有一两句夸张式的表述,但却是一种适可而止的夸张,这样的夸张同样不大会引起消费者的反感,最后则是很有创意地将喜欢一个人的过程与喜欢一件产品的过程一样这一道理做了一个形象化比喻,给人一种由衷的认同感,最终通过对这一文案阅读从而对这一产品产生兴趣。可以说,这是一则成功的传真广告文案。

(二) DM

DM 广告媒体(Direct Mail Advertising)主要是指邮寄广告,也叫直邮广告。这一广告媒体最先用在西方国家企业相互之间商业来往上,企业为了节省路途成本和时间,对于一些不是十分必须亲自去对方所在地进行信息沟通的事情就给对方发信息。后来,一些企业就有意识地将自己产品的说明书或者系列产品的定价信息等用信函寄给与其相关联的企业或营销单位。再后来,企业就专门使用寄送信件的方式向消费者传递自己企业所生产或者营销商品的信息,于是,邮寄广告开始发展起来。

DM 广告是西方近些年来发展非常快的一种广告媒体,由于企业或广告公司通过用邮局直接邮寄的方式传递广告信息,因此具有广告费用低,广告信息可直接到达,广告诉求内容较详细以及与消费者可直接沟通等优点,DM 广告自从开始运用以来,在许多国家受到了越来越多的企业主和受众的欢迎。

1. 传播优势

第一,DM 媒体传播广告信息时的最大优势就是受众目标明确,广告内容翔实,接收者可以详细地了解其产品性能、质量、价格,以及售后服务等情况,较为容易取得接收者的信任,能产生较高的传播效应力。

第二，是 DM 广告可被接收者长期保存，其所宣传的信息还可以被接收者传送给其他人，实现二度传播效应力。

第三，就是 DM 广告在传播信息时保密性较高，由于是一对一传播方式，所以无法被竞争对手知道该企业的市场营销计划，有利于产品顺利打入市场。

DM 广告大致可以分为四类：第一类是宣传卡片，如传单、折页、明信片、贺年片、企业介绍片、推销信函等；第二类是样本（包括各种册子、产品目录、企业刊物、画册等）；第三类是产品说明书；第四类主要是指企业所生产或者营销的商品的价格表、商品营销地域分布、营销概况以及售后服务介绍等。

2. 传播劣势

DM 直邮广告的主要传播劣势是因为其所采用的是直接邮寄给消费者的传播方式，属于“一对一”传播，因而广告传播面窄，信息传递受到一定限制，而且由于消费者是在一种无意识的情形下接收该信息，常常会不被人重视，很多情况下有被接收者直接丢弃的情形。

DM 广告传播方式大致有以下几种：①信函。采用函札方式的 DM 通常用于订货或者联络企业与经销单位或消费者相互间的感情。②明信片。使用明信片方式的 DM，最大特点是传播费用低廉，可兼做优惠券或招待券用。③说明书。可以单面或双面印刷，折叠后和信函一起做成 DM，邮寄给营销单位或消费者个人。④宣传册。当产品信息所宣传的内容较多时则采用装订成册子的方式，在制作时尽可能用图文并茂的手法，以便引起接收者的兴趣。⑤目录样本。主要是指经过编印的商品样本，产品形状、规格、品质、性能等资料的翔实介绍，以供消费者选择。⑥传单。这一传播媒体物具有成本低廉，利用价值高，散发范围广泛等特点，在设计与制作时应力求形式新颖别致，内容翔实有趣，以取得较好的宣传效果。

下面是某平面设计公司一则产品说明书式“电梯轿厢”DM 广告文案：

客户你好，本公司有关电梯轿厢的具体信息告知如下：

电梯轿厢广告报价表

规格 1 面/月 10 面/月 50 面/月 100 面以上/月

40cm×57cm 420 元/面 380 元/面 320 元/面 280 元/面

广告版制作：大理石相框/有机玻璃板＋柯达相纸＋高品质写真

整体尺寸：400mm×570mm 可视画面尺寸：380mm×550mm

以上报价含广告制作、发布、维护和转换等费用，广告设计另收费用。

公司地址:成都市锦里西路×××号锦江时代花园一幢(北楼)×××室

电　话:028－××××××××

传　真:028－×××××××

联 系 人:

公司网址:http://www.cdruida.com 邮件地址:wangrongchangrd@163.com

公司秉承“诚信、敬业、高效、创新”的企业理念,将一如既往热忱、专业地服务于每一位客户,用智慧与勤劳为贵企业创造更丰溢的市场价值!

这则产品说明书式 DM 广告文案完全采用了 20 世纪 80 年代中国广告业刚刚复苏时的常规写作方法,直截了当地将该企业所生产的电梯轿厢广告其规格、价格、公司地址、联系方式等信息详尽地告诉了信息接收者,除了最后一段有意运用了形容词汇组成一段文学语言、试图让接收者在看过前面的内容后能稍稍放松一下自己的情绪的刻意修辞外,绝大部分内容都是大白话式诉求。从文法修辞上讲,对于这样的产品信息告知确实也用不着文学语言,因而看过这则广告的受众其心理上一般是不会产生厌恶感的。对于 DM 广告来说,只要接收方能够认真读过这一信息且没有产生厌恶感,那就达到了最初目的,至于实际购买行动的实现,则需要信息的多次、多方式传播方可。

除了上面介绍的几种媒体外,其他像移动电视媒体、楼宇电视媒体等新媒体广告传播,因为与电视媒体广告文案写作特点基本相同,在这里就不再重复介绍。

本节思考题

1. 电影广告文案的写作特点是什么?
2. 简要叙述一下传真广告文案的写作要点。
3. 什么是 DM 广告? 如何撰写 DM 广告文案?
4. 广告文案语言与文学语言最大的不同点是什么?

第十章 后现代主义广告文案写作

本章重点提示：后现代主义广告文案写作的特点是本章重点掌握的内容。

本章难点提示：如何把握后现代主义广告对大众生活的影响。

第一节 概述

一、后现代主义

20世纪60年代中期，西方建筑领域开始正式地、有系统地启用“后现代主义”一词。在当时，建筑领域所认可的后现代主义的意思是建筑的现代主义已经衰落并走向灭亡，后现代主义时代正在到来。随着后现代主义理论研究的深入，人们发现，后现代主义在主题以及时间构架等方面因各种艺术的不同特性而不同。对于后现代主义的讨论在艺术、文学批评、心理分析、法学、广告学、社会学、政治学等诸多领域都占据了比较显著的位置。20世纪90年代，后现代主义理论开始在中国流传，很快就引起了社会各界的广泛关注和思考。

后现代主义的“后”与现代主义之间的关系具体而又微妙，后现代主义是作为现代主义的一个结果而存在，还是作为现代主义发展的一个进程而彰显？它是一个全新的时代的开始还是过去时代的延续？或者说后现代主义是对现代主义的彻底的推翻与否定？作为一个从欧美引进来的外来词汇，后现代主义很难在理论上得到精准的定义，其内涵的丰富性、歧义性、多元性都是令人不可思议的。后现代主义定义的开放性为我们定义后现代主义广告增加了难度，笔者更愿意从时间角度解读后现代主义广告。

二、前现代广告、现代广告和后现代广告

有一个流行很广、很官方的词汇，就是“与时俱进”。广告，从诞生之日起，就是一个不断发展、与时俱进的动态过程。我们姑且从时间的视角把这个动态过程分为三个阶段来分别进行个体的解读：前现代广告、现代广告和后现代广告。在这三个不同的阶段里，广告所展现出来的特点是截然不同的。

在前现代广告阶段，由于经济水平的低下，广告传播手段的单一，因此，广告只担负了一个最基本的“告知”功能。这一阶段，人们的购买能力低下，主要看重和购买的是产品的实用功能。因此，早期的广告为了迎合消费者，在宣传产品的时候很难谈到太多的创意和表现手法，大部分广告倾向于突出介绍产品的主要功能，也就是实用性。

到了现代广告阶段，先后有一批又一批的广告大师提出了各种各样、五花八门的广告理论。比如在报纸媒介盛行时期，约翰·E. 肯尼迪提出“纸上推销术”理论，他认为，广告是一种推销术，与现实推销不同的是，报纸广告是印在纸上的推销术，但是一样要讲究推销的技巧。另一位广告界公认的广告大师罗瑟·里夫斯提出 USP 理论，该理论分为三部分：首先，广告必须对消费者有一个明确销售主题，必须对受众说明买这样的商品，你将得到怎样的特殊利益，这一主题应该包括一个商品的具体好处和效用。其次，这一销售主题应具有独特性，是独一无二的，它应是竞争对手无法提出，也不能提出的。它最好没有被其他竞争者宣传过。再次，这项主题，必须有很强的普遍性，足以影响上百万社会大众，必须能够推动销售，能够影响消费者的购买决策，促使新顾客来购买商品。而大卫·奥格威则是率先将“品牌形象”这个概念应用于广告实践的广告人，他使“树立品牌形象”成为广告界的一种策略流派，他认为天下没有平凡的产品，只有平凡的文案。他提出的品牌形象论至今仍然受到很多业内人士的认可和推崇。这些理论的推出其最根本的出发点依然很明显，无非是力求让产品在同类产品中脱颖而出，受到消费者的关注。综观这些理论，我们可以看出在现代广告阶段，虽然产品的丰富性使广告创意以及表现形式越来越多元化，但是宣传和推销产品依然是大部分广告承担的主要功能。

广告发展到后现代广告阶段，产品同质化倾向非常严重，所有的同类产品都差不多，纵使绞尽脑汁冥思苦想都很难发现原来所谓的独特销售卖点。现代广告陷入一个进退维谷的境地，由此，后现代广告应运而生。这个时候人们对产品功能性的追求已经弱化，消费者不再以物为本，以商品为中心，强调一切广告都是为了

推销商品，而是提出应该忘掉产品，转为追求感觉。绝大部分后现代广告很少表现所宣传的产品，而是重点迎合目标消费群体的主观感觉。感觉对了产品就会被消费，广告就会有效果。

三、后现代主义广告本质探析

（一）本质的模糊性

绝大多数后现代广告，都是从具象商品转到抽象概念，商品退居到次要地位，甚至完全隐退，文案不传达完整的商品信息，字里行间也没有对商品的功能诉求，反而尽量对其淡化。给人的感觉是广告不像广告，广告无论是从风格上、语言上还是主题上和商品的联系都很松散。有人认为这种模糊的处理妨碍了广告信息的有效传达。但事实上，这正是后现代广告的一个特点，就是本质的模糊性。传统辩证法探讨现象和本质，但是后现代广告厌倦在现象背后追寻本质。它认为本来就不存在现象和本质之分，一切都浮于表面，因此无须挖掘本质，现象就是本质。所以广告无须追求深度，文案也不必追求通俗流畅，他们更注重的是广告营造的氛围，能不能引领消费者跟着感觉走。在这样的理念下，后现代广告往往有一些很触动心弦的作品，本节中我们将进行探讨。

1. 国际服装品牌贝纳通

贝纳通前创意总监托斯卡尼说：“（我们的广告）不像传统广告一样，通常我们的广告没有文案，没有产品，只有品牌标志。它们不会告诉你买我们的衣服，甚至不会暗示如此。”正如他所说，贝纳通的广告几乎没有宣传自己的产品。它总是把精力聚焦在人们普遍关注的社会问题上，综合起来看，贝纳通先后在广告中传达了这样几个主题：

(1)强调种族平等，尊重差异。1989 年，贝纳通推出“黑白对比”广告运动。如图 10－1，一黑一白两个儿童，光着屁股坐在便盆上，表现出孩子之间单纯没有差异的情感。从这张图片开始，贝纳通围绕种族平等、尊重差异的主题相继推出了一系列广告。比如两只黑白不同的手，狼与羊之吻，白熊娃娃堆中的黑人小女孩儿，在这些黑白事物的视觉对比中着力表现对种族平等的诉求。图 10－2 是贝纳通 1991 年推出的广告“天使和魔鬼”，白人小女孩儿有一头天使般金色的卷发，黑人小女孩儿梳着怪兽犄角般的辫子。广告提出尖锐的质疑，都是一样天真烂漫的儿童，谁是天使？谁是魔鬼？

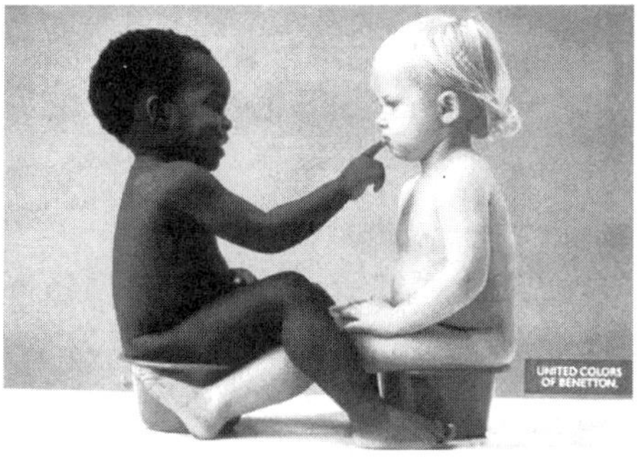

图 10－1 1989 年贝纳通广告“黑白对比”

图 10－2 1991 年“天使与魔鬼”

图 10－3 同样是在 1991 年推出的广告“一个家庭”，表现的是一个未来家庭，一位白人女子和一位黑人女子，怀中抱着一个黄皮肤的女孩儿。爱在这里跨越了种族、肤色、宗教信仰的界限。同一年推出的“上帝之吻”，如图 10－4，画面表现一名神甫和一名修女接吻，黑与白的画面构成十分简洁，整个广告散发出一种温柔平静的祥和之感，强调爱能够超越所有的传统禁忌。这则广告在宗教力量不十分强大的国家得到了很好的传播。但是同时，在很多国家被认为是对宗教的“亵渎”。

图 10－3 1991 年“一个家庭”

图 10－4 1991 年“上帝之吻”

除了用黑白色彩对比的视觉冲击来表现广告作品，贝纳通也尝试传播其他一些有视觉震撼效果的作品。比如“舌头篇”，如图 10－5，表现三个肤色各异的女孩儿，伸出她们的舌头，尽管三个女孩儿的肤色不同，但是她们的舌头都具有同样的颜色，强调种族的平等。1996 年贝纳通推出的广告作品“心脏”获得了戛纳广告节平面金狮奖，如图 10－6。和“舌头篇”一样，“心脏篇”也是刻意强调皮肤的颜色只是外在的差异，内在的相同则是人类共同的本质。人类就像自然界的花朵一样，应该允许千差万别的人的存在。我们应该容忍并尊重这种与生俱来的差异性和多样性，不应该存在偏见和歧视。

图 10－5　1991 年“舌头”

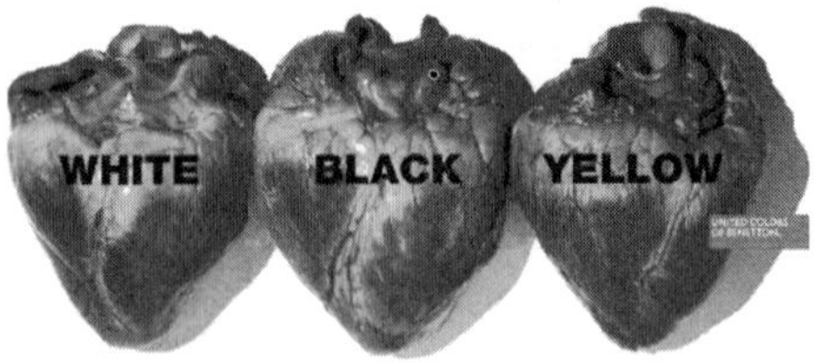

图 10－6　1996 年“心脏”

(2)关注艾滋病。1991 年贝纳通推出彩色安全套广告，如图 10－7，广告第一次将这种私人物品当做时尚东西涂上各种色彩，该广告一经播出即引起了很大争议，很多人认为不该将性和衣服扯在一起。但贝纳通指出，色彩各异的安全套与色彩斑斓的贝纳通服装相关，同时希望通过这种形式使人们关注艾滋病和安全性行为等问题。1992 年贝纳通从《生活周刊》照搬了一张照片，如图 10－8，照片主角是一位艾滋病患者，他已经病入膏肓，奄奄一息地躺在床上，全家人相拥而泣。这则广告在当时激发了人们对于广告表现范围的探讨。

图 10－7　1991 年“彩色安全套”

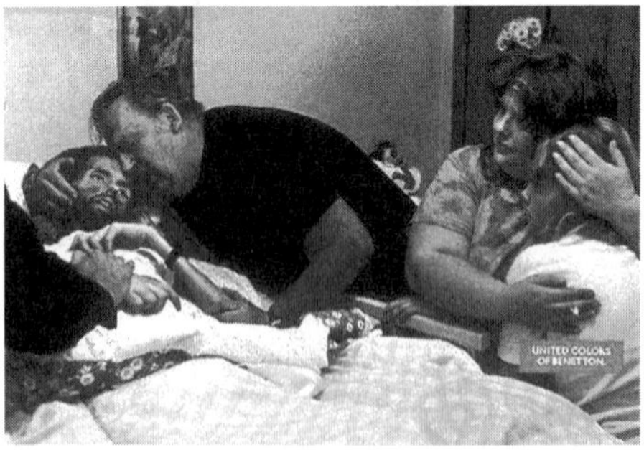

图 10－8　1992 年“艾滋病患者”

贝纳通广告在呼吁人们与艾滋病抗争的同时，也敏锐地观察到艾滋病带来的偏见和歧视，贝纳通此后又推出了一个系列的“艾滋病毒携带者”广告，如图 10－9，照片表现人物臀部和小腹部上赫然可见的如烙印般的字迹：艾滋病毒携带者。

画面表现艾滋病毒携带者如同被打上了烙印一般，生活在可怕的隔离与歧视中。同时，图片也突出了 HIV 感染的主要渠道就是不安全性行为。1994 年贝纳通将上千张不同面孔的照片组合起来，每张照片都是一位艾滋病患者的面孔，他们在静静地微笑，但在微笑的背后人们却看到照片用明暗拼出了一个巨大的词：AIDS。

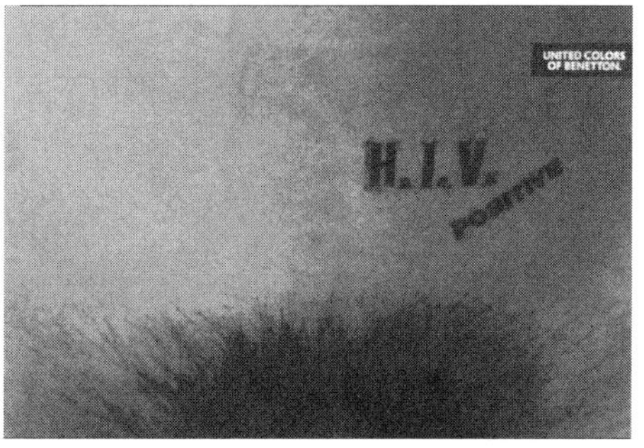

图 10－9　“艾滋病毒携带者”

(3)批判战争，呼唤和平。1991 年，贝纳通推出了“战争墓地”，这是一处法国“二战”墓地照片，在灰暗草地衬托下，一排排十字架对称地排列着，压抑而沉闷。贝纳通试图通过这样的创意提醒人们：在战争中，没有人能赢得最后的胜利，死神才是唯一的赢家。广告中尝试表述现实，有强烈的批判现实主义色彩。海湾战争时期，贝纳通推出了广告作品“鸟”，如图 10－10，表现一只鸟在海湾地区某一个海边挣扎，满身是漆黑的原油，全身唯一显露生机的地方就是它的眼睛，红色的眼睛凸显出该鸟的惊恐状。1994 年贝纳通推出“血衣”，如图 10－11，血衣的主人是一名农科院学生，临近毕业，准备结婚，但是波黑战争的到来使得这名年轻学生不得不加入战争，最后只剩下他死前穿过的这套血衣。

图 10－10　贝纳通广告“鸟”

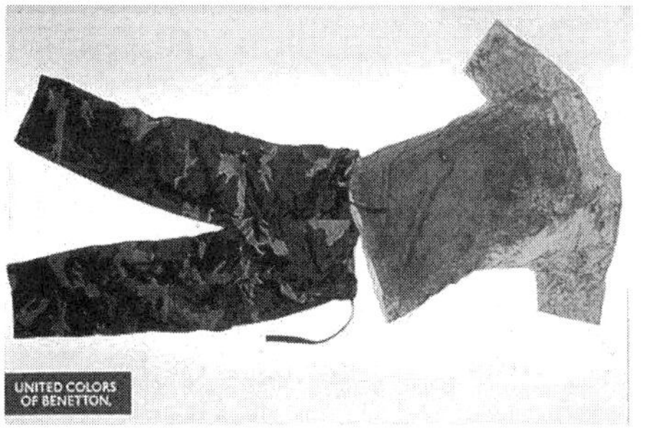

图 10－11　贝纳通广告“血衣”

通过上面我们分析过的这些贝纳通广告作品，我们看到，贝纳通广告打破了传统的广告方式，广告剔除了销售色彩，不再是简单地展现品牌和产品，也不再努力去强调产品的功能，呼吁消费者来“购买”。贝纳通广告看起来不像典型的商业广告，但又不属于新闻图片，广告的性质很模糊，降到最低点。广告中产品内容模糊，广告不突出产品，更注重感觉。这种广告本质的模糊性正是后现代广告所普遍具有的一个特点。对于贝纳通来说，消费者直观的视觉感受是贝纳通最想要的，至于广告背后的东西无须深究。广告更趋近于“一种现实的表述”。既不是销售商品，也不是销售梦想，而是表述真实的世界。通过这种真实的表述，带动了一大批贝纳通的忠实消费者，引领他们跟着感觉走。

2. 台湾奇美电子

如果说贝纳通旗下产品是服装，有和消费者做沟通的可能，那么台湾奇美电子所开展的电视产品推广相对要更困难一些。作为需要明确卖点的耐用型消费品，奇美电子剑走偏锋，充分体现了后现代主义广告本质的模糊性。在奇美电视的系列宣传广告里，并没有把广告叙述的重点落在产品上，而是通过一系列对比句式的连续排比，为消费者营造出新奢华幸福的感受，唤起消费者的内心共鸣。下面两段分别是摘自奇美电视广告的文案。

奇美电视广告文案 1

千言万语的歌颂，是幸福。
耳边的一句轻声低语，是奢华的幸福。
另一半爱你的可爱，是幸福。
另一半爱你的不可爱，是奢华的幸福。
为了理想往前冲，是幸福。
为了所爱往后退，是奢华的幸福。
100 朵玫瑰在你脚边，是幸福。
1 朵玫瑰在你手中绽放，是奢华的幸福。

奇美电视广告文案 2

有人在身边疼爱是幸福；
有人在远方等待是奢华的幸福。
在旅行中找到方向是幸福；
在迷途中发现精彩是奢华的幸福。
为了理想起飞是幸福；
为了所爱降落是奢华的幸福。
紧握双手是幸福；
张开双臂是奢华的幸福。
捕捉绚烂的瞬间是幸福；
延续真实的感动是奢华的幸福。

奇美电视广告的这两段文案，没有把内容局限在产品本身，而是通过对比句的方式，凸显出幸福与奢华的幸福的差异，对比句之间形成递进的层次感。同时对比句的连续排比，增强了奢华幸福的幸福强度。文字整齐优美，对比巧妙灵活，由此唤起人们对于奇美电子的好感与期待。文案中只字未提产品，如果脱离广告诉求看，这完全是一段优美抒情的文字，和奇美电子扯不上任何关系。广告不宣传产品，而是模糊广告的性质，后现代广告的本质模糊性由此可见一斑。

（二）意识的张扬性

研究后现代性的学者大卫·莱昂曾经指出："可以肯定，后现代与这样一种社会密切联系，其中消费生活方式和大众消费支配了所有社会成员：只要他们醒着。……消费与需求和欲望的集中生产是根本，所有的东西都被商品化了，电视广告不断地强化这一过程。"①

在这段话中，我们可以清楚地看到后现代主义广告对于消费意识的张扬。如果说现代社会是生产社会，那么，后现代社会则是消费社会，在消费社会中，消费成为一种新的文化。曾经有一部非常典型的、具有后现代主义特征的作品，即张者的小说《桃李》。他描述了知识分子在后现代社会中的转型，人们不仅消费物质，也消费精神和知识，即便是爱情和性，同样也是一种特殊的消费品。后现代广告也是一样。广告是一门沟通艺术，在信息的传播和沟通中必然会影响消费者的意识形态。后现代广告反对压抑个人的消费欲望，提倡消费者的个人欲望应该被无限地满足和张扬，身体和感官的享受应该是第一位的，宣传花钱的合理性，从而促进销售。很多意识形态的广告作品张扬消费者的意识形态和消费欲望，为消费者的肆意消费提供合法的理由和说辞，使消费成为一种流行文化和趋势。

意识的张扬性这一点，台湾中兴百货所做的广告中表现得尤为明显。其早期创始人郑松茂曾经说过这样一句极具张扬的话："世界上只有两类广告公司，一类是意识形态，还有一类是其他。"他这样说当然过于夸大了意识形态广告的力量。但是不可否认，正是他和许舜英早期的合作，才出现了很多意识形态广告作品，比如接下来被我们重点评说的台湾中兴百货。

在台湾，从来没有一家百货公司可以和广告公司合作长达12年以上，也从来没有一家百货公司的广告可以形成如此广泛的探讨空间，这家百货公司就是台湾中兴百货。中兴百货1998～2000年的作品不断被很多人翻看并且推崇，本文将重点探讨中兴百货2000年之后的作品所呈现出来的鼓励消费的张扬意识。

中兴百货2000年的代表作品之一如图10－12，广告标题："三日不购衣便觉面

---

① 大卫·莱昂，《后现代性》，吉林人民出版社2004年版，第100页。

目可憎，三日不购物便觉灵魂可憎。”广告强调所有深层的压抑，禁欲的意识都应该消失。欲望就是欲望，欲望就要张扬。如果欲望没有得到很好的张扬和释放，那么无论是面目还是灵魂都是可憎的。这种对欲望的彻底释放，刚好迎合了当代社会所谓的“小资”和“月光族”的追求，对于这个群体来说，生活中的苦难和幸福都没有了，购物和消费是他们奋斗的人生目标，生活的真谛就在于物欲的释放。2001 年的作品“太久没买衣服了”设置的桥段都很通俗常见：“为什么突然不爱照镜子了？为什么情绪像枯叶一样低落？为什么看见食物就反胃？为什么对人生很绝望？为什么一点都不想念情人？因为太久没买衣服了。”这段文字用最熟悉的身边事细腻地描绘出太久没买衣服的晦暗心理。突出“秋季折扣”的主题，以期吸引消费者。

图 10－12 “三日不购衣便觉面目可憎，三日不购物便觉灵魂可憎”

2001 年的新年促销：“为了妖艳而妖艳，人们称为过新年”，如图 10－13，在这里，过年穿新衣一个本来非常老旧的习俗被夸张地放大，新年已经不再只是穿一件新衣那么简单，妖艳男和妖艳女近乎过度的妖艳装扮表现了人们装扮自己的强烈欲望。“为了妖艳而妖艳”把新年其他所有意义都消解了，妖艳成为人们过新年的唯一也是终极的目的。

2003 年的作品“人生是一场不断购物的旅程，人生是一张不断繁殖的购物

图 10－13 “为了妖艳而妖艳，人们称为过新年”

单”。这样的句式虽然已经用到泛滥，但是中兴百货在这里把人生的全部意义都落在了物欲的满足上，这种对物欲的狂热追求则是后现代广告所独具的本质。

（三）画面的符号化

詹姆逊在《晚期资本主义的文化逻辑》中提出，后现代主义理论“不再是现代主义理论的这种深层解释，而只是在浅表玩弄字符、对立、本文的力和材料等概念，它不再要求关于稳定的真理的老观念，只是玩弄文学表面的游戏”。[①] 由此他认为：“后现代文化给人一种缺乏深度的全新感觉。”[②]

这种深度的缺乏，体现在广告上也很明显。在后现代广告中，广告中的产品没有具体的使用价值和功能诉求，广告销售给消费者的是象征性的价值。广告中也没有赞美欣赏之词，只是图片画面追求视觉惊颤的效果，使用一些和诉求相关或远距离的隐喻作为符号浮现在广告表面，有仪式感，没有深度。文字显得华丽，奢靡

① 詹姆逊：《晚期资本主义的文化逻辑》，北京三联书店出版社 1997 年 12 月版，第 290 页。
② 同上，第 290 页，第 432 页。

图 10－14 “人生是一场不断购物的旅程，人生是一张不断繁殖的购物单”

但是空洞。这种画面的符号化表现在作品中，其目的是非常明显的，它的广告很多时候看起来像行为主义一样的模式化，所有的广告画面给人一种强烈的仪式感。

依然以中兴百货为例，中兴百货绝大部分广告画面中，色调多半是一种冷色调，模特儿大多面无表情，但是衣着华丽，姿态优雅，以此表现这是一个物欲社会以及人在物欲社会中的孤独和冷漠。比如中兴百货在 2003 年推出的广告“脚”篇，如图 10－15，画面新奇但是非常阴郁，人物保持整齐划一的动作，使画面的仪式感非常强烈，这样的画面很能吸引眼球，类似当代的行为艺术，但是却不直接诉求产品卖点。画面与文案并不是十分贴切，只是一种意念化的表现。2000 年台湾《中国时报》的广告起用了几位比较著名的人物，许舜英、黄子佼、陶晶莹、陈文茜，广告从画面上看没有任何深度可言，如图 10－16，广告意图要表现“知识使你更有魅力”，为此，使用光盘、书本、报纸等符号化的东西充斥了整个画面，以此诉求点来隐喻知识。画面依然是冷色调，人物无表情，仪式感的表达在作品中表现得极为明显。

图 10－15 中兴百货“脚”篇

图 10－16 《中国时报》“许舜英”篇

(四)主题的先锋实验性

法国后现代思潮理论家让－弗郎索瓦·利奥塔提出:“我界定的后现代主义就是指向对元叙事的怀疑……这种元叙事功能正在丧失它的功能词,它的崇高英雄,它的重大为难,它的主要航程,它的伟大目标”。① 利奥塔反复强调“后现代”是“对宏大叙事的怀疑”,因而应对宏大叙事的霸权予以批判。利奥塔还认为,在宏大叙事失去效用后,“小叙事”将会繁荣。人们只运用“小型叙事”,只相信后现代世界是一个“凡人”的世界。由此看来,后现代广告主题反叛现实,它对宏大的叙事有着强烈的否定与破坏色彩,鼓励人们不要受到现实的约束,应该用更加反叛的心理面对生活。对一切主流东西进行消解和颠覆,充分表现主题以及话语的先锋实验性。这种先锋实验性主要体现在以下几个方面:

1. 对权威和主流的批判

在后现代广告兴起之初,台湾司迪麦口香糖广告就充分表现出了这种对于权

① 让－弗朗索瓦·利奥塔:《后现代状况——关于知识的报告》,岛子译,湖南美术出版社 1996 年版,第30～31 页。

威的消解以及对于霸权的颠覆和抵制。司迪麦(STMONAL)口香糖则从口香糖的多种口味出发,描述了白色、绿色、橘色、紫色、红色,但是广告中都没有表现卖产品,而是表现年轻人复杂的情绪和多样的感受,通过颠覆传统、挑战权威,激起青少年的共鸣,借助广告来发泄青少年心中的不满。

司迪麦口香糖橘色篇和红色篇都表达出对于当前各种传统和权威的挑战。从形式上看,广告画面跳跃、断裂,各种冲突的元素不连贯地呈现出来,表现出事物的冲突性。从内容上看,红色篇讽刺当代教育都是填鸭式教育,学生没有学习的自主性,而是在被动中成为烤煳了的鸭子。橘色篇则揭示了学校学习部长体罚学生的社会现实,被体罚的女孩子从最初的隐忍啜泣到最后一脸不屑地问:"请问部长,哪种护手膏比较有效?"广告对现行教育及教育中的弊端进行了针锋相对的拷问。绿色司迪麦"资讯蔓延篇"则影射社会秩序混乱、社会角色混淆的现象。所有的文字都忽隐忽现,广告中说警察开始写诗,摊贩开始写政见,歌星编百科全书。暗示整个社会乱了套,人们的社会角色错了位。

图 10-17 服装与政治的关系

图 10-18 "消费正确比政治正确,正确"

在台湾中兴百货的广告中我们也可以看到他们对于政治权威的消解和颠覆。其 1998 年的作品"服装就是一种高明的政治,政治就是一种高明的服装",如图 10-17。在广告中,衣服本身的使用价值和实用价值都消失了。衣服变成了一种装饰的符号,强调的不再是它的保暖、耐寒、结实等作用,而是成为一种装饰自己的资本,是表演自己的媒体,表征着一个人的身份、品位、社会阶层和价值观念,将文化政治背景都囊括在服装内。穿衣服就如同高明的政治,政治也不过就是一种高明的服装,它们都是一种不真实的虚伪。文案对政治的质疑正是对主流的消解。中兴百货 2001 年的作品"消费正确比政治正确,正确",如图 10-18。这是对主流束缚的又一次挑衅。文案当中偶尔出现的英文单词和时髦品牌充分展现了一种“小资情怀”。颠覆传统束缚，鼓吹消费正确的合理性。红酒配海鲜，穿睡衣去舞厅，这些规矩在这里变得不值一提。2001 年的作品“美好的生活就是最温柔的报复”和 2002 年的作品“再有诗意的衣服，也无法适应没有诗意的社会”，都表现了对现代工业社会以及主流文化的讽刺和抨击。

2. 对经典的颠覆

后现代广告对宏大叙事的颠覆与消解还表现在篡改经典作品上。很多后现代广告喜欢将人们耳熟能详的经典影视或文学作品进行篡改和颠覆。2006 年中兴百货的作品“嘻游记”对传统四大名著做了戏谑化处理，《西游记》中的主要人物都显得异常怪异和荒诞，穿着拖鞋的唐僧和举着阳伞的沙僧，亘古不变的新年快乐到这里变成了“新衣快乐”，这些都是对主流的一种背叛和颠覆。对《西游记》的篡改在时下非常流行，其他经典篡改比如对达·芬奇名著《蒙娜丽莎的微笑》的篡改，对童话故事《灰姑娘的水晶鞋》的篡改等成为当时的一种时尚。

图 10—19 “嘻游记”

本节思考题

1. 什么是前现代广告、现代广告和后现代广告？
2. 后现代广告的主要特征是什么？
3. 谈谈你对后现代主义的看法。

第二节　后现代主义广告文案写作技巧

一般来说，归纳出某一类别文案的写作技巧并不是一件很科学的事情。因为文案本身需要创造性的元素，一旦有固定的模式可以遵循，那么也就削弱了文案本身的创造力了。对于后现代主义广告文案而言也是如此。但是，随着后现代主义广告的盛行，后现代主义广告文案的撰写势必会成为一种潮流或者趋势。因此，笔者在这里探讨后现代主义广告文案的创作技巧，只是抛砖引玉。纵观后现代主义广告文案写作，我们尝试提炼以下几种技巧。

一、对固定句式的套用

所谓对固定句式的套用，就是使用一些现存的固定句式，营造出后现代的文字感受。王家卫、杜琪峰两位导演的很多作品已经被公认为属于后现代电影范畴。在他们的作品中，有大量的台词都可以拿来作为后现代文案的标准句式，这些语言和文字无厘头的组合本身就具有非常浓厚的后现代风格，嬉笑怒骂成为人们取笑世间百态、发泄情感的主要渠道。这种表达方式从传统文学观念来看，并不唯美，甚至脱离了主流广告语言，但是却可以带来“注意力经济”。

“我曾经爱上一个人，后来她走了。我去 2046，是因为我以为她在那里等我，但我找不到她。”——《2046》

“一直以为我和何宝荣不一样，原来寂寞的时候，所有人都一样。”——《春光乍泄》

“当你不能够再拥有的时候，你唯一可以做的，就是不要忘记。”——《东邪西毒》

“任何人都可以变得狠毒，只要你尝试过什么叫做嫉妒。”——《东邪西毒》

“其实他不是没有来，只是走错了地方。那天晚上，我们大家都在加州，只不过我们之间相差了 15 个钟头，现在是他那边早上 11 点。”——《重庆森林》

这些电影中的经典句式，如果在保证关键词不变的情况下进行合理的套用，是能够收到一种意想不到的效果的。比如我们抽离出其中的关键词，“我曾经……一直以为……当你……任何人……只要你……其实……只是”，用这些抽离出来的关键词重新组成一段有意义的广告文案：“我曾经花2000元钱买了双鞋，因为它是纯皮的。一直以为纯皮的才是最好的，很久以后才知道有时候布鞋会胜过皮鞋。当你盲目追求皮鞋的时候，是不可能看见那些同样闪亮的布鞋的。任何人都有自己的价值观，只要你坚守自己的个性，布鞋也同样能穿出你的个人风采。其实布鞋也许更适合我，只是便宜些，我终于明白非正式行为的意义——匡威帆布鞋。”这段文案灵活地套用了具有后现代之感的固定句式，生动活泼地展现了匡威帆布鞋力图诉求受众的个性特质。

二、化整为零

这种化整为零，不是说把文字打散到七零八落，完全看不出整体感，而是要用貌似散乱的不整齐句式分散排列。但是所有零散句式都应该统一传达一个主题，保证传达整体的统一性，这是后现代广告文案很明显的特征之一。我们再看两段中兴百货的广告文案。

中兴百货情人节宣传文案：罗马假日，广岛之恋，布拉格的春天，巴黎绿光，东京爱情故事，上海之夜，魂断蓝桥，俄罗斯大厦，哈佛大学 love story，日内瓦之恋，情定威尼斯……2月14日，不分国界的爱情故事，中兴百货，与所有情人共度。

中兴百货夏季折扣宣传文案：节省卡路里，节省性欲，节省布料，节省氧气，节省1/2价格，节省尼古丁，节省空间，节省影印纸，节省理性，中兴百货’93夏季折扣。

第一段情人节的宣传文案中，所有的爱情桥段被浓缩，它们看似零散并且丝毫没有任何关联，但是却具有高度划一的统一感，那就是它们都在不同的国度诉说和上演着各种各样的爱情故事。由此提炼出广告的情人节主题——中兴百货，与所有情人共度。第二段夏季折扣宣传文案，传统文案往往只是走普通的打折广告路线，只提供价钱便宜一个利益点。中兴百货的这段文案，扩展了打折利益点的外延，节省的不只是1/2价格，还有逛街消耗的卡路里，无聊消耗的尼古丁，以及现代社会压抑的理性。所有的节省，直指主题——中兴百货夏季折扣。

这种化整为零的方法，散开的未必只是短语，也可以是各式各样的短句。从很多个侧面展开，最后统一突出主题。比如像下面隆美窗帘的这段广告文案，这段文案从描绘不同的消费者喜好入手，分别列举了不同性别、不同年龄层、不同国籍，以及不同身份的消费者对于窗帘的不同的喜好，最后统一诉求，虽然每个人都有不同的偏好，但是隆美窗帘可以满足所有消费者的不同偏好，这也是化整为零的一种表现手段。

隆美窗帘宣传文案

标题：12 楼 A8 室的范太太最爱古典蕾丝窗纱

正文：9 楼的姜老太太认为有提花才算讲究。5 楼的白小姐只要是流苏都爱不释手。她的隔壁邻居佟先生则是 mix & match 的信奉者。新搬来的英国人 Roger 迷恋青花云纹的中国情调。而 1 楼管理员老王则对于军绿迷彩永志不渝。关于风格，每个人都有不同的偏好。隆美窗帘提供 5000 种以上的选择，精致品质、完美车工，足以让这里所有的人感到满意。

三、描写赤裸的性

后现代作品不能没有“性”。后现代作品中提到“性”的时候，并不是为了勾引大家的欲望，而是以一种展示的态度出现，毫不羞涩也毫不扭捏。后现代正是要用这种张扬的“性”描写来表达后现代的真实不矫饰，它要表达这样的意思：我敢脱，你敢看真实的我吗？下面是中兴百货的一则系列广告（如图 10－20）：

标题：如果你对你的性生活很满意，不必到中兴百货

正文：如果声色刺激能满足欲望，为什么人们的口味越来越咸湿？问题或许跟声色刺激无关，而是爱欲环境不够性感。日本浮世绘，印度爱经，中国的春宵秘戏图……看看那些环绕身体的垫毯、屏风、食器、床具、织枕，达到快乐巅峰除了生物的别忘了还有环境的费洛蒙。

标题：也许缺乏性趣的不是你，是你的房间、浴室、厨房、客厅、餐桌

正文：为什么情趣用品越来越多，人们的性焦虑越来越强？问题或许跟身体无关，而是身体所在环境不够感官。试着改变床单的质地，浴室的气味，以上等骨瓷装盛龙虾意大利面，在滚金丝的雪纺桌巾上和欲望对象

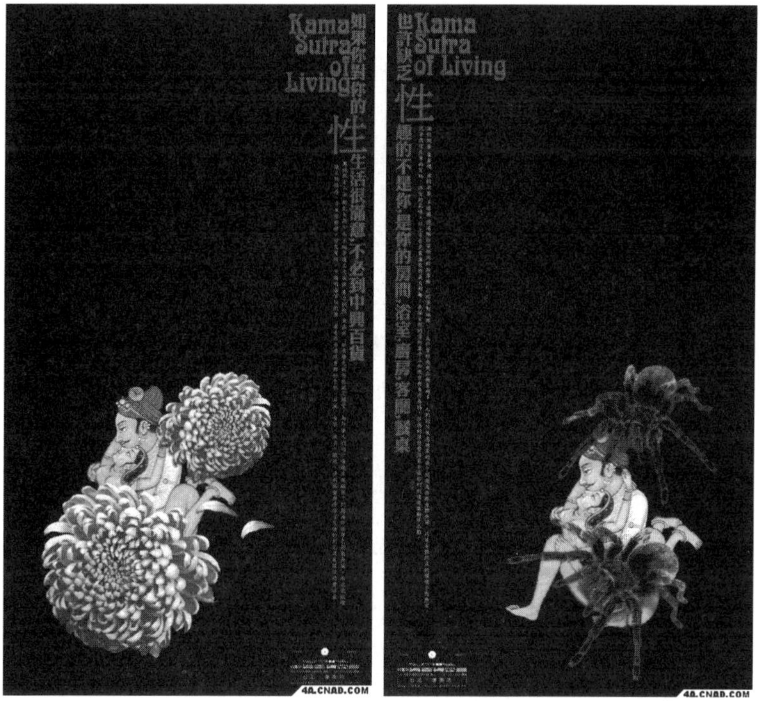

图 10－20　“菊花篇”和“蜘蛛篇”

用春膳，性感的环境费洛蒙不让你们到达快乐巅峰也难。

第一段文案标题使用反向式，没有说如果你对你的性生活不满意，请来中兴百货。而是反其道而行之，使用“如果你对你的性生活很满意，不必到中兴百货”这样的句子来诱惑消费者。和传统的句式比起来，这样说使广告更有吸引力。在两段正文中，并不避讳“性”的话题，围绕这个话题展开，提出达到生理快乐巅峰还需要环境的费洛蒙。

四、文案的数字化

后现代文案喜欢把所有东西进行量化，无论是可数性名词，还是不可数性的名词，都可以在后现代的文案中被量化。这样的量化，会使被量化的物件变得更加具体可感，给消费者带来一种非常奇妙的心理体验。

标题：诚品书店一九九五年度书籍排行榜

正文：9998个人打开过咖啡馆的门；8778个人参与了流行阴谋；6006个人走进了文化苦旅；5959个人知道了台湾赏树情报；1001个人使用过香水；999个人目击到戴眼镜的女孩……对书的100种偏见，来诚品的100种理由。

上面这段是诚品书店的一则推广文案。枯燥的数字与有趣的排行交替在一起，生动地传达了读书可以展示给人们不同的世界，使人们由此产生对诚品书店的好感。这种手法在很多后现代文案中被使用。比如中兴百货的夏季促销广告中有这样的句子："在海边她捡到三只海鸟，十一枚贝壳。一场细雨，遇见一个男人。"在其年末促销广告中又有这样的字眼："买10张经典CD？决定每天多微笑3次？拟定未来5年的生涯规划？"这种文案的数字化在后现代广告文案中随处可见，不胜枚举。

五、变化性重复句式

这种句式的重复，不是一味的重复，而是在重复中赋予词句新的变化，产生不同的亮点。台湾著名广告人李欣频为诚品书店写的一段广告文案很受人们的推崇。这段文案其实是典型的变化性重复句式："过期的凤梨罐头，不过期的食欲；过期的底片，不过期的创作欲；过期的PLAYBOY，不过期的性欲；过期的旧书，不过期的求知欲。"在这段文案中，过期的与不过期的形成对比，并不断重复。但是在重复中，一直保持着词语的替换和变化，由此整段文案既统一协调，又不乏灵活变化。这种变化性重复的句式有很多案例。比如下面这两则中兴百货的广告"……只有在两种情况下购物……的时候和……的时候"与"……是道德的……是不道德的"是两段重复的句式。围绕这两段句式，文案中置换了不同的变化的情况。由此增加了文案的可读性和趣味感。我们具体看一下这两则广告文案：

中兴百货特卖广告：阿咪只有在两种情况下购物：心情好与心情不好的时候；POCO只有在两种情况下购物：景气好与景气不好的时候；小欣只有在两种情况下购物：热恋与失恋的时候；彼得只有在两种情况下购物：发胖和减肥成功的时候；你只有在两种情况下购物：想买和不想买的时候；王导只有在两种情况下购物：需要与无聊的时候；秀秀只有在两种

情况下逛街购物:新装上市与季末特卖的时候。

中兴百货春季折扣:把衣柜当魔术箱是道德的,把衣柜当仓库是不道德的;戴一枚人工合成钻戒是道德的,穿戴一身象牙扣又高谈环保是不道德的;与男友分手时说谢谢是道德的,各奔前程后还到处宣泄是不道德的;自恋而自怜是不道德的,自恋而自觉是道德的;一年买两件好衣服是道德的,光买衣服而没有衣尽其用是不道德的——中兴百货春季折扣正在进行。

六、感情物化

将情感转移到其他物件上,使物件具有生命力,顾左右而言他。顾左右而言他一般形容无话对答,有意避开问题,用别的话搪塞过去。在这里,感情物化,就是避开感情,用别的具体的物件来抒发感情。个体的喜怒哀乐在这里发生了转化,转化到具体的物件中去,成为物件的喜怒哀乐。笔者认为这其实是传统修辞手法“移就”的一种变形。所谓移就,就是有意识地把描写甲事物的词语移用来描写乙事物。一般可分为移人于物、移物于人、移物于物三类。那么这种感情物化,其实就是把适用于人的描写转移到物上。比如下面这则诚品书店结婚书展的宣传文案:

诚品结婚书展宣传:把一个爱情的蛋黄打在半品脱的清水里,融入两磅的黏腻焦糖,加热,开始沸腾时就加一点冷水,就这样连续沸腾三次,然后把糖浆从现实的炉子上端下来,让激情静置一会儿,再把幻灭的泡沫抹去,加入午后的橘皮、大茴和丁香浪漫情调,文火直到它充分入味,最后用锅子上的亚麻布滤出耐久的相处余韵。八月,盛夏盛情,我们将成为夫妻——诚品结婚书展。

文案中蛋黄的单位是一个爱情,糖浆在现实的炉子上煮沸,浪漫情调带着橘皮、大茴和丁香的味道,亚麻布能滤出相处的余韵。这些本来属于人的各种情感和情绪在这里被完全地物化,现实的与虚幻的交融在一起。感情物化仿佛是一种用词不当,但正是这种不当,却能够创造出一种与众不同的特殊意境,产生一种冲突的文字美感。

七、巧用汉语修辞技巧

后现代主义广告文案无论有多么玄妙，其本质依然与中国传统文字脱不了干系，因此在后现代主义广告文案里，利用汉语的各种修辞技巧来丰盈文案的写作是常见的。纵观后现代主义广告文案，比较常用的汉语修辞技巧有如下几种：

（一）排比

排比是把结构相同或相似、语意相关并且语气一致的词语或句子成串地排列的一种修辞方法，这是后现代主义广告文案普遍使用的修辞技巧。通过排比，增强了广告宣传的气势，保证了统一中有变化，变化中有统一的整体协调感。在中兴百货周年店庆的广告中，我们可以看到一组非常标准的排比句。这组排比句式的文案，分别在品牌、品质、品位以及服务等诸多方面突出了中兴百货的独一无二和无可取代，由此推出周年店庆的广告主题，唤起消费者内心积极的渴望与期待。

中兴百货周年店庆宣传：唯一坚持民族美学自觉的，唯一云集顶尖名牌设计作品的，唯一不厌其烦讲究精致品质的，唯一彻底满足品位虚荣感的，唯一尊重您试穿与修改权利的，唯一无可替代的中兴百货，唯一真正令人期待的周年庆。

（二）比拟

比拟是把人当物写或者把物当人写的一种修辞方法，把人当物写就是拟物，把物当人来写则称之为拟人。拟物和拟人在后现代主义广告文案中都很常见。

在台湾地区的左岸咖啡馆电视广告中，有这样一段文案："我喜欢雨天，雨天没有人，整个巴黎都是我的。这是五月的下雨天，我在左岸咖啡馆，不知不觉地，又一次阅读，才发现文字的美，湿润的何止是目光，还有心情。"这段文案中把"目光"和"心情"这些抽象的词语都比拟成能被湿润的具体形象的物件，就是一种拟物修辞。

在一则宣传中国红茶的广告中，用拟人修辞手法描述法兰红茶："中国红茶的顶级力作法兰红茶风姿绰约，叶条紧直，骨丰而妖柔，隐隐透出的香气如有若无，欲盖弥彰。"在这里，大量形容人的词汇比如"风姿绰约"、"妖柔"等用来形容法兰红茶，这是一种典型的拟人修辞。中兴百货的冬季推广广告中也有这种明显的拟人手法的应用："迅速地，人们将惊讶地发现，那些价格偏低的好衣服和好东西，正不顾一切地向他们挥手，地点就在中兴百货。"

（三）顶真

是指前一句的结尾与后一句的开头使用相同的字或词，用以修饰两个句子的声韵的修辞手法，使用这种修辞展开的广告文案会产生一种环环相扣，引人入胜的感觉。下面这段中兴百货春季折扣文案，使用顶真修辞，表面上看是新衣服、新鞋子与新背包等某些形象的物件的互相需要，实际上则非常细腻又真实地表现了女人对购物无止无休的欲望心理。

> 中兴百货春季折扣：新季节需要新恋情，新恋情需要新衣服，新衣服需要新裙子，新裙子需要新鞋子，新鞋子需要新背包，新背包需要新丝巾，新丝巾需要新耳环，新耳环需要新手表，新手表需要新香水，日光节约时间之前，春季折扣开始，我们必须要去逛街。

（四）映衬

映衬是把两个相对或相反的事物，或同一事物的两个方面放在一起，让它们互相衬托、相得益彰的修辞手法。在中兴百货的宣传广告中，映衬的手法用得可谓出神入化。恋爱与结婚，在诸多相对性的词语，比如“玫瑰与百合”、“烟火与钻石”互相映衬，显示出它们的不同本质，由此强调恋爱是一回事，而结婚是完全不同的另外一回事。

> 中兴百货结婚进行曲：玫瑰是恋爱，百合是结婚；激情是恋爱，爱情是结婚；烟火是恋爱，钻石是结婚；…… 提款卡是恋爱，储金簿是结婚；发明家是恋爱，哲学家是结婚；感性＞理性是恋爱，理性＞感性是结婚；选择题是恋爱，是非题是结婚；…… 不论年代，恋爱是一回事，结婚是另外一回事。

（五）戏仿

詹姆逊指出：“戏仿在手法上利用原作品风格的独特性，进而盗用原作的独特、怪异之处，借此生产出可以对原作进行嘲弄的模仿。”[①]从戏仿本身的效果来看，无论戏仿的初衷是什么，执行或者操作时多半都是针对原文本写作中出现的文体习惯，进行夸张或怪异的嘲笑。由于后现代社会是一个话语狂欢的时代，因此大众对于以韩寒和王珞丹为代言人的凡客广告的戏仿的盛行就不难理解了。凡客广告鲜明而且统一的自我表白风格是大众戏仿的基础和关键：“爱 AA，爱 BB，爱 CC，更爱

---

① 詹姆逊：《后现代主义与消费社会》，文化研究网（http://www.culstudies.com）

DD……我不是EE，不是FF，我是XX……我和你一样，我是凡客。”文案的字体都比较大，而且使用红色和黑色两种颜色，看起来非常醒目。由凡客广告开始，一时间掀起了大规模的民众戏仿，人们几乎对当下所有的话题人物和流行焦点都做了这种戏仿。广告的风格被无数次地改写和戏仿，文案模式几乎成为一个人人可用的大茶杯，可以装上各种各样的饮料，这个放之四海而皆准的大茶杯，被人们冠名为“凡客体”。

凡客诚品“韩寒篇”平面广告文案：

爱网络，爱自由，爱晚起，爱夜间大排档，爱赛车，也爱29块的T-SHIRT，我不是什么旗手，不是谁的代言，我是韩寒，我只代表我自己。我和你一样，我是凡客。

凡客诚品“王珞丹篇”平面广告文案：

我爱表演，不爱扮演；我爱奋斗，也爱享受生活；我爱漂亮衣服，更爱打折标签；不是米莱，不是钱小样，不是大明星，我是王珞丹。我没什么特别，我很特别；我和别人不一样，我和你一样，我是凡客。

（六）反讽

反讽体现在语言上就是“说反话”。作为讽刺手段的“反话”，是“反话正说”，用肯定赞美的语言描述明显的丑恶、虚假的现象，表达作者的鄙视与挖苦。在广告中使用“反讽”手法，其程度应该比其他体裁更为大胆。这种反讽往往在后现代广告颠覆传统、藐视权威体制、戏谑主流文化的时候表现得非常明显，反语的讽刺句式，较之直言指责更有力度。尤其是近几年间，人们在运用戏仿式凡客体调侃现实生活时，从那些凡客体文案中能够看到大量“反讽戏仿式”文案，这些反讽戏仿式文案将后现代广告写作技巧用到了极致，刻意强调反传统、反理性，追求新奇、变异的文案内容，以其能更大限度地吸引受众的眼球。比如像黄晓明版本的反讽戏仿式广告“闹太套”中对英文的反讽，5厘米高的汗血宝靴对其身高的反讽等。再比如罗玉凤版本的反讽戏仿式文案中爱知音、爱读者对其所谓“博览群书”的反讽，前后300年唯我独尊对其自我评价的反讽等，都是运用反讽加戏仿式手法力图别致传播某一广告信息的文案写作技法。这种反讽戏仿式写作技法在后现代广告中却是实实在在地起到了不凡的传播效果。

下面是两则典型的反讽戏仿式广告文案。

黄晓明版本戏仿凡客体：

爱英语，爱唱歌，爱喝啤酒，也爱15一件的深V低胸汗衫，更爱能垫5厘米高的汗血宝靴，我不是神马教主，我把奔驰钥匙掉在地上，我是黄晓明，闹太套。

罗玉凤版本戏仿凡客体：

爱生活，爱学习，爱知音，爱读者，也爱文学。我是技校精英，更爱金链汉字，对生活和美有着独特的品位，娇小而又迷人。我是罗玉凤，前后300年唯我独尊。

结　语

探讨后现代这个话题是永远都说不尽的。广告不仅是一种社会产业，更是一种大众流行文化，是一种社会文化现象。后现代广告有很多不同于传统广告的闪光之处，比如其批判性的思维、另类的观点等，这些特点在满足消费者需求的同时也带来了良好的广告效果，既深入地联系了消费者，同时也给消费者带来精神的愉悦和满足，从而在消费者与产品之间架起了一座沟通的桥梁。

后现代主义文本形式的出现，完全是正常的，也是符合时代发展的。由于其起源于西方丰厚的现代主义文化土壤之中，后现代主义广告虽然在我国一些现代化大都市出现，但是由于国内还存在着很多不发达地区，后现代主义广告目前还不能形成一种主流文化，只能算作一个别支正在发展、成长和壮大。这种壮大的发生虽然显得安静而且缓慢，但是却持续不断，并且坚定不移。因此后现代主义广告值得我们给予更多的肯定和赞赏，值得我们对其进行更加广泛和深入的研究，并由此为广告业的迅猛发展打造一个全新的平台。

本节思考题

1. 后现代广告文案写作与传统广告文案写作有什么不同?
2. 举例说明后现代广告文案写作技巧在实践中的运用方式。
3. 谈谈你对后现代广告文案写作的认识。

参考文献

1. 中央广播电视大学《现代汉语讲义》编写组编:《现代汉语讲义》,中央广播电视大学出版社,1985 年版。

2. 夏晓鸣、钱正、曹晓燕主编:《广告文案写作》,武汉大学出版社,2006 年版。

3. 陈培爱:《广告文学概论》,高等教育出版社,2006 年版。

4. 初广志:《广告文案写作》,高等教育出版社,2010 年版。

5. 丁柏铨主编:《广告文案写作教程》,复旦大学出版社,2005 年版。

6. 张微主编:《广告文案写作》,武汉大学出版社,2002 年版。

7. 康文久:《应用广播学》,新华出版社,1988 年版。

8. 杨海军:《中外广告史》,武汉大学出版社,2006 年版。

9. 乔治·贝尔奇、迈克尔·贝尔奇著,张红霞、庞隽译:《广告与促销——整合营销传播视角》(第 6 版),中国人民大学出版社,2006 年版。

10. 迟双明主编:《广告文案创作 50 法和精彩实例》,中国国际广播出版社,2003 年版。

11. 李明:《广告媒体策划》,南京大学出版社,2009 年版。

12. 胡晓芸主编:《广告文案写作》,浙江大学出版社,2000 年版。

13. 万秀风、高金康主编:《 广告文案写作》,上海财经大学出版社,2005 年版。

14. 赵琛:《中国广告史》,高等教育出版社,2006 年版。

15.〔加〕大卫·莱昂著,郭为桂译:《后现代性》(第 2 版),吉林人民出版社,2004 年版。

16. 詹明信:《晚期资本主义的文化逻辑》,生活·读书·新知三联书店,1997 年版。

17. 陈厚诚、王宁主编:《西方当代文学批评在中国》,百花文艺出版社,2000 年版。

图书在版编目(CIP)数据

广告文案写作／崔银河编著.—北京：中国传媒大学出版社，2011.12（2018.7重印）

ISBN 978－7－5657－0403－1

Ⅰ.①广… Ⅱ.①崔… Ⅲ.①广告－写作－高等学校－教材 Ⅳ.①F713.8

中国版本图书馆 CIP 数据核字(2011)第 266698 号

广告文案写作

编　　著　崔银河　崔　燕

责任编辑　阳金洲

责任印制　日　新

封面设计　阿　东

出 版 人　蔡　翔

出版发行　中国传媒大学出版社

社　　址　北京市朝阳区定福庄东街 1 号　　邮编：100024

电　　话　86－10－65450532 或 65450528　　传真：010－65779405

网　　址　http://www.cucp.com.cn

经　　销　全国新华书店

印　　刷　艺堂印刷（天津）有限公司

开　　本　730×988 mm　1/16

印　　张　13.75

版　　次　2012 年 5 月第 1 版　2018 年 7 月第 5 次印刷

书　　号　ISBN 978－7－5657－0403－1/F·0403　　定　价　36.00 元